# 近代日本の礎を築いた豪傑たち。

価格は税込定価

## 評伝 高野長英 1804-50

鶴見俊輔

江戸後期、シーボルトに医学・蘭学を学ぶも、幕府の弾圧を受け身を隠していた高野長英。彼は、鎖国に安住する日本において、開国の世界史的必然性を看破した先覚者であった。文書、聞き書き、現地調査を駆使し、実証と伝承の境界線上に新しい高野長英像を描いた、第一級の評伝。

口絵四頁

四六上製　四二四頁　三四六五円

## 安場保和伝 1835-99

〔豪傑・無私の政治家〕

安場保吉編

「横井小楠の唯一の弟子」（勝海舟）として、鉄道・治水・産業育成など、近代国家としての国内基盤の整備に尽力、後藤新平の才能を見出した安場保和。気鋭の近代史研究者たちが各地の資料から、明治国家を足元から支えた知られざる傑物の全体像に初めて迫る画期作！

四六上製　四六四頁　五八八〇円

## 近代日本の万能人・榎本武揚 1836-1908

榎本隆充・高成田享編

箱館戦争を率い、出獄後は外交・内政両面で日本の近代化に尽くした榎本武揚。最先端の科学知識と世界観を兼ね備え、世界に通用する稀有な官僚として活躍しながら幕末維新史において軽視されてきた男の全体像を、豪華執筆陣により描き出す。

Ａ５判　三四四頁　三四六五円

# 目次

別冊 環 ⑰
KAN: History, Environment, Civilization

## 横井小楠 1809-1869——「公共」の先駆者

「近代日本」をつくった思想家。

**●その理想が政治的に実現した稀有な思想家。その全貌に迫る！**


## I 小楠の魅力と現代性

〈鼎談〉**いま、なぜ小楠か** 006
**平石直昭＋松浦玲＋源了圓** （司会）**田尻祐一郎**
幕末の動乱期に、道半ばながら思想の政治的実現を果たし、近代日本をつくった思想家、横井小楠。小楠研究の先駆者三人が、小楠との出会いから、小楠思想の核心、そして不思議な力で人々を変革へと動かした小楠の人間としての魅力に迫る。

## II 小楠思想の形成——肥後時代

**小楠の思想的特色**【講学・講習・討論による公論形成】 034
**源了圓** 徹底討論による公論形成と、教育による政治の補完の重要性

**大塚退野学派の朱子学思想**【小楠朱子学との関連で】 041
**平石直昭** 退野朱子学「為己」理念の継承

**近世熊本における朱子学の一系譜**【大塚退野・平野深淵・小楠】 060
**北野雄士** 幕政批判・国家構想の思想的源泉

**小楠の朱子学理解**【「至善」をめざす「中間者」】 068
**吉田公平** 朱子の原論を捉え、自らを相対化

**実学の系譜**【藤樹・蕃山・小楠】 072
**源了圓** 小楠実学の原点、熊沢蕃山『集義和書』

**実学党の誕生**【時習館をめぐる教育と政治】 079
**鎌田浩** 実践的な学問の必要性を掲げ、旧弊を刷新

**小楠の実学理解**【長岡監物との比較】 087
**堤克彦** 小楠の実学開眼の師匠であり、多大な影響を与え合った同志

**小楠の『論語』講義**【朋友と学問】 097
田尻祐一郎　私欲の克服と朋友との切磋琢磨を説く

**小楠の漢詩**【折々の「心の声」】 102
野口宗親　小楠理解のための重要資料

**小楠と旅**【遊学と遊歴の結合】 111
八木清治　情報収集、ネットワーク形成、「移動学校」としての旅

## III　小楠思想の実践――越前時代

**学政一致の思想**【「学校問答書」を中心に】 118
沖田行司　階級や国家を超越する人間主義

**由利公正と小楠**【「国是三論」と産物会所】 125
本川幹男　小楠に学び、幕末の藩政変革・殖産興業策をリード

**小楠の富国論**【近代経済学との比較】 132
山﨑益吉　精神なき資本主義への警鐘

**水戸学批判と蕃山講学**【誠意の工夫論をめぐって】 139
北野雄士　誠意の工夫なしに真の経綸は不可能と批判

## IV　小楠の世界観――「開国」をめぐって

**「開国」と「公共」との思想的関連** 148
【『開国図志』を中心に】
源了圓　「封建にして鎖国」なる徳川日本の発見と公共思想の成立

**「公共の政」による交易**【小楠の政治改革構想】 166
森藤一史　国際社会での日本の前途を模索

**世界的眼孔**【松陰と小楠の国際社会認識】 170
桐原健真　近代国家間システムを超越する思想

**大義を四海に**【未完の明治維新】 175
石津達也　日本のあるべき姿とは？　古くて新しい課題

## V　小楠の晩年――幕政改革と明治維新

**福井辞去をめぐる思想と政治** 182
松浦玲　小楠の「誤認」は明確な意図に基づいていた

**坂本龍馬と小楠**【「成行を御覧あるべし」】 200
小美濃清明　姉宛の手紙に見る挙藩上洛計画

**佐久間象山と小楠**【幕政改革をめぐる理論知と実践知】 202
源了圓　「横井の眼は専ら人に注ぎ、佐久間の眼は専ら物に注ぐ」

**立花壱岐と小楠**【最後の会見と「第一等論」】 208
河村哲夫　小楠から受け継いだ思想の到達点

**小楠の「遺表」**【海老名弾正所蔵の新史料】 214
徳永洋　小楠が遺した君主論と国際観

## VI　小楠をめぐる人々

**春嶽・海舟・永孚**【『小楠遺稿』をめぐって】 220
松浦玲　『遺稿』出版に関わった小楠のキーパーソン

**徳富蘇峰**【小楠研究におけるその功罪】 226
源了圓　蘇峰の言う「国家主義者」ではない

**安場保和と後藤新平**【小楠思想の実践者】 231
源了圓　明治・大正期における思想の開花

〈附〉
**系図** 240／**年譜** 243／**関連人物** 247／**編集後記** 248

# 横井小楠 1809-1869

## ——「公共」の先駆者

源了圓編

平石直昭　沖田行司
松浦玲　本川幹男
源了圓　山﨑益吉
北野雄士　森藤一史
吉田公平　桐原健真
鎌田浩　石津達也
堤克彦　小美濃清明
田尻祐一郎　河村哲夫
野口宗親　徳永洋
八木清治　水野公寿

別冊 環 ⑰
KAN: History, Environment, Civilization

藤原書店

勝海舟はかつてこう語った。「おれは、今までに天下で恐ろしいものを二人見た。それは、横井小楠と西郷南洲（隆盛）とだ」（『氷川清話』）。西郷を知らない日本人はいないかも知れないが、横井小楠の名すら知らない日本人はたくさんいる。「いま、なぜ横井小楠か」と敢て問う所以はここにある。

戦前はもちろん、戦後の多くの研究者の努力にも拘らず、その状態は長く続いた。しかしながら最近それらの努力が実って、小楠の存在は知られ始め、彼を無視しては幕末・維新史は書けなくなってきた。二〇〇三年に発表された源の「横井小楠における『開国』と『公共』思想の形成」（『日本学士院紀要』五七―三）という論攷は、儒教文化圏における「公共思想」の形成者としての横井小楠の存在を世に知らしめる業績となった。

それより先、一九七六年における松浦玲の『横井小楠』（朝日新聞社〔朝日評伝選〕）は、確かな証拠に基づく信頼できる確かな伝記としての地位を獲得した。また松浦は小楠とは深いつながりのある勝海舟の『全集』の編者である。

それと相前後して発表された平石直昭の「主体・天理・天帝」という東京大学社会科学研究所の紀要に発表された論文は、小楠の政治思想の解明としては今なお最高の業績である。

しかしながらこれらの業績は、皆、「歴史的存在」としての存在を世に知らしめるものではあっても、世界に通用する思想家として世に知らしめるものではなかった。なぜなら小楠の思想が普遍的思想となるには、「公共哲学」として昇華せねばならないからである。

その状況を突破するには、日本、東アジアの儒教文化圏だけでなく、西欧諸国の読者にも理解可能な普遍性をもつ「公共哲学」を形にせねばならない。そのためには西欧の公共哲学との接点が必要である。それへの第一歩を踏み出したのは、源の「横井小楠における『公共』の思想とその公共哲学への寄与」という論文と、それに対する山脇直司教授のコメントである。その方向を推し進めて研究することによって、小楠の思想のもつ普遍性が明らかになっていくであろう。これが「公共哲学」の側面における「いま、なぜ小楠か」という問いに対する答である。

われわれのやるべきことはこれだけではない。たとえば「平和思想」と「国家の独立」という問題である。地球上の人々で平和を望まない者はいないであろう。しかし両者の共存は必ずしも容易ではない。そのことは地球上に起った紛争や戦争の歴史の示すが如くである。特に日本の場合は、敗戦によって成立した平和憲法と国家の独立の保持とは両立し難いと考える人は少なくない。横井小楠は、世界平和の実現と国家の独立の保持とは共存するという信念を保持した人である。とくに「割拠見」が米国をも呑み込んだ状況において、彼の平和思想の信念を鞏固にしたことは、彼の思想家としての偉大さを示すものである。

源　了圓

# I　小楠の魅力と現代性

熊本・横井小楠記念館

〈鼎談〉

# いま、なぜ小楠か

平石直昭（日本政治思想史・帝京大学教授）
松浦　玲（日本近代政治思想史・歴史学者）
源　了圓（日本思想史・東北大学名誉教授）
司会・田尻祐一郎（日本思想史・東海大学教授）

徹底的な理想主義者ながら、殖産興業をも説くリアリストとして、幕末の動乱期に、道半ばながら思想の政治的実現を果たし、近代日本の思想的礎を築いた、横井小楠。小楠研究における先駆者三人が、小楠との出会いから、小楠思想の核心、そして不思議な力で人々を変革へと動かした小楠の人間的魅力を語る。（編集部）

〈構成〉


I　小楠との出会い

**小楠思想の再発見**　**源　了圓**
小楠研究のはじまり／吉川幸次郎氏・小島祐馬氏・丸山眞男氏のコメント／小楠から江戸思想へ／新たな小楠研究の登場

**政治的に実現した稀有な思想**　**松浦　玲**
勝海舟の小楠評価／現代語訳と評伝を執筆／思想の政治的実現／明治元年の小楠

**一九六八年と小楠**　**平石直昭**
明治期の思想への関心と学園闘争／単なる「朱子学者」ではない／連合赤軍事件の衝撃／大塚退野の重要性／自己を相対化する「主体」

II　小楠の思想と政治

小楠の主体性
小楠の現代性──自己の相対化
ナショナリズムと公共の思想
小楠の天皇観
徂徠と小楠──天という理念をめぐって
徂徠と小楠──政策論をめぐって
実学とは何か
まず事実を押える
文久三年の小楠
明治元年の小楠
真の後継者の不在
小楠の魅力

# I　小楠との出会い

（司会・田尻）　本日は、横井小楠の全体像とその魅力を少しでも読者の方々に伝えられたらということで、横井小楠研究で大きな仕事をなされてこられた三人にお集まりいただきました。まずは、それぞれ、どういうきっかけで、どういう関心に立って小楠研究に取り組まれたのかについて、お話しいただけますか。

## 小楠思想の再発見　源　了圓

### 小楠研究のはじまり

横井小楠について論文らしきものを書いたのは、どうも私が一番早いようです。そもそも歳をとっているからですが、ひとつは縁があって、昭和三十（一九五五）年七月に『哲学研究』という京都大学哲学科の雑誌（第三七号第一一冊〔第四三三号〕）に「横井小楠の実学——幕末思想史の一断面」という論文を書きました。まだ論文として不完全極まるものでしたが、三宅剛一先生（一八九五―一九八二、哲学・科学哲学）のご厚意で載せていただきました。とにかくこれが活字になって、私の横井小楠研究は始まったわけです。

### 吉川幸次郎氏・小島祐馬氏・丸山眞男氏のコメント

しかし、実はこの論文は、「儒教は孔子以来、孟子と管子（正しくは荀子）に分かれたというような大変なミスを犯しました。三宅先生も、おそらく日本思想や東洋思想のことはあまり御存知でなかったので何もおっしゃらなかったのですが、不思議な御縁で親しくさせていただいていた吉川幸次郎先生に誤りを指摘していただきました。さらに、「なぜ小楠みたいな考えが出てきたか。自分は小楠については全く知らないけれども、熊本の場合には秋山玉山（一七〇二―一七六三）という人がいて、そして、その玉山を起用した殿様は非常に徂徠が好きだった。そういう伝統があって、文献実証主義がひとつの学風として確立していたところには、小楠のようにそれを批判する人が出てくることは十分考えられる」というアドバイスもいただいて、大変うれしく思いました。

それから、深瀬基寛先生（一八九五―一九六六、英文学者）という私の恩人を通じて御縁のあった中国哲学の小島祐馬先生（一八八一―一九六六、中国思想史）からも、同じように「基本的なことが間違っている。しっかり勉強しなくちゃいかん」とお叱りをいただきましたが、「自分は小楠のことをそんなに知っているわけではないが、この論文には、小楠に対する新しい見方があって、そこは大変面白いから、その点を大いに伸ばしていけばいい」といった励ましの言葉もいただきました。これも、思いがけないことで大変うれしく思いました。

**●源了圓**　みなもと・りょうえん

1920 年熊本県生。東北大学名誉教授。専門は日本思想史。日本女子大学教授、東北大学教授、国際基督教大学教授を歴任。著書に『義理と人情』『徳川思想小史』（中公新書）『近世初期実学思想の研究』（創文社）『実学思想の系譜』（講談社学術文庫）『型』『型と日本文化』（創文社）など。

そして三人目が、平石さんの先生の丸山眞男先生（一九一四―一九九六）です。当時、私は創文社の編集者をしていたので、何かの会で丸山先生にお会いした際に、この論文の抜刷を差し上げました。そして、次にお目にかかったときに、「君の論文を見ると、面白いけれども小楠を少しモダンに考え過ぎてはいないか」と言われました。この論文では、例えば、ホワイトヘッドの教育論などを引用しながら論じておりましたので、この辺りのことを「モダンに考えすぎている」とおっしゃっているのかと漠然と考えて、そのままにしておいたんですが、なぜそのときに、「どこがモダン過ぎるということなのでしょうか」と尋ねなかったのか。いま非常に後悔しています。せっかくのチャンスだったのに、またそう尋ねることで、丸山先生の思想もより深く理解できたはずなのに、大事なチャンスを逸したと残念に思っています。

## 小楠から江戸思想へ

その後は、「横井小楠の実学」という場合の「横井小楠」の方ではなく、「実学」の方に重点を置くようになり、その流れを近世初期の藤原惺窩（一五六一―一六一九、近世儒学の祖と称される）まで遡っていく研究に力を注ぎました。その成果が、『近世初期実学思想の研究』（創文社、一九八〇年）です。さらに、儒教の勉

「面白いけれども小楠を少しモダンに考え過ぎてはいないか」と丸山先生に言われました。「どこがモダン過ぎるのか」と尋ねなかったことを非常に後悔しています。（源）

強と同時に仏教の研究も始め、『蓮如』（大法輪閣）、「蓮如と妙好人」を書きました。また日本文化における「伝統」の一つの重要な要素として「型」の問題を取り上げたり（編著『型と日本文化』創文社、一九九二年）、教育思想を取り上げたりしてきました（『教育学大全集　文化と人間形成』第一法規出版、一九八二年）。

## 新たな小楠研究の登場

このような次第で、肝心の小楠研究自体については、長くブランクが続いてしまいました。そこに松浦さんや平石さんの非常にいい仕事が出てきた。松浦さんの場合は、『日本の名著』シリーズの『佐久間象山・横井小楠』の巻を担当され、さらに評伝（『横井小楠』朝日新聞社、初版一九七六年）や、小楠思想を幕末から明治に至る思想史の中に位置づけるような本格的な論文もいくつか書かれました。

それから平石さんの場合は、東京大学社会科学研究所の『社会科学研究』（第二四巻第五・六合併号、一九七三年）に、まず「横井小楠研究ノート——思想形成に関する事実分析を中心に」という論文を書かれ、「主体・天理・天帝——横井小楠の政治思想」という論文を二回にわたって書かれました（『社会科学研究』第二五巻第五号、第六号、一九七四年）。その頃、平石さんとはまだ面識はありませんでしたが、これらは、政治思想としての小楠研究のレベルを格段に引き上げた論文で、「良い研究者が育ってきたな」と思いました。

そこで、研究社から日本の江戸期思想家を取り上げる企画（相良亨・松本三之介・源了圓編『江戸の思想家たち』上・下、研究社出版、一九七九年）の編集を頼まれた際に、「横井小楠については、ぜひ平石さんに」と思い、「横井小楠——その『儒教』思想」を寄稿してもらいました。共編者の相良さんも、「本当にすばらしい方に寄稿してもらってよかった」と、とても喜んでくれました。本格的な最初の論文に比べれば、とても短い文章ですが、大事な要点を見事に押さえていて、しかも草野潜溪（一七一五—一七九六、大塚退野の弟子、肥後藩主細川重賢に重用され、藩校時習館の助教となる）についても、新たに触れられていた。広い意味での熊本実学派の神髄を鮮やかに示したもので、個人的にも本当に好きな論文です。

私自身の小楠研究について言えば、武田清子さんの古稀記念論文集に、「横井小楠の『三代の学』における基本的概念の検討」を書くことによって、初めて何か本格的な論文を書いたような感じがします（『アジア研究』別冊二、魚住昌良編『伝統と近代化——長（武田）清子教授古稀記念論文集』国際基督教大学アジア文化研究所、一九九〇年）。それから私自身の小楠研究の第二期とも言うべき時代が始まって、まだ一冊の本にはなっていませんが、これまでに一六本ほどの論文を書いて参りました。

## 政治的に実現した稀有な思想　松浦　玲

**●松浦玲**　まつうら・れい
1931年広島県生。歴史学者。専門は幕末明治期の政治史・思想史。著書に『勝海舟』（中公新書）『勝海舟と幕末明治』（講談社）『横井小楠』（朝日選書）『明治維新私論』（現代評論社）『明治の海舟とアジア』（岩波書店）『検証・龍馬伝説』（論創社）『還暦以後』（筑摩書房）『新選組』『坂本龍馬』（岩波新書）など。

### 勝海舟の小楠評価

なぜ小楠を取り上げるようになったのか。私の場合は、話としてあまり面白くない、というか偶然にすぎません。要するに、仕事として飛び込んできたわけです。

『日本の名著30　佐久間象山・横井小楠』（中央公論社）の刊行は、昭和四十五（一九七〇）年のことでしたが、実は当初、私の担当は三浦梅園だった。「三浦梅園を山田慶兒さんと二人で」ということだったのですが、いくら友達でも三浦梅園を二人でやれば、けんかになる（笑）。それで「嫌だ」と言ったら出版社の方が困って、詳しくは知りませんが、たまたまある事情で、象山と小楠の巻の担当者がいなくなったので、「松浦をそっちに回せ」ということになった。

とはいえ、私としても、小楠には全く何も縁がなかったというわけではない。中公新書に『勝海舟』（一九六八年）を書いていましたが、その海舟が、横井小楠を非常に尊敬していた。「一番偉いのは横井小楠、一番信頼しているのは西郷隆盛」と。海舟にとって、この二人は別格です。だから、いずれは取り組まなければと気になっていた。戦前の山崎正董編集の伝記や遺稿（『横井小楠上巻伝記篇・下巻遺稿篇』明治書院、一九三八年）など、読むべきものは、一応そろえて持っていた。そこにこの話が来たので、「現

**勝海舟は、横井小楠を非常に尊敬していた。「一番偉いのは横井小楠、一番信頼しているのは西郷隆盛」と。（松浦）**

代語訳」と「解説」の仕事を、自分としても一生懸命やりました。

## 現代語訳と評伝を執筆

この仕事をやるにあたって、松代と熊本にも取材に行きました。その時分かったのは、松代で佐久間象山が地元の偉人として有名だったのに対して、熊本で小楠は、ほとんど尊重されていなかったことです。名前だけは知られてはいるが、どちらかというと「悪いやつ」という受け止め方。つまり、学校党と実学党の争いにおいて、実学党という悪い方の親分だという見方で、小楠のやったことが詳しく知られているわけではない。その点、今とは大違いです。

この仕事で『国是三論』も現代語訳したのですが、後に講談社学術文庫から同じく現代語訳を出された花立三郎さん（一九一九―二〇〇七、日本近代史）が、「松浦のは意訳の名訳で、私のは逐語訳だ」とお書きになった（編集部注――「松浦氏の現代訳は立派な訳文であり、これにつけ加える余地もないほどである。ただ松浦訳の場合は原文の併記されていない訳文だけであるので、ときに思いきった意訳もかえって文意理解にはすぐれた効果を発揮しているが、本書の場合は原文と併記であるため、つとめて逐語訳に徹するよう心掛けた。松浦氏の名訳に対して、本書の存在価値はそこにあるかと思うからである。松浦氏の訳文があってこそ、本書を書くことができたことを特に書いておかなければならない」以上、講談社学術文庫より引用）。「名訳」というのは褒め過ぎだと思うけれども、中公版には原文が添えられていないので、極端な意訳になっている箇所も読んでいる人にはわからない。そこを花立さんは、自ら逐語訳をしながら、これは意訳だとお分かりになったのでしょう。

その後、この本は、「中公バックス」というシリーズとして一九八四年に再刊されたのですが、ここには元版のことが何も書いていない。そのため、この「中公バックス」版が初版だと勘違いされることがある。しかし初版は一九七〇年版であって、当時の自分として全力を注ぎました。ただ、『横井小楠』という評伝（朝日新聞社、初版一九七六年）を書いた後から振り返ってみると、「やはり、このときには、まだよくわかっていなかったな」と思います。

評伝の方も厄介で、これも二〇〇〇年に増補版が出たのですが、一九七六年の元版には、基本的に本文には全く手を加えませんでした。代わりに長い「あとがき」で、恥をさらして「ここは間違っております」と書きました。

## 思想の政治的実現

いずれにせよ、現代語訳と評伝を通じて非常に関心を引かれ、今でも気になっているのは、熊本で実学党というそれなりに力を持つ集団を形成しつつも、その思想の政治的実現はついに果せなかったのが、福井藩に呼ばれて成功したことです。なぜ成功したのだろうと不思議に思う。本当にわかったとは、今でも言うだけの自信はない。しかし、思想の政治的実現という点では、これだけ成功している例は、ほかにないわけです。

例えば、学校と政治の関係について、事前に『学校問答書』のような方針を確立していて、福井でこの方針通りにやって成功している。福井側の証言としての『由利公正伝』（由利公正――一八二九―一九〇九、横井小楠の殖産興業策に触発され、福井藩の財政再建にあたる）は、かなりデタラメで真実は二、三割という印象で、これは割り引いて読まなければいけませんが、その頃の小楠の手紙と突き合わせることで確定できる事実もあって、かなり成功したことが分かる。万延元年の暮れから文久元（一八六一）年にかけてのところでは完全に成功している。藩政においても、小楠を信奉するグループが主導権を握り、文久元年には江戸に行って松平春嶽（一八二八―一八九〇）にも会い、春嶽から非常に感謝されている。そして文久二年には、幕府の政事総裁職の顧問になる。

ただこの頃の政事総裁職の松平春嶽は、なかなか厳しい状況にあって、政事総裁職を辞めて本気で越前に帰ろうとしていた。これまでは、要求を通すためにデモンストレーションとして政事総裁職の辞表を出したのだ、と解釈されてきましたが、評伝を書いた後に出てきた国元の養子の茂昭宛書簡によると、幕府はもうだめだとあきらめて、江戸から越前に本気で帰ろうとしているように読める。

いずれにせよ、そこに小楠が説得に行く。すると「そんなすばらしい考えがあるならぜひやろう」となって、この小楠が立てた方針の下に、閏八月の幕政改革が成功する。春嶽が政事総裁職として江戸城に出ていっても何も通らなかったのが、江戸城にも出ていけない、一ブレーンにすぎない小楠が、大目付や老中の家に行って説得するだけで、驚くほどに幕政が動いてしまった。小楠には、こういう能力がある。その不思議さが、もうたまらないわけです。

## 明治元年の小楠

ただ惜しいのは明治元年。病気だったこともあり、また暗殺されてしまうけれども、いずれにせよ、それだけの手腕を示していたのが、明治元年に京都に呼ばれたときには、ついに力を発揮できなかった。そこが非常に惜しい。この最晩年のことに関しては、まだまだ整理すべき問題が残っている。そこがまだ心残りです。『遺表』が後から発見されますが、これを見てもよく分からない。

ただ、少なくとも福井での藩政改革や閏八月の幕政改革までは、非常に成功していて、これは、思想がそれ自体の力でもって現実に実現するという稀有な例だった、ということは間違いないと思います。

# 一九六八年と小楠

平石直昭

## 明治期の思想への関心と学園闘争

私が横井小楠研究を始めたのは、一九七〇年前後です。大学を卒業し、社会科学研究所の助手に採用されたのが一九六八年でした。いわゆる学園闘争が始まった年です。

学部四年のときに、丸山眞男先生の「日本政治思想史」の講義を聞き、ゼミでは福沢諭吉の『文明論之概略』を読んでいたので、助手になって始めの頃は、まず明治期の思想をやる積りでした。具体的にいえば、中江兆民の『民約訳解』をルソーの『社会契約論（Du Contrat Social）』と比較し、そこから何か問題を出せないか、と考えていました。ところがそのうちに学園紛争が本格化して、とても勉強どころではなくなった。今にして思えば、本当に翻弄されました。しかし、この六八・六九年の二年間は、私にとって非常に大きな意味を持っていたわけです。

こういう話をするのは、なぜ私が横井小楠に関心を持ち、助手論文のテーマに選んだのか、また彼をどのように論じたかが、いずれも、この時の経験と切り離せないからです。

## 単なる「朱子学者」ではない

もちろん思想史の観点からの関心もありました。一般に小楠は朱子学者として知られていた。ところが、その朱子学者である小楠が、幕末維新の思想状況の中で非常に先進的な役割を果たす。他方、徳川思想史に対する通常のイメージに従えば、朱子学は徂徠学によって批判され、それ以後、あまりぱっとしない。ところが、小楠のように、実際には朱子学者の方が、むしろヨーロッパとの接触の中で新しい見方を出している。これはどう説明できるか、そういう思想史的な関心も持っていました。

その点で、最初に「あれ、これは何だろう」と疑問をもったのは『学校問答書』です。「三代の際道行候時は君よりは臣を戒め、臣よりは君を儆め、君臣互に其非心を正し、夫より万事の政に推し及」（編集部注——「三代においてまだ真の道がおこなわれていたときには、君主は臣下を戒め、臣下は君主を儆め、君臣お互いに相手の悪しき心を正し、その正しい心によって政治万端を正しくおこなっておりました」——松浦玲訳『日本の名著　佐久間象山・横井小楠』より）云々とあり、「道」という普遍原理が問題となるところでは、お互いが、君臣父子夫婦という身分関係から一旦離れて、対等な「朋友」同士として講習討論する必要がある。そうしてはじめて「道」が明らかになる、といわれている。これは、私がそれまで抱いていた朱子学のイメージとはかなり違っていて、「ここには何かがある」と感じたことを鮮明に覚えています。

**●平石直昭**　ひらいし・なおあき
1945年東京都生。帝京大学教授。東京大学社会科学研究所助手、千葉大学人文学部助教授、東京大学社会科学研究所教授を歴任。専門は日本政治思想史。著書に『荻生徂徠年譜考』（平凡社）『天』（三省堂）『日本政治思想史——近世を中心に』（放送大学教育振興会）など。

## 連合赤軍事件の衝撃

それと、当時の時代状況や自分自身の経験について言えば、告白めきますが、連合赤軍事件に衝撃を受けました。彼らが仲間をリンチして、死に至らしめ、遺体を埋めたことが報道されましたが、そうした記事を読みながら、「これは他人事ではない」と愕然としたのです。当時、私は、全共闘にかなり肩入れをしていたからです。

福沢の言葉を使えば、要するに「黒か白か」という「極端主義」です。一方に絶対的な善があり、他方に絶対的な悪がある。一時期の自分も、そうした精神状態に置かれていた。だから、あの連合赤軍事件が起きたとき、「これは自分がやってもおかしくない」と感じたわけです。人を殺すほどの憎しみ、逆に言えば、自分の側に絶対的な正しさがあるという確信、そういう意識は、当時の学生や若いインテリにも、かなり共有されていたと思います。

少なくとも私は、そういう意識を持っていた。そして集団リンチ殺害事件にぶつかって、自分自身への反省を強いられました。そういう精神状況の中で横井小楠を読んだわけです。私の論文は、いかに自分自身を相対化するかという観点から小楠の思想を問題にしています。絶対的な真理が存在するとしても、それをある個人が独占的に所有することはあり得ない。真理というものは、自私の小楠研究は、私自身のコンバージョンと重なっています。自分で言うのもおかしいですが、私は、まるっきり、人間が変わりました。（平石）

分を絶えず相対化し、他者と共働しつつ、発見していくものである。私は、こういう思想を小楠から学びました。ですから、助手論文を読んで下さった石田雄先生（一九二三年生）からは「精神的な自己変革の書だ」という趣旨をいわれましたし、丸山先生からは「これは君が横井小楠から何を学んだかを書いた、告白の書だ」といわれました。全くその通りなわけです。

## 大塚退野の重要性

同時に、思想史的にいうと、横井小楠を単純に「朱子学者」とみなすだけでは済まない問題がある。そこで、暗中模索でしたが、朱子（一一三〇—一二〇〇）や李退溪（李滉、一五〇一—一五七〇、李氏朝鮮の儒学者）を始め、荻生徂徠（一六六六—一七二八、朱子学に基づく古典解釈を批判し、古文辞学を確立）や熊沢蕃山（一六一九—一六九一、陽明学者、岡山藩に出仕）などを並行して読みながら、小楠の独自性はどこにあるかを考えていきました。

この点で重要なのは、大塚退野（一六七七—一七五〇）や平野深淵（一七〇六—一七五七）など、小楠が言及している肥後藩の先哲です。『肥後先哲偉蹟』『肥後文献叢書』などがあって参考になりましたが、そこに入っていない史料もあるので、やはり原史料を見なければと思い、無窮會などに通い、史料を写真に撮るといった作業をやりました。小楠をきちんと理解するためには、そうした基礎から始めなければならない、と強く感じたからです。

こうした作業の成果として「横井小楠研究ノート——思想形成に関する事実分析を中心に」（一九七三年）を最初に書きました。従来の小楠研究が主にペリー来航（一八五三年）以後の彼の思想を問題にしているのに対して疑問を呈し、初期小楠の思想形成に注目する必要があると強調しました。そして実学派の講読はいつ頃始まったのか、山崎闇斎（一六一九—一六八二）を祖とする崎門学派との関係はどうだったか、などについて考察しました。

## 自己を相対化する「主体」

その上で、いかに小楠の思想を体系的に再構成するかを、「主体・天理・天帝——横井小楠の政治思想」という助手論文のテーマにしたわけです。そして丸山先生を囲む研究会で報告させていただいたのですが、丸山先生から『天理・天帝』は小楠のキーワードだが、『主体』は平石の概念だ。だから両方を並べてはいけない。

『天理・天帝に現れた横井小楠の〈主体〉思想』とでもしたらどうか」と指摘されました。この点は、確かにその通りだと思います。

これと関連して、最後に「『天理』『天帝』はわかったが、『主体』とはどういう意味か」と問われ、「自分自身を対象化し、相対化するのが主体だと思う」と答えました。すると「それは正しい」と賛成されました。こうした「主体」の捉え方は、ヘーゲル的なものです。ヘーゲルは、学部時代に友人と一緒に読んでいたのですが、小楠には、ヘーゲル的な意味での主体性がある、というのが、私の小楠理解の根本です。朱子学などといった既成学問の枠組を取り払って横井小楠を見た場合、初期から一貫していたのは何かと言えば、それは自己を相対化する精神である、と思います。論文の第一章のタイトルは、「方法論的な基礎」ですが、時系列的に叙述していくのではなく、私自身の責任で小楠の思想を再構成しなければ、彼を内在的に理解できない、と考えたわけです。

しかし、助手論文を社研の紀要に発表する際には枚数制限があり、第三章の「天帝の思想」は、未発表に終わりました。そこへ源先生から「研究社の論文集に、書いてくれないか」というお電話をいただき、市販される本への寄稿を依頼されたのは、初めてのことでしたから、非常に嬉しく、喜んでお引き受けしました。そして、助手論文の第三章に書いた内容を、その後の知見も加えてかなり圧縮して書いたわけです（「横井小楠――その『儒教』思想」『江戸の思想家たち』下巻、所収）。大塚退野から横井小楠への系譜や最晩年の天帝の思想を中心に論じていますが、一九七〇年代の前半から一九八〇年初頭頃までに私が考えていたことは、基本的にここに尽くされています。またこれとは別に、千葉大学に就職した後に、「大塚退野学派の朱子学思想――横井小楠の朱子学との関連で」（一九七六年）という論文も書きましたが、未発表のままに終わっています（本号に収録）。

こういう次第で、私の小楠研究は、私自身のコンバージョンと重なっています。自分で言うのもおかしいですが、私は、まるっきり、人間が変わりました。以前は、もっと断定的な物の言い方をしていた。要するに人の話を聞くというタイプではなかったような気がします。その意味で、横井小楠は、私にとって、非常に重い存在なのです。

# II　小楠の思想と政治

## 小楠の主体性

皆さん、ありがとうございました。一つだけ感想を述べさせていただくと、平石さんの論文「主体・天理・天帝」を読んだときに、まず日本史で通常論じられている「主体」とのあまりの違いに驚きました。タイトルに「主体」という言葉が出てくることからして、驚くべきことなのですが、しかも「主体」の意味が違っている。この点に衝撃を受けて、自分の中でどう落ち着かせればよいのかとしばらく考えた時期がありました。

**源**　私も、なぜ平石さんの論文に惹かれたのかと言えば、学部長として学園紛争を経験していたことも影響しているかもしれない、と話を伺いながら思いました。女子学生相手に団交などをしていると、民青ではなく全共闘の方は、言っていることが理解できたのですね。何かそういう平石さんの経験と重なるようなところが自分の中にもあったのかもしれない。ただ、私も、初めは、その「主体」というのに引っかかりを覚えました。しかし、これも、大塚退野の系譜まで遡って論じた「横井小楠——その『儒教』思想」を読んで、『「主体」』の問題というのは、こういう意味や射程を持っているのか」と理解できたように思います。

## 小楠の現代性——自己の相対化

では今、あらためて今日のような状況の中で、小楠の思想の意義はどのあたりにあるとお考えでしょうか。

**平石**　とくに小楠思想の核をなす「割拠見」に対する批判は、現代の我々にとっても大きな意味を持っていると思います。

どんなに小さなものでも、人間の集団にはそれぞれに特有の割拠見がある。これはまぬかれがたいものだが、そのことを認めた上で、なおかつ割拠見を超えるように努める。そして互いに朋友として友情を通じ合い、利益を与え合う。そうして初めて、天帝の命が実現されていく。小楠の思想の根底には、常に普遍的な天という理念がありますが、そういう理念を持って生きることが、我々にとっても大事だと、私自身はますます感じています。

自分がある集団に属していれば、その集団に特有のものの見方を無自覚に身に付けてしまっている。そういう自分自身を対象化し、客観化して見る必要がある。私が「小楠における主体性」というのは、そういう意味です。割拠見は、免れがたい。しかし、そのことを自覚した上で他者と接するのかそうでないのかでは、全く異なってくる。

　欧米には、割拠見を免れた体制があると、一時期の小楠は思い込みましたが、よく見ると、やはり欧米も割拠見に囚われている。割拠見を克服し得たのは、近代では、アメリカのワシントン一人だけだ、という。そのくらい難しいことですが、自己を相対化し、

**●田尻祐一郎**　たじり・ゆういちろう

1954年生。東海大学文学部教授。専門は日本思想史。『山崎闇斎の世界』（ぺりかん社・成均館大学校出版部）『荻生徂徠』（明徳出版社）など。

普遍的な理念を持って生きることが、個人としても、日本というネーションとしても、重要だ。こうした問題を提起している点に、小楠の思想の意義はあると思います。

## ナショナリズムと公共の思想

**源**　私が一連の小楠研究で示そうとしたのも、少なくとも東アジア世界において、小楠以外に「公共」というものを体系的にとらえた思想家はいなかった、ということです。

　小楠には、民衆をつらい目に遭わせるような政治をしてはいけないという強い気持ちがある一方、そうした平和論と同時に、国家の独立を重視する発想があって、平和と独立の両立を志向している。これは、今日の言葉で言えば、平和論とナショナルインタレストの問題ですが、その両方を同時に重視するという姿勢は、いまの日本には希薄ですね。どちらか一方のみを重視しがちです。この点にも小楠の現代性があると思います。

**平石**　福沢諭吉（一八三五―一九〇一）の場合、『学問のすすめ』初編（明治五年）などでは、ナショナリズムも、天理人道という普遍的な規範に従ったものでなければならないと強調している。ところが、明治八（一八七五）年の『文明論之概略』になると、ナショナリズムという偏頗心《へんぱしん》は、やむを得ないものとして、集団エゴイズムに自覚的にコミットしていきます。ただ「自覚的に」

**自己を相対化し、普遍的な理念を持って生きることが、個人としても、ネーションとしても、重要だ。こうした問題を提起している点に小楠の思想の意義はあると思います。（平石）**

という点が大事で、それは、福沢自身は、最後まで、普遍的な規範意識を持ちつづけたことを示しています。けれども、そうした意識は、後の世代になるほど希薄になって、やがて「日本」という国家の利害に取り込まれていってしまう。

教育勅語に儒教的な徳目が挙げられていることは確かだけれども、明治も後半になると、儒教の根幹にあった「天」という普遍的な理念が希薄になってゆく。そして国民の意識も、集団エゴイズムとしてのナショナリズムに閉じ込められていく。こうして「他者感覚」を失っていった。その大きなきっかけとなったのが、日清戦争であり、日露戦争だと思います。とくに日露戦争以後というのは、決定的だった。その後、日本は戦争に負けて、もう一度、普遍的なものに対して国民の目が開かれた。しかしそれも、高度成長、とりわけ八〇年代以降の経済大国化のなかで、再び弱まっているように思えます。こうした状況を考えると、小楠の思想は、今の日本に非常に大きな意味を持っているのではないでしょうか。

## 小楠の天皇観

天ということで言えば、小楠理解のポイントとして天皇の問題があると思いますが、この点はいかがですか。

**源**　小楠は、明治政府内では、とくに岩倉具視（一八二五—一八八三）に信頼を寄せるのですが、その岩倉から、天皇のあり方について、根本の指針となるようなものを書いてほしいと頼まれた。これを読むと、天皇は、やはり平和を愛することが重要であり、また良心を心に抱くことが大事だと、人間としての天皇のあるべき姿について述べています。

岩倉の方も、そうした小楠の天皇観をよく理解していて、だからこそ逆に、個々の天皇のありように左右されない国家システムをつくろうとした。もし長生きしていれば、小楠も、明治政府の中で天皇と岩倉のコンビを助けるような役割を果たせたのではないかと思います。

**平石**　その点で、小楠以外の人による欧米の政治制度の紹介という面を考える必要はないでしょうか。例えば加藤弘之は、欧米では、議会制度の存在によって、個々の君主の能力に左右されずに政治が非常に安定し、安民・仁政の実も上げている、といい、その採用を促しています。これは文久元年のことです。もちろん小楠は、『学校問答書』などに示された思想を基盤に、西洋の政体について彼なりの理解を持っていたわけですが、その後、松平春嶽に招かれて江戸に出てくる前後に、こうした紹介についても耳にしていたのではないか。もしそう考えてよいとすれば、天皇を戴く新政府といっても、天子が率先垂範して政治を行うという、堯舜三代のイメージとは異なる政治形態が視野に入ってきておかしくない。つまり、小楠の思想の自律的な展開という面だけでなく、彼自身も、政治制度をめぐって様々な議論が噴出していた状況の中で思索していた、という面も大事だと思います。

**源**　おっしゃる通りですね。ただ小楠の天皇観について言えば、小楠の友人であり、弟子でもあり、後に明治天皇の侍講を務めた元田《もとだ》永孚《ながざね》（一八一八―一八九一、明治天皇の厚い信任を得る、一八八四年の『国教論』では、皇室への崇敬の国教化を主張）は、水戸学の影響も受けて、「天皇は天祖である」という天皇観を持っていた。この元田の「特別な存在としての天皇」という天皇観と小楠の天皇観の間には、かなり大きな違いがあります。

ところがその小楠も、慶応三（一八六七）年に、松江の儒者、桃節山（一八三二―一八七五）に会い、それまでとは若干ニュアンスの異なる君主論を述べている。これをどう考えるべきか、とても大きな問題です。

**元田永孚の「特別な存在としての天皇」という天皇観と小楠の天皇観の間には、かなり大きな違いがあります。（源）**

当時はまだ、天皇は政治権力から遠い存在だったので、小楠が念頭に置いていたのは、何よりも将軍のことだった。しかし、論理的に突き詰めれば、いずれ天皇も問題になってくる。そして桃節山を相手に、徳の有無、政治的能力の有無と無関係に、日本においては、天皇が存在すること自体に意味があるといった、それまでの君主論、天皇観をひっくり返すようなことを述べている。これは、小楠の思想を評価する人々を失望させ得るものでもありますが、小楠の思想が実際に日本で具体化されるためには不可欠な、非常に重要な立場の転換であったかもしれない。

**松浦**　桃節山との対話というのは、桃の側が記録したもので、小楠の発言をどこまで正確に記録しているか、という問題がありますね。

**源**　ただ桃節山は、非常に思慮深い人です。その点は、確かめながら書いている。

**松浦**　確かに、後日、弟子と確認し合いながら記録を残したという点では、それなりに慎重ではあると言えますが、私自身は、やはり小楠自身が書いているもので直接裏づけられないと安心できないところがあります。

天皇を直接に何度も見た上での感想として国元の家族や知人に宛てて、「容貌は十人並だが、並々ならぬ御英相で非常の御方」

**小楠の天皇観は、時期によって変化しています。越前で『国是三論』を書いた頃と、江戸で幕府の政事総裁職のブレーンになった頃とでは、かなり違う。（松浦）**

とか「非常の御聡明驚き入る」などと書いています。小楠には、君子が無能なら取りかえなければならないという君主論がありますが、少なくともその必要はないと判断している。

そもそも小楠の天皇観は、時期によって変化しています。越前で『国是三論』を書いた頃と、江戸で幕府の政事総裁職のブレーンになった頃とでは、かなり違う。というのも、江戸では、京都の天皇をどう取り込むかが、重要になってくるので、天皇の存在を無視できなくなる。この問題は、福井で考えずに済んだわけですが、江戸ではそうはいかない。ですから天皇に関しては、小楠は、明らかに原則を変えている。変えざるを得ないから、当然、変えている。しかし、具体的に原則をどう組み変えていったのかを正確に辿るのはかなり難しい作業です。

**平石**　そもそも史料が絶対的に不足していますね。

**源**　その問題を解く一つの鍵は、おそらく立花壱岐（一八三一―一八八一）がどういった記録を残しているかにあると思います。この点は、今回の特集で河村哲夫さんに寄稿してもらいます（「立花壱岐と小楠」）。いずれにせよ、最晩年の小楠理解にとって、やはり彼の天皇観とキリスト教観の問題は避けては通れないですね。

## 徂徠と小楠――天という理念をめぐって

その意味で、天といった普遍的理念は、小楠にとってどのように存在していたのか。また、そうした超越的理念と現実の政策論とはどのような関係にあったのでしょうか。

**平石**　助手論文に対する自己批判ともなりますが、小楠における天という理念の思想史的な背景について、当時の理解は不十分でした。今の私は、超越的な天という晩年の小楠に強く出てくる理念は、思想史的には徂徠をうけているのではないか、と考えています。そうした、普遍的で、超越的でもあるような理念をもっていたからこそ、小楠は、幕末の激動期にも、キリスト教を根幹とする西洋の政体に出あって、積極的な形で対応することができた。逆に、明治期になると儒教的伝統が衰退し、小楠の思想を支えていた天という理念の継承が困難となったために、真の意味での小楠の後継者が出てこない、という事情があるように思います。

徂徠にとって、天というのは、人格神のようなイメージだったのでしょうか。

**平石**　徂徠が、天を人格神的に捉えていたとは必ずしも言えません。しかし、徂徠は、「天命」ということを強調しています。つまり、天それ自体は聖人にとっても知り得ない、その意味で超越的な存在ですが、天命というのは知り得る、と。

それに対して、朱子学における天理・太極は、基本的にスタティックな実体であり、聖人はそれと合一する。ここには一種の神秘的合一の観念があるわけです。しかし小楠には、そういう面は全くありません。むしろ彼にあるのは、人格神的な色彩が濃い「天帝」への畏敬なわけです。そうした超越者の前に、自然に頭を垂れている。そこから宋学の「持敬」説への批判も出てくる。そうした面に注目すると、小楠における天は、「天は聖人にとっても超越的だ」とした徂徠に近い。そのことに小楠自身がどこまで自覚的であったかは分かりませんが、思想史的には、徂徠の系譜をうけていると言えると思います。

「横井小楠研究ノート」に書いたことですが、肥後藩校の時習館には、吉山壽安《よしやまじゅあん》という徂徠学者の訓導がいました。小楠は、彼と親しかった。江戸遊学の間に彼の死を知らされた時には、哭詩、泣いてその死を悼む詩を書いている。また元田の『還暦之記』によれば、若い彼は荻昌国（一八一三―一八六二）らと一緒に『政談』を読んでいるのですが、これは「徂徠の中では『政談』が第一だ」という壽安の教えにしたがったものと思われます。

その『政談』には、「総じて御政務の筋は上のわたくし事にあらず。天より仰付けられたまえる御職分なり。……軽き下たる人にても、御政務の筋に掛かることを申すは、しばらくの内、上と御同役也」という文章が出てきます（巻之三）。こうした「天命の前には、士と君主は平等化される」という徂徠的な意識、つまり「道」が問題となる場面では、互いに、対等な者同士として接しあわねばならぬという意識は、小楠以前から肥後藩の中にかなり浸透していたのではないか。

その上で、小楠における徂徠学と朱子学の関係について言えば、宝暦の改革を行い、名君と称され、当初、小楠自身も評価していた細川重賢（一七二一―一七八五）や、補佐役の堀平太左衛門（一七一七―一七九三）の政策を、やがて彼は、今の藩政の乱れの原因として批判するようになります。これは、「時務策」を書いた天保十二（一八四一）年のことです。その宝暦の改革の主流派が、まさに徂徠学派であり、そこから逆に宝暦の改革に批判的だった大塚退野が再評価される。以後、小楠は朱子学に賭けてゆく、というのが私の理解です。ただ、いずれにせよ、小楠にとって天という理念は、徂徠学と朱子学の双方に跨る形で存在していたよう

**天が持っている超越性という考え方は、思想史的には徂徠をうけているというのが、今の私の考えです。（平石）**

**民衆自身が豊かになることを優先して、そうすれば循環して、幕府の収入も自ずから多くなる。これこそ、小楠の経済政策の基本的な考え方です。（源）**

に思います。

## 徂徠と小楠――政策論をめぐって

**源**　宝暦の改革は、藩政のための改革であって、民衆のための改革ではない、という議論ですね。これは、単なる応急処置であって、本当の改革ではない。時間はかかるが、民衆自身が豊かになることを優先して、そうすれば循環して、幕府の収入も自ずから多くなる。これこそ、小楠の経済政策の基本的な考え方であって、最後まで引き継がれています。

ただ、この宝暦の改革に対する批判、徂徠学派に対する批判は、全面的ではなく、相対的なものだったように思います。当時は、何らかの措置をしなければ、藩の財政が破綻し、大坂の町人が金を貸してくれないという状況だったので、それはやむを得ない処置だったが、成功したといって、これは後には改めなければならなかった、と。

この意味で、小楠は、徂徠学と自分の政策論の関係をどのように捉えていたのか。ひょっとして小楠自身も、この問題を、宿題として残したまま亡くなってしまったのではないかという気がします。

**平石**　しかし、小楠は、「徂徠は功利の学だ」とはっきり批判していますね。

**源**　けれども晩年には、徂徠について、かなり肯定的な言い方をしている。やはり小楠自身も、この点は、変わっていったのではないか。

**平石**　「功利の学」であるとしても、そうであることを明確にしているだけに、害も少ない、と言うわけですね。少なくとも制度論や経済論では、小楠が、徂徠を高く評価していたことは間違いない。

例えば、海防の問題に関して、これを最初にとりあげたのは林子平で、「物茂卿といえどもこの見識はなかりし」と言うわけですが、逆に言えば、海防以外の政策では、徂徠の体系的な改革論を評価していたと言える。

ただ、「政談」を見るかぎりでは、「民の富を増やす」という関心は、徂徠にはないように思いますが。

**平石**　徂徠からすれば、一般武士の困窮があまりにひどいので、まず彼らに息をつかせた上で、民百姓に及ぼす、という順序の設定だと思います。『政談』にでてくる川越の流民一件での諫言ぶりからしても、徂徠にとって、安民仁政が治道の要だったことは疑えない。この点を額面通り受け止めたのが、小楠ではないか。その結果、徂徠学には「士」たる自分を定礎するコンバージョンの要素がない、として批判することになったのではないか。

## 実学とは何か

**源**　おそらく慶応二―三（一八六六―一八六七）年頃に、小楠は、思想的に非常に大事な時期に差しかかったという気がします。おそらく、キリスト教の神のことも気になっていた。そこで悩んで、彼は『天言《てんげん》』という本を書き始めます。残念ながら、それは、西南の役の際に失われて、見ることができませんが、『天言』を書くことによって、小楠は、自分自身の思想家としての証にしようとしたのではないか、と私は考えます。つまり、それ以上の時局的な政治的発言を控えて、『天言』を書き残すことこそ、日本のため、そして人類のために役に立つと考え、田舎に引き籠って、『天言』の執筆に全力を傾けるような生き方を選択する。私だったら、晩年になったらそう考える。彼も一応そう考えたのでしょう。しかし、中央からお呼びがかかれば、自分にも言いたいことがある。結局、小楠は、その選択をうまくやれずに終わってしまったのではないか。そこに、小楠の思想家としての、何か一つの甘さがあったのではないかという感じもします。

**松浦**　ただ、小楠は、自分を「思想家」とみなしていたのか。これは重要な問題だと思います。

**源**　彼は、自分の役割は、政治家に進言して最も優れた政策を実現させることにある、と考えていたでしょう。その点では、私の考える小楠と、小楠自身が考える小楠は違っている。

**松浦**　「実学」というのは、結局、政治学のことを言うのでしょうか。

**源**　実践知のことですね。知に、理論知と実践知と二つあるとすれば、小楠は、実践知の方に賭けている。そういう人だと思います。

**松浦**　そもそも「学問」とはそういうものだ、と考えているのではないか。

**源**　だからこそ、小楠は、熊沢蕃山を尊敬している。政策論も述べた徂徠にも、実践知という側面はないことはない。だから最晩年に、先人で一番偉いと思うのは蕃山で、次に自分が尊敬する

**小楠は、自分を「思想家」とみなしていたのでしょうか。これは重要な問題だと思います。（松浦）**

**最晩年に、先人で一番偉いと思うのは蕃山で、次に尊敬するのは、徂徠だと言っている。思想家としての小楠の独自の見方が、ここに現れている気がします。(源)**

のは、徂徠だと言っている。こんな評価は、学問流派の通常の理解からは出てきようがない。思想家としての小楠の独自の見方が、ここに現れているような気がします。

**松浦** 小楠の蕃山評価の方は、私もよく覚えていて、その文脈で「山崎闇斎(一六一九—一六八二)には騙された」と言っていますね。晩年に徂徠を評価したというのは、桃節山との対話においてですか。

**源** おそらくそうです。

## まず事実を押える

今日における小楠研究の意義ということについて、松浦先生はどうお考えですか。

**松浦** みっともない話ですが、自分のやる仕事は間違いないように、事実は確実に、と心がけてきましたが、大状況について発言したり、考えたりすることは、ここ何年かは放棄してきました。それですでに、二度、謝っています。まず二〇〇六年の熊本での第一三回全国横井小楠研究会大会の際に、討論後の質疑応答で、会場から指名され、「今の状況についてどう思うか」と質問をされて、私は謝りました。「いま私はそういうことから逃げているというか、発言しないようにしているので、御勘弁願いたい」と。それから昨年(二〇〇八年)一二月に、福井で松平春嶽について講演したときにも、「今日のお話を今の政治状況と重ね合わせたらどういうことになるか」という質問があった。このときも私は謝ったんです。「それはいま考えないようにしている」と。しかし、これは、ちょっとまずかったかなとも思う。今後は謝らないで、そういう大状況と自分の仕事をもう少しきちんとリンクさせて、そう聞かれたら返事ができるようにしておこうかと考えているところです。

ただ、これまでも、逆に事実をきちんと押さえる、ということだけは心がけてきました。というのも、この点で、どの研究者も割とデタラメなんです。ですから、史実を正確に押さえるには、どうしても、どの記述が信用できるか、一つ一つ慎重に検討するところから作業を始めなければならない。「この記述は正しいとか、この人はここでこう間違っている」ということを、すべて記録して、データベースにしています。

## 文久三年の小楠

**松浦**　ただ、事実の把握という点で、いま大きな問題だと考えているのは、文久三（一八六三）年の福井藩の挙藩上京計画です。将軍が京都にいる間に越前藩から挙藩上京し、京都にあらゆる人を呼び集めて大会議を開こうという計画です。そして、将軍が京都にいる間が勝負だということだったのが、将軍は、大坂から船で帰ってしまう。それでこの福井藩の目論見は挫折し、小楠も落胆して帰ってしまう。

　このとき小楠は、京都を放棄して江戸に帰ったというのは、中央権力であることを放棄してローカルな江戸の政権になったことを意味すると繰り返し書いているのですが、四〇年前からこの手紙を読んできて、「これは小楠の間違いだ」と解釈してきました。つまり、幕府は、別に中央権力を放棄したわけではなく、単に江戸に帰りたいから帰っただけで、江戸で巻き返して中央権力であり続けるつもりだった、と。したがって、これは小楠の事実誤認だと。

　これに限らず、小楠というのは案外、誤報を信じているところがあって……。

**平石**　そういうことが多いですね。

**源**　とくに熊本に帰ってからそれが多い。

**松浦**　怪しげな情報を割と信じている。小楠について、こういう点は、ずっと困ったものだと思ってきたわけですが、少なくとも文久三年の件については、最近、考えが変わってきました。一つには、高木不二さんの研究に刺激を受けたということもありますが、事実誤認であっても、それ自体意味があるような、少なくとも政治的に非常に重要な意味を持つ事実誤認ではないかと。

「中央権力を放棄してローカルな政権になってしまった」ということですが、これは非常に重要な事実誤認で、かつ福井の改革派はかなりの人が共有した事実誤認であって、こういう認識でもって結束しているわけです。高木さんの表現で言えば「文久改革派」という、小楠の周りに結集している連中が、この判断を共有していた。だからこそ、その直後に、九州へ向けて二九名の大きな使節団を派遣している。要するに、幕府が権力を放棄したのなら、新しい権力を京都につくろうという話であるわけです。

**源**　非常に大事な話ですね。そこは、小楠の伝記を読んでいても一番わかりにくいところですね。

**これまでも、逆に事実をきちんと押さえる、ということだけは心がけてきました。というのも、この点で、どの研究者も割とデタラメなんです。（松浦）**

## 「将軍は中央権力であることを放棄した」という小楠の認識は、「幕府がいなければ、新しい権力をつくればよい」という、新たな段階を意味していたわけです。（松浦）

**松浦**　元田永孚なども、その福井の構想に反対して、国元へ報告している。ですから、これは、事実誤認というよりも、一つの状況判断であって、筋からすれば、かなり正しい判断です。このように読み方を切り替えた場合、他の問題にも違う光が当てられるような気がします。

**平石**　小楠は挙藩上洛して、もし福井藩の意見が入れられない場合は、大政奉還を言い出すべきだと言ったのではないですか。

**松浦**　もちろん、そのようなつもりだったわけですが、政権返上自体は、その前年から言っています。つまり、政権返上をするくらいの覚悟がなければ、攘夷などできないと考えていた。

要するに、福井で考えていたのは、尊攘激派が力を持ちすぎては、まともな会合ができないから、会議の場は福井の武力で守るということです。会議そのものは、かなり平和な会議を構想していた。外国の外交官も皆、京都に呼んで、そこで、議論を尽くして結論を出すということです。そのような場をつくること自体が福井藩としての悲願だった。しかし、そこで将軍がいなくなる。ここで私が事実誤認と思っていた、「将軍は中央権力であることを放棄した」という小楠の認識は、「幕府がいなければ、新しい権力をつくればよい」という、新たな段階を意味していたわけです。それを春嶽が弾圧した。春嶽は、いったんはこの流れに巻き込まれたけれども、最後はついていけなくなって、別れて逆に処罰してしまう（編集部注――本号所収「小楠の『積極的誤認』」を参照のこと）。

**源**　そこは、小楠研究の一つの大きな問題ですね。

### 明治元年の小楠

**源**　明治政府に約七カ月仕えますが、おそらく半分くらいは病気で横になっていた。だから何もできなかった。おそらく当時、小楠に期待されていたのは、非常に困難な版籍奉還の問題の処理です。小楠であれば、やってくれるのではないかと一番期待していたのは、大久保利通だったと思います。しかし小楠は何もやろうとしない。その後、立花壱岐が面会して、期待していた小楠と全く異なる小楠に会って失望している。ただ小楠としては、その頃、健康問題に加えて、岩倉から頼まれた天皇の問題があった。つまり、どんな天皇になられるか、いや、なって欲しいか、その答えを出すのが、現在の自分の課題だという覚悟があったと思い

「文久三年の小楠」と共に重要となるのは、「明治元年の小楠」ですね。

ます。「良心」をもった一個の人間としての自覚をもって天皇になってもらうという課題です。

ただ、小楠は、明治元年に、政府への答申として、歴史を考えていく場合の原点をなすような、『六国史』を引き継ぐ編年史の作成の必要性を述べています。小楠の答申との関係は分かりませんが、実際、『明治天皇紀』や『孝明天皇紀』が作成されることになる。これは、非常に大事なことだった。あれだけの病状で、田舎に帰りたいという気持ちも強いなかで、かなりよくやったと思います。

**松浦**　その点はやむを得ないし、よくやっている。ただ、明治元年の小楠について言えば、本来なら、武家廃止論をもっときちんと言わなければいけなかった。というのも、武家廃止論を理論として組み立てるのに、一番近いところに小楠はいたわけですから。

**源**　その点に、立花壱岐は失望したわけですね。

**松浦**　どうして言わないのか、そこがよくわからない。海舟も、武家廃止論ですが、徳川だけつぶして薩長は残っているというのはおかしい。だからすべて一緒に廃止するのなら、受けようというのが、海舟の考えです。薩摩、長州が、率先して廃止するのなら徳川もやめる、と。

海舟の場合には、徳川家の後始末という問題を背負っている。その点、小楠は何も背負っていなかった。そういう失うものがない、という小楠の捨身の立場が、幕末維新期において、小楠をして稀有な存在にしていたわけですが、明治元年の時点で、肝心の武士廃止論について何も言わなかった。

それはなぜか。一つは病気のことがあった。もう一つは、戦争という状況において、何よりも薩長側、東征軍側が勝って、武力で全国を統治するということが先決だと考えたのではないか。この点は、周りからかなり孤立している。彼の周囲の人間や弟子たちの大半は、東征軍が攻めていることに反対していた。もう少し融和的な方針で穏やかにおさめる方がいいという考え方だった。それに対し、小楠だけは、どうも戦争をして勝負をつけた方がよいと考えていたという印象です。

**源**　その点で、小楠は、士籍を奪われ、沼山津へ帰っている間、恐らく世の中のことをあまり知らなくなっていたと思います。また春嶽には、小楠に対し、答申を出す前に自分になぜ相談しないのかという想いがあったのでしょう。

**松浦**　小楠は、原理原則と状況判断の両方をもっている。状況

**立花壱岐が小楠に会って失望している。ただ小楠としては、その頃、健康問題に加えて、岩倉から頼まれた天皇の問題があった。（源）**

判断としては、新政府側に勝たせた方がよい、勝たせて決着をつける方がよいということで、これは、正しかった。ただ、後にも残る思想としての重要性から言えば、あそこで、武士廃止論を論理的にも、政治的にもきちんと組み立てておくべきだった。そこが惜しい。真の意味の後継者がいないというのも、ここに絡んでくる。

## 勝海舟もそうですが、小楠にも真の後継者がいない。そして、両方に関わっているのが、徳富蘇峰です。しかし、蘇峰では小楠の思想を継げなかったわけです。（松浦）

### 真の後継者の不在

**松浦**　勝海舟もそうですが、小楠にも真の後継者がいない。そして、両方に関わっているのが、徳富蘇峰（一八六三―一九五七）であるわけです。蘇峰は、思想的には何もかも違うのに、最後まで尊敬するのは、海舟と新島襄だと言い続ける。海舟の方からすれば迷惑なところもあるわけですが。それから小楠についても気になっている。終戦後の日記を見ても、「自分は横井小楠の学統だ」という意識を最後までもっていた。しかし、その蘇峰が小楠の思想を継いでいるとは言えない。蘇峰では継げなかったわけです。もちろん、明治二十二（一八八九）年に、海舟が序文を、元田が後序を寄せて、蘇峰の民友社から小楠の遺稿を刊行している。当時の蘇峰は、まだ力が十分でなく、海舟や春嶽もずいぶん金を出している。これはこれで大事なことですが、蘇峰が、小楠の思想を塊として受け継いでいるとは言えない。安場保和（一八三五―一八九九）にしても、小楠の思想を丸ごと受け継いでいるとは言いきれない。

**源**　私もそう思います。弟子たちの中でも、やはり小楠を本当に丸ごと理解した人はいないと思います。強いて言えば、柳河藩の立花壱岐ですが、彼には物を考え抜く力があります。しかし壱岐には人間的なゆとりがありません。小楠が壱岐の書いたものを読み、その感想を言っているのに、小楠に会おうとしない。そういうことをする心の余裕が壱岐には欠けていたと思います。

**松浦**　だからこそ、小楠については、「本当はこうだった」という全体像を構築することが、後世のわれわれの課題として残っていると思うわけです。

**源**　ただ、熊本の小楠の弟子たち、とくに豪農出身の熊本実学派が、明治初期、小楠が中央政府の中で黙っていた時、地方レベルで、上院と下院に相当する議会をつくろうと動いていた。つまり、小楠構想を弟子たちはよく理解していて、中央政府の中ではそれを実行する段階にはまだ至っていなかったけれども、地方レベルでは、実行に移せた、ということも見逃すわけにはいきません。

## 小楠の魅力

**松浦**　これは全く余計なことかもしれませんが、小楠について面白いと思うのは、民富を重視しているのに、彼自身は、別に特権のようなものを拒んでいない点です。例えば福井に行って、一般の庶民が入れないような藩主の禁漁区で漁をしていて、非常に楽しんでいる。酒もものすごく好きで、女も我慢できない。徳富一敬が残しているものを見ても、少しは抑制した方がいいと弟子も思っている。けれども、とても止められない。少なくとも、一敬は、「あの先生はだめだ」と小楠をかなり見放している。

私は、小楠のこういう面を否定しようというつもりはない。むしろ面白い。その上で、こうした人間としての小楠の存在が、小楠の思想全体にどのような意味を持っていたのか。そこを考えてみたいという気がある。

謹厳な模範的な人格者として、周囲に影響を及ぼし、それで力を持つという例はある。しかし、小楠の場合は、そうではない。これは、考えるに値するポイントだという気がします。

**平石**　話をすれば、人を引き込まずにはいないような魅力があったのではないでしょうか。「その議論の高調子なことは、おれなどはしごをかけても及ばない」という趣旨のことを海舟が書いていますね。

人格者ということではなくとも、やはり高邁な精神を持っていたということですね。

**松浦**　何か高い、志を持っているのに、いわゆる人格者ではない。しかし逆に、そこが面白い。

**源**　小楠の場合、やはり人間的な魅力ということが非常に大事なことだと思います。ある思想家、やはりその時代に一つある力を持つ、後の世にまでそれは伝わるような力を持つというのは、単なる禁欲的な人格者とは異なる、何か人間的な魅力を有していて、その人のそばに行くだけで、皆、生きる力を受け取ってしまうような、そういうものを持った存在。それが小楠という人ではないか。

皆様のお話を通じて、今後の研究課題と共に、小楠の現代性や魅力が十分に浮き彫りにされたのではないかと思います。長時間、ありがとうございました。

（二〇〇九年七月一〇日／於・藤原書店催合庵）

**その人のそばに行くだけで、皆、生きる力を受け取ってしまうような、そういうものを持った存在。それが小楠という人ではないか。（源）**

熊本・横井小楠記念館

# II

# 小楠思想の形成——肥後時代

徹底討論による公論形成と、教育による政治の補完の重要性

# 小楠の思想的特色

【講学・講習・討論による公論形成】

源 了圓

Minamoto Ryoen

みなもと・りょうえん 一九二〇年熊本県生。一九四八年京都大学文学部卒業。東北大学名誉教授。近世日本思想史・日本文化論。主著に『近世初期実学思想の研究』『型』『型と日本文化』(共に創文社)等。

## 田舎武士の登場

横井小楠の思想的特色として、まず社会的側面から捉えてみることにする。彼は幕末の代表的思想家であるが、そこでまず言えることは、幕末の思想の担い手として田舎武士が登場したことを挙げねばなるまい。もちろん江戸の旗本や儒者たちの中にもすぐれた人々がいないわけではない。しかし『世事見聞録』の作者や『川路聖謨の生涯』において川路聖謨が示すように、江戸の旗本には、武士としての気概や誇りを失って町人化した人々があまりに多かった。為永春水のような旗本出身の戯作者は特別な存在としても、ペリーが来たというので、質入れしてあった鎧一式を出さねばならない旗本はおびただしかったようだし、彼らは歌舞絃歌は得意であったが、昌平黌での佐藤一斎の講義は閑古鳥の鳴くようなものであったと言う。

それに反して田舎の武士たちには、武芸の修行に習熟すると共に、自発的にグループを作って、参加者一同の話し合いの下にテキストを選んで読書会を開き、時事を論じ、日本の直面する課題に答えようとする若者が多かった。彼らは身体強壮であるとともに知的にもすぐれていた。横井小楠が所属した熊本実学派の人々

も、そのような新しい傾向の人々であった。

また彼らは閉鎖的ではなく、旅を試み、同志を全国に求めていた。彼らの旅は十八世紀の啓蒙精神を以ての旅ではなく、同志を求めての旅であった。そして彼らの求めた思想は知的であるとともに実践性をもっていた。どうかしなければ日本は亡びる。そういう危機意識をもって、眼に見えない連帯意識が成立し、日本社会はゆるぎ始めたのである。

## 講学・講習・討論における公論の形成

天保九年から十年の初春まで熊本藩の次席家老長岡監物、奉行として監物の輔佐役下津休也、菁莪斎（藩校時習館の大学院）の居寮長横井小楠の三人の協力によって優秀な若者たちを磨く大学院コースへと変えることをめざす菁莪斎の改革が小楠の酒失によって計画は頓挫した。小楠は江戸遊学したが、これも亦酒失によって頓挫して帰藩した。七〇日間の謹慎の後、小楠は程明道の「道就二於用一不レ是」の句の意味を理解するのに足掛け四年（ママ）をかけたが、一朝自得するところがあり、それまでの歴史学、それも中国の廿二史に通ずる政治青年が内面化して哲学的思索をめざす壮年と変わった。彼らは勉強会（私はかりに「実学研究会」と名づける）を始めた。長岡監物は儒学、横井小楠は史学を教えることになる。歴史の方は『通鑑綱目』を読み上げることで終り、後は『近思録』を読み上げた後はテキストをつくりながら大塚退野（一六七一―一七五〇）の『孚斎存稿』を読むことになった。恐らく『近思録』を読む時は朱子だけでなく朱子学派の人々の主要な作品も読み、『孚斎存稿』を読む時には退野の読んだ全作品を読んだように想像される。

そのように想像する論拠は、久留米藩藩儒の本庄一郎の手紙でそのテキストを何種類か併せ読んでその善し悪しを指摘し、清の朱子学者陸稼書などについても言及しているからである。つまり或る本を一応それだけ読むというのでなく、その本について論文を書くような姿勢でその本に言及してある論攷、あるいはその本に影響されて出来た論攷をも併せ読むというような姿勢で読書会のテキストを読んでいることが判る。彼らが読書会についやした時間の尨大さ、小楠の学識の豊かさの理由もはじめてよく判る。また小楠はこの研究会でテキストとして読まなかった日本人の儒者もよく読んでいるが、本庄一郎も読んだという退野の語録にたんに言及してあるにすぎない人の著書をみずから読んでその思想家――たとえば藤原惺窩についての見識を身につけているからである。小楠の思索力は抜群であるが、テキストの読みの深さ、徹底がその思索に伴っていることを閑却することはできない。

この研究が済んでから、大塚退野の弟子で、占いの書として易経を理解する朱子の『易経本伝』を批判する考えとは違って易理を説く程伊川の『程子易伝』を読むことによって、退野の「為己之学」を経世の面で強化し、「堯舜三代」を現実に生かすべき方法を、平野深淵の著作を読むことによって小楠は自覚した。その現実はひとり日本だけの現実ではなく、世界の現実でもあり、小楠は晩年において「三代之学」を形成するに至った。

話は元に戻る。

「実学研究会」を始めるに当って長岡監物は次のようなことを言った。この研究会では、身分の高低、年配の老若、教師と弟子の差をまったく問わず、平等の関係で勉強する。そしてこの会には以上の三人の他に、荻昌国、元田永孚という菁莪斎で小楠の指導を受けた二人も加わった。そしてこの会の閉じるまで、右の監物の約束は見事に守られた。

元田の「還暦の記」によれば、彼等の議論の烈しさは猛烈なものので、掴みかからんばかりであった。しかし一旦納得できる結論が出ると、それまでの争いは雲散霧消、まるで烈しい口論があったことが嘘のようであった。

議論が行詰まった後、思いもかけない角度から素晴しいアイディアを出すのは大抵小楠、しかしそれはあまりにも思いもかけない角度からの発想なのでしばし皆が茫然としていると、いろいろの仕方でその考えが理解が出来るような考えを出すのは下津休也、そしてそれを倫理的な観点から結論としてまとめるのが長岡監物。――これらの三人は「不世出」の士であると元田は呼んでいる。

これら五人は堅い「朋友の交わり」を以て結ばれた集団であったが、永孚がそのきずなを「切磋琢磨之益」や「薫陶観感之徳」という道徳上の修養だけに限定したのに、小楠はそのほかに自由な「講習討論」という要素を最も重要なものと考えていた（小楠から監物への嘉永二年四月十五日宛の書簡）（注）。ここに小楠の独自性がある。彼は「講学講習における『討論』」こそ「公論」の源泉という考えを潜在的にもっていたと思われるが、「学校問答書」の教育論（嘉永五年三月）までにはまだ顕在化せず、安政三年十二月二十一日附けの村田巳三郎（氏寿）への書翰で、ロシアでは、政事上の変動事件はすべてその最高のペテルスブルクの大学に下して審議させ、そこでの「衆論一決」でなければ、国王政官と雖もその所存で自由な行動はできない。つまりペテルスブルク大学での衆論が「一国之公論」となる、としている。ここで書かれていることは、『海国図志』のロシア篇の誤読によるものであるが、それはともかく小楠は自分の「講学・講習における討論」の重要さを充分に認識し、「公論」は一国の教育の文脈で形成されるべき「学校民主制」ともいうべき考えが形成されていた。

しかし彼が福井藩に賓師として招かれていた文久二（一八六二）年七月に、彼の仕えていた松平春獄が小楠の進言で「政事総裁職」に任ぜられるとそのブレーンとなる。そして幕府の徳川慶喜をはじめ、老中板倉勝静、御側御用取次の大久保忠寛（一翁）、大目付の岡部長常らと個別的に必死になって討論し、最終的には幕府の政治方針を決める会議において彼らを説得し納得させて幕府の見解をまとめることに成功（その内容は『国是七条』にまとめられている）し、「一国の公論」少なくとも「幕府の公論」を形成することができた。

その後、朝廷をバックにして政府と交渉に来た長州藩の周布政之助や桂小五郎（木戸孝允）らとの討論（木戸孝允はのちにその時の小楠のイメージを「横井の舌剣」と呼んでいる）、場合によっては刺殺をも辞さない積りであいついで個人的にやってきた坂本龍馬や高杉晋作との討論がある。彼らとの討論は、その時一国の公論となった訳ではない。しかし彼らが幕末維新の大舞台で大きな存在となるにつれ、それらの討論も大きな「公論」へとふくらんでいく。

以上の場合は、「徹底的な討論」が公論形成の条件となったが、そうしたことの積み重ねは、やがて五箇条の御誓文の第一条の「広ク会議ヲ興シ万機公論ニ決スベシ」となって、「公議・公論」の思想が政治の中で一つの制度となっていった。

ところで小楠は、慶應三年正月一一日、福井の松平源太郎（のちの正直）に与えた国是一二条の中に「興二学校一」という箇条を設け、「三代の道に本き西洋技芸の課に及ぶ事来書御注に於て分明也。規模の正大に至らざれば講学の道不レ興、兎も角も人君政府合一に、治教は人倫に本き、民を治るに仁を以するの義を真実講習討論事第一にて可有之事哉」（資料篇九一頁）として、政治のレヴェルの公論が学校教育における「講習討論」によって補完されるべきことも強調している。彼は国家の運命を決めるのは政治だけでなく、将来世代のための教育のあり方への配慮——教育の現場における講習討論の必要ということを忘れていなかった。

彼の思想は「政教悉く倫理によって生民の為にする」ということが基本であるが、政治は教育によって補完されるべきであり、政治的世界における徹底的討論によって政治の世界における公論は成立するが、日常的世界における「講学を基礎とする講習討論による公論の形成によって補完されねばならない」と考えていたのである（九一頁）。

## 公共思想の開国論への展開

ところで小楠の思想はこの「公論」の形成だけでなく、人間の社会的営みは公共性の原理によって構成されるべきものと考えていた。彼の公共思想がまず展開されたのは、嘉永六年の「夷虜応接大意」においてである。この年ロシアの使節プチャーチン（E. v. Putyatin 1803-83）が開国を求めて長崎に来、それに対する日本側の応接の責任者の一人として、小楠の江戸遊学中の旧友川路聖謨が来崎するという情報が熊本にも伝わったので、小楠は自分の応接についての考えを川路に伝えたいと思って長崎に行った。しかし幕府側の事情で川路らの来崎が遅れ、プチャーチンは暫らく長崎を離れた後だったので、小楠はこの「夷虜応接大意」を川路に渡して欲しいと幕府の役人に渡したものが貴重な記録として今日まで残っている。

この論攷の冒頭において小楠は言う。我国が万国に勝れ、世界の君子国と言われているのは、天地の心を躰し仁義を重んずるからだ。使節に応接する要領は、ただこの天地の心を以てするにある、として「凡《およそ》我国の外夷に処するの国是たるや、有道の国は通信を許し無道の国は拒絶するの二つ也。有道無道を分たず一切拒絶するは天地公共の実理に暗《くら》くして、遂に信義を万国に失ふに至るもの必然の理也」（一一頁）

当時小楠はまだ攘夷論者であった。しかし厳密な意味では攘夷論者とは言い切れないところに踏みこんでいる。相手がもし「有道の国」であれば拒絶しない。「有道無道を分たず拒絶するは天地公共の実理に暗して遂に信義を万国に失ふに至る」と言い切っているからだ。彼はもはや純粋な攘夷論者とは言えない。

ではこの有道、無道を判定する基準は何か。それは相手が我が国に信義を失わなかったかどうかということだけでなく、わが国以外の国々にも侵犯、暴虐の所行がなかったかどうか、ということだ。これは厳しい条件だ。しかしもし真に有道の国があって、日本に通信交易を望むなら、これを拒絶する道理はない。

この議論は、当国の米国にはその資格ありということになろう。これに対する小楠の言い分は、ペリー来航の時、わが国の法を犯して軍艦を率い、浦賀に迫ったではないか、米国も亦失格者だということになる。

右に述べたように小楠は「有道の国、無道の国」を判定する基準を「天地の道理」としている。日本における国際関係の成立が、小楠の中から、天地の中から、天地の下にあるいかなる国も規制する普遍的な原理として「天地公共の実理」という普遍的な「公共」概念を引き出したのである。

更にここで「天地公共」という語に注目する必要がある。この語は小楠が若い時熟読した『史記』の「天下公共」にヒントを得たものであろう。彼はここで「天下公共」を「天地公共」の語に変えている。「天下公共」であれば中国一国という場所的限定がある。これを小楠は「天地公共」と注意深く変えることによって、国家という政治上の一大単位を超えて、国家も規制する力をもつ普遍的原理を発している。これは国際関係における「公共」原理として歴史に残る概念であろう。しかし彼はたんなる「理」という概念でなく「実理」という概念を使っている。この場合の「実理」は「真理の理」の理という意であって、修辞的に「理」の真実性を強調したものであろう。この語を使った小楠の意気ごみが感知される。

## 真の開国とは

その後小楠が『海国図志』を読み、欧米の代表諸国が文明の国であることを知った。こうした国々がわが国と交易することを求めてきたら、わが国がそれを断る理由はないと確信したのである（この時彼は「夷虜応接大意」当時の「有道・無道」の原理を使わず、相手の国が文明の国であるかどうかを判断の基準としている）。この新しい理由による交易の承認について、『国是三論』「富国論」に次のように述べている。

（A）如ㇾ此諸国来りて日本の鎖鑰を開くに公共の道を以てする時は日本猶鎖国の旧見を執り私営の政を務めて交易の理を知り得ずんば愚といはずして何ぞや。（四〇頁）

（B）天地の気運と万国の形勢は人為を以て私することを得ざれば、日本一国の私を以て鎖閉する事は勿論、たとひ交易を開きても鎖国の見を以て開く故開閉共に形の如き弊害ありて長久の安全を得がたし。されば天地の気運に乗じ万国の事情に随ひ、公共の道を以て天下を経綸せば万方無碍にして今日の憂る所は惣て憂るに足らざるに至るべきなり。（三二頁）

（A）では、「鎖国の見」＝「私営の政」対「交易の理」＝「公共の道」として図式化され、さらにこれは「交易の理」に従う「公共の道」＝「公」、「鎖国の見」を執る「私営の政」＝私、という「公と私」の図式に集約されている。なおここでは、日本がすでに開国している状況を反映して、「交易」という概念が登場している。

（B）では、「鎖国」だけが否定的契機ではなく、たとい「開国」であっても、「鎖国の見」を以てする開国も否定すべき契機となっていて、開国・鎖国という形式的分類に終わらず、開国のありよう、開国の実質が問われていて、「公共の道」を以てする天下の経綸に基づく開国こそ真の開国であるとされている。真の開国とは双方が利益をあげ、相互に豊かになっていく、すなわち石田梅岩のいわゆる「我も立ち人も立つ」（『都鄙問答』）という「共生」をめざす開国論である。それこそが「公共の道」を以てする「天下の経綸」にほかならない。おそらく「交易」の世界に公共概念を導入することはまれなことではなかろうか。小楠には世界各国と「共生」の交易関係をつづけ、その関係を拡げ、その網の目を濃密にして世界平和を実現しようという理想があった。

**補記**

嘉永二年閏四月十一日の小楠から監物への便り、四月十三日の監物への返事、四月十五日の小楠からの便り、四月十五日の監物の返事、で彼らの往復書簡は終っている。

これらの書簡が小楠にとってどんなに意味をもつものであったかは、彼が自分の監物への書簡のコピーを全部保管していたことから分かる（彼らはそんなことをする人ではなかった）。小楠は五人の購学の会での監物の微妙な変化に気づいた。それは監物が新しく知ったこと、新しく考えついたことを購学の仲間たちに披瀝していたのに、それをしなくなったことに気づいたからである。そしてそのことは自分にとっても講学の課程における自分自身のあり方において重要な意味をもつと直感したからであろう。

小楠は第一信で次のような意味のことを書いている。最初に近来御勤学の様子が以前の通りではないではありませんか。会読やお咄しの際でも新しく会得されることを拝聞しなくなっただけでなく、「御誠意之人にうつり候處何と無く以前と相替り候」に思われます。万一そういうことがあってはこの道の衰退、熊本藩の傾運に重大な関係があると思われます」と小楠は書く。

十三日の監物の返事は、貴下のおっしゃる通り「此道を世にも人にもと申志は近来甚薄相成、唯我一人と申様なる心持に相成居申候。此所大なる曲《く》せ事と在当り申候、如何。猶御遠慮なく御教示可㆑被㆑下候」というものであった。

それに対する四月十五日の小楠の手紙は、非常に重要なものである。「大夫のおしゃることは孔子のいわゆる『為己』ということで、これが学者の最も心すべきことであることは言うまでもありません。しかし人によっては、他者と話合うことが存外の益を得るものだと思います。まして聖賢のおっしゃることは意味深長で、その時、その相手、その場所の違いによって表現が異なりますから、われわれはそれを諒解することもあります。それを避けるために昔も今も朋友の交わりを大切にしています。

ところで朋友の交わりは、わが国では君臣父子の交わりほどには大事にされていません。また強調される場合でも、『切磋琢磨の益』、『薫陶観感の徳』という修養に役立つ面だけではなく、『友人との講習討論』ということは『致知』の益において得るところ甚大なるものがあります。

長岡太夫には『唯一人』で『為己の道』を極めようというお考えがあった、そこが『曲せ事』とおっしゃっていますが、私の考えでは、自分の心なりに他者にもそれが映り、他者への映り方に応じて自分の心のあり方に映りもします。その他者の心に映った私の心の正不正、厚薄浅深が顕然と分かります。ですから他者の心に映った私を見て、私の心の内容を制することが『外に依っても内を制する工夫』と私は考えます」と言う。小楠は長岡監物との応酬の過程で自己の内に閉じ込もるのではなく、心を開いて他者に対することによって自己を発見する開かれた態度こそ自己の生きる道であることを発見した。

退野朱子学「為己」理念の継承

# 大塚退野学派の朱子学思想

【小楠朱子学との関連で】

平石直昭 Hiraishi Naoaki

ひらいし・なおあき 一九四五年東京都生。一九六八年東京大学法学部卒業。帝京大学教授。日本政治思想史。主著に『荻生徂徠年譜考』(平凡社)『日本政治思想史——近世を中心に』(放送大学教育振興会)等。

## はじめに

大塚退野(延宝五～寛延三、一六七六～一七五〇)は、おもに一八世紀前半に活動した肥後細川藩の朱子学者である。名は久成、通称は丹左衛門、はじめ蹇斎、延享一年(一七四四)に致仕して後は退野と号した。世禄は二百石、若いころ御切米奉行を短期間つとめたほかは、番方組脇として役職を終えている。

大塚退野の名は、一般はもとより学界でもほとんど知られていない。日本思想史の研究者にとってさえ、横井小楠や元田永孚、あるいは肥後藩儒学史など、限られた分野や対象に関心をもつ者以外には、あまり知られていないのが実情であろう。こうした事情を反映して従来の退野研究もごく僅かであり、理論的分析を試みたものは、楠本正継による二論文があるにすぎない[1]。そこには「退野の価値は知る人ぞ知る」という趣旨の発言がみられるが、これが示す退野の無名状態は上記論文が発表されて二十年たつ今日も、ほぼそのままあてはまるであろう。一方で小楠研究が盛んになりつつあり、しかも小楠が「拙子本意専此人を慕ひ学び候事に御座候[2]」などとのべて、くりかえし退野に言及しているにもかかわらず、退野やその周辺の人々が研究されてきていないことは、

退野より先に肥後藩には、辛島道珠を中心とする崎門朱子学、および林三陽らを中心とする林家朱子学の伝統があった。そうした環境のなかで退野は、二程や朱子また李退溪に私淑して朱子学者として自己を確立し、学派を形成していったのである。彼自身次のようにのべている。「本藩比年国化を蒙むり、聖人の道を学ぶと為す者往々これあり。以て君子の憂を慰むべきに庶幾し。然れどもその実を覈すれば、為人の意を免れざる者多くして、為己の実あるを知る者は最も鮮し矣」。(4)

先行する儒者たちとの間に、「為己」か「為人」かを指標として、彼が一線を画しているとわかる。そこには藩内の既成朱子学に対する明確な批判の意識がある。このように「為己」の理念を中心に程朱学の体系を再構成していった点に、退野朱子学の特質を見ることができよう。こうして彼のいう「為己」の意味連関、門弟たちにおけるその展開、さらにそれが幕末の小楠朱子学との間に有する史的関係などが本稿の分析課題となるわけである。しかしそうした検討にはいる前に、まず退野学派に対する知識社会学的な考察を試みたい。学派の活動状況や組織としての特徴を明らかにすることで、彼らの思想の傾向も一層よく理解できると思われるからである。

たしかに奇妙なことといってよい。

退野学派の活動が肥後藩内にとどまって、その当時も広い関心をひかなかったこと、また研究者が手軽に利用できるような形では、彼らの遺稿が整理・公刊されていないことなどの事情がここには作用している。とくに退野門下の人々について、これはいえる。他方で小楠論の視点からいえば、研究者の間では幕末思想界における晩年の小楠の独自性が大きく問題とされる反面、青年期の彼が退野からどんな思想を継承しているかは、あまり問われずにきたという事情がある。問題はこの結果として、小楠朱子学を思想史的に位置づけ、その独自性がどんな点にあるかを正確に捉える作業がおろそかになることである。この点で楠本の着眼は高く評価されてよい。本稿はこうした反省にたち、小楠を先行朱子学との連続・非連続の関係において捉えようとする試みである。すなわち大塚退野以来の約百年におよぶ肥後藩先儒たちの思想的研鑽のうえに小楠の朱子学が成立しているという連関、その一端を解明することがこの小稿の主題である。

ところで退野の朱子学については「その片々たる著書を読んでもその特色がどこにあるか容易に分からない」という評がなされてきた。(3) しかし私たちが一八世紀前半の肥後藩の知的気候に注目し、その歴史的文脈のなかで退野学について考察すれば、かなり明確な輪郭を描いて、彼とその学派の人々を他から区別できるように思われる。

## 知識社会学的な特徴

退野の遺稿『孚斎存稿』（『肥後文献叢書』第四巻所収）にみえる彼の知友、門人の中から、その主な者の身分・役職等をあげてみよう。記録された者の数はそう多くない。しかしそれらは、藩内の各階層に退野を思想的リーダーとする幾人かのグループがあったことを示している。さらにそうした核の存在は、その周辺部の広がりを推測させる。このことは、退野を結節点とする一派が程朱学を共通信条とする集団として形成され、活動していたことを示しているのである。

藤崎丸山＝取次用人・番頭などを経て家老脇。中瀬文山（柯庭）＝住江滄浪の兄、番頭。萱野考澗＝肥後藩大坂留守居役。藪慎庵＝砲隊長、のちの時習館第二代教授藪孤山の父。西村作左衛門＝郡代。稲津北地＝郡頭・郡目付。佐田谷山＝小姓役。平野深淵＝穿鑿頭。森省斎＝玉名郡江田村神官。行藤志摩守＝藤崎社司。会津屋孫兵衛（甲斐雪堂）＝熊本京町の豪商。草野潜溪＝時習館助教。栗崎履斎＝肥後藩三家老の一つである米田家の儒臣。中村正尊（忠亭）＝独礼出仕、のち致仕して浪人。赤松助次郎＝玉名郡山田村の農民、のち総庄屋直触となって称氏を許される[5]。

右にあげた人名とその身分・役職等から、退野学派の構成に関するある程度の具体像をえることができる。その特徴として第一に、メンバーの身分的な多様性をあげることができる。武士にかぎってもそれは、家老脇、番頭、大坂留守居役など、藩の高・中級官僚から、地方支配の責任者である郡代層までを含んでいる。それればかりでなく、何人かの神官や商人を擁しており、さらに例外的とはいえ、赤松助次郎は一介の百姓として退野に師事し、程朱学の蘊奥《うんおう》を極めた。たしかに武士が大きな比重を占めているが、特定の社会層を固定基盤としていない点に、むしろ学派としての特徴が見られるといってよい。

第二に注目されるのは、学派の主要メンバーの多くは「世俗」の職業をもち、その暇に程朱学研究に従うという形をとっていることである。退野自身、朱子学を学んだのは武士としてであり、藩の儒臣ではなく、またそうした地位を望んでもいなかった。「職業」としての儒学という考えは無かったわけである。たしかに彼らのなかで中村正尊は、致仕後に塾を経営して生計をたてた。しかし一般に彼らにとって「塾」が、生計の手段としてより以上の積極的な思想的意味をもっていたことは、後述が明らかにするであろう。そして退野の学問をそれぞれ異なった方向に発展させた平野深淵と森省斎とが、いずれも儒臣ではなかったことはこの点で興味深い（後述参照）。崎門や林門と比べたとき、それは退野学派の一特徴を示すと思われる。

第三にこの点と関連して、退野の門弟のうち、藩校時習館に勤めた者はわずかに草野潜溪一人だったことが注目される（当初独礼で出仕した中村正尊はのち致仕して浪人になっている）。しかも潜渓の勤務ぶりも月に二十日ほどは休む有様であった（彼は「毎日館へ出るは馬鹿じゃらう」と放言したという。『肥後先哲偉蹟』「草野潜渓」の項を参照）。少なくとも時の藩校に奉職することは、彼にとって本意ではなかったようである。そしてこのことは、潜渓と同じように程朱学を奉じながらも、それぞれ第二代、第三代の藩校教授となった藪孤山、高本紫溟と潜渓との間に、微妙な学意の違いがあったことを窺わせる。孤山による『崇孟』の版行や紫溟の『大学』一辺倒に対して、潜渓が批判的だったという逸話が伝わっているのも、そうした事情を物語る（同上参照）。

以上のことは、退野学派が基本的に「民間」運動として展開したことを示している。事実、藩校での授業から独立して、学派のメンバーを中心にしたかなり定期的な講習会がもたれており（一例として同上「佐田谷山」の項を参照）、席上で活発な講習討論が行われていた。たとえば森省斎の『西依答問』は、もともと省斎と西依成斎（当初退野門にあり、のち京都に移り若林強斎の望楠軒をついだ）との間に交された議論を記したものであり、西村作左衛門の請いに応じて作られた。メンバー間の交流が学派の成立基盤として存在し、その上に相互啓発の材料として思想的な作品がうまれているわけである。ここには藩校における体制教学とは異質な、あるいはそれに反発するような思想的体質を彼らがもっていたことが示唆されている。では以上にみたような退野学派の特徴は、どのような学問集団観や学問観に基づいていたであろうか。以下その点の検討に入ろう。

## 退野学派の学問集団観――「塾」型結社

一般に徳川幕藩制下の社会では、人々は無数の身分・格式の障壁に阻まれて、閉鎖的な精神状況下にあったといわれている（丸山眞男「開国」）。対外的な鎖国が対内的な鎖国に連動し、かつそうした地理的・水平的方向での閉鎖は、上下方向における身分・格式間の断絶としても現われた。こうして、かつて福沢諭吉が指摘したような「百万の人は百万の心を抱て各一家の内に閉居」[6]する状況が出現したわけである。

こうした閉鎖的な精神状況と比べるとき、退野学派において、異なる身分・格式に所属する人々が一つの集団を形成し、その内部で学問的・人格的な交流が行われたことは注目に価する。これを可能にしたのは、退野学派が程朱学という信条を共有する同志の自発的な結社としてうまれ、それに照応する集団観をもっていたことに求められる。門人の一人中村正尊は次のように書いている。

「朋友は門を同ふするを朋といひ志を同じくするを友といふ。師は其中の教を施す者也。……其交るや必相信ずること有て相合。故に其間自（おのずから）信を以てせざる事能はず。其信たるや真実懇到にして偽り欺かず、長を挟まず貴を挟まずして唯其徳を友とし、又其高貴を慕はず権勢に屈せず常に礼譲を主として相交り、学を講じて相会し、気を平にして勝ことを求めず、心を虚にして是非の実を窮め……吉凶患難相助け救ひて共々立つことを求む」云々。[7]

つまり正尊によれば「朋友」とは、ある学問集団に結集する信条の共有者にほかならない。五倫五常中の「朋友有信」が、思想的・組織的な共同性・共属性を中心に理解されているわけである。それは彼における自発的結社への強い志向を示しているだろう。

この点と関連して、「師」がこうした同志集団中の授教者とみなされていることが注目される。いいかえれば師は、同志集団を超越し、同志から隔絶した特別の権威を有しない。彼はいわば「同位者中の第一人者」にすぎないのである。少なくとも「学問」をめぐる人間関係の準拠枠は、対等な同志としての朋友交際であり、師弟関係はその内部に包摂されて第二義的な位置を占めるにすぎない。そしてこうした「朋友」重視の背後には、李退溪以来の「此学全く朋友切磋の功による」（『自省録』）という伝統が脈打っていた。

同時にそこには「道」という普遍的な原理を「会得する味は、父も亦子に譲ること能はず、師も亦弟子に授ること能はず。況や言語の能尽す所ならんや」という認識が潜んでいた。[8]骨肉の縁も師弟関係も「道」を「会得」するためには役に立たない。「道」はただ本人によって純粋に個人的に「得」られる以外にないのである。

こうした退野学派の観念はどのように理解したらよいだろうか。かつてW・ジェームズは「宗教とは個々の人間が孤独の状態にあって、いかなるものであれ神的な存在と考えられるものと自分が関係していることを悟る場合だけに生ずる感情、行為、経験である」と定義した。[9]これを念頭におけば、右に引いた省斎の言葉は典型的な宗教的意識の表現といえよう。そしてこうしたある種の個人主義的な「道」観があればこそ、退野学派は同志の自発的結社として成立したと思われる。

以上と関連して「朋友」の交際では、長幼の序・貴賤の別などの差別原理が排除され、「徳」という内面的な価値が結合の原理とされていることが注目される。身分的には貴賤上下の関係にある者も「道」を求める志を「徳」として、互いに朋友関係に入るのである。退野学派における身分的な雑多性を許容した集団意識は、ここに基礎をもっていたであろう。それは親鸞のいう「同朋同行」に近い意識をもっていたのではなかろうか。そして彼らが藩学主流の体制朱子学に違和感をいだき、それに対して一定の距離をおいた根底には、こうした「朋友」による学問集団観があったと思われる。

のちに第四代時習館教授となった辛島塩井は「学政或問」で次のようにのべている。「浪人儒者等一家私塾等にて門人を仕立ることは銘々思々の偏好にてもすむ様なものなれども、学校を立てをいては……誰とても其法に由て学べば他岐の惑なく、後々迄も変易せぬ様に教法を立てたきものなり。惣じて法と云ものは偏なることなく、押渡して宜く申し分なき様にするを法と云也」[10]。

「浪人儒者」にあたる致仕後の退野や中村正尊からすれば、「道」の自得にふさわしい学問集団は塩井のいう「私塾」型だったはずである。小規模で人格的な交流が可能であり、仲間意識をもって接しあえる雰囲気こそ、個人主義的な「道」の内面化に相応しいはずだからである。上に一部をひいた正尊の文章で「虚心平気」「主礼譲」「真率」などの表現がもつ内包は、こうした「塾」型集団における人間関係を念頭におくとき、いきいきとイメージできるように思われる。

晩年の退野が『大学』よりも『論語』の熟読玩味を勧めたことが、この連関で興味深い。いうまでもなく四書のうちで『論語』は、個々の門弟に具体的にむけられた言葉を多く含み、逆に『大学』は形式的で統一教学的な色彩が濃い。退野はいう。「昔孔子の時分は、人の質の近き所を知り給ひ教へ玉ふ故、其人を成せり。……故に論語をすらすらと読て、其内に聞へそふなと思ふ処を熟読すべし。是質の近き所なり」(「退野語録」[11])。しかし同じ対症療法の問題を辛島塩井は次のように処理している。「当今人材の長ずるに随て教るは(ママ)ならぬと云ことは……古来云ところの主意とは同じからざる所あるに似たり。……蓋古へ教法の大本は先づ平等に屹と立置てその次第の通り学ばせ、其上にて材質次第に仕立る事なり」(「学政或問」六頁)。

両者をくらべれば、退野が個々の学者による「道」の自得を主とするのに対して、塩井には藩校の見地からする画一的な教学志向が強かったとわかる。こうして退野学派と藩校主流の朱子学派との間には、「学問」をめぐる集団もしくは制度形成のあり方に関して、対照的な視点の相違があったわけである。たしかに孤山・紫溟・塩井など、いずれも肥後藩朱子学の先輩として退野について好意的に言及している。しかし以上からはむしろ、両者の間に深い溝があったことが窺える。のちに小楠が藩学に対抗しつつ「実学」運動を展開したさい「我は慕う退翁の学、学脈淵源深し、嘆息す百年の久しき、伝習幾人かある」と書いて退野的精神の衰微を嘆いたのは、両者の差異を的確に衝いたものである。

ところで「学校問答書」(嘉永五〔一八五二〕年)で小楠は、理想的な「三代」の世を次のように描いている。まず朝廷では君臣間の相互儆戒《けいかい》が行われており、平行して各自の一家内でも父子兄弟夫婦間に相互の勧善救過が行われている。そうした支配層レベルでの人格的交流、相互批判の気風は被支配層にも浸透し、こうして「国天下を挙て人々家々に講学被行」る状況が出現する。「是其分を申せば君臣父子夫婦にて候へ共、道の行れ候処は朋友講学の情誼にて、所謂学政一致二本なきと申は此にて有之候」（四頁）。すなわち「三代」の当時、君臣父子夫婦は身分的には上下関係にあったにせよ、「道」の前には「朋友」として講習討論しあっていたというのである。こうした小楠の見方は右にみた退野一門の「朋友」観を継承し、一層平等主義的に発展させたものといえよう。自発的結社における同志の相互批判を通じてはじめて「道」が自得されるとすれば、「道」が実現されていた理想世界としての「三代」は、一つの巨大な「同朋同行」集団としてあったことになるはずだからである。いたるところ無数の講習討論というダイナミックなイメージ（福沢の描いた閉鎖的精神状況の反対物）は、「虚心にして相互に講習討論するは此朋友中のみなり」（「退野語録」）という退野の見地を平等主義的に徹底すれば、論理必然的に現われてくるはずのものであった。

こうして「学校問答書」における小楠の基本的発想は、退野学派にみられる自発的結社の精神を引照規準として、学校はもちろん国家の統治組織全体をその精神で焼き直すことにあったといえる。国家全体を一つの巨大な「塾」へと内側から再編することがその壮大な意図だったと思われる。そしてこの理念は、やがて安政年間の小楠が西洋の政治制度を政教一致の国体として高く評価したさい、彼の胸裏に潜んでいたものであった。例えば小楠は小河弥右衛門宛書翰でロシアにおける政府と大学校との関係にふれ、これを「三代之学校之勢相見え申候」と高く評価している[12]（六一五頁）。小楠における「政教一致」像が、いわゆる「教会」型よりも「セクト」型の集団像に定礎されていることが見られるべきである。

従来の研究では小楠は、幕末期に近代西洋の政治制度を先駆的に理解した巨人として評価されることが多い。近代自然科学の内的理解に特色をもつ佐久間象山と比するとき、この指摘は正当である。しかし問題はむしろ西洋の政治制度を理解する小楠に、どのような思想像が形成されていたかにあろう。一般的な儒教的仁政主義の理念からする西洋制度の評価なら、なにも小楠に限られないからである[13]。まさに彼の独自性は「制度の精神」のレベルで西洋の政治文化に対する共鳴盤をもっていたことにあり、それは退野学派の学問集団観をうけていたのである。

## 「為己の志」と「已発」の重視

以上のような「塾」型結社を定礎する「朋友」観は、退野学派の朱子学思想においてどのような意味連関を有しているだろうか。また上述のようにそれが一種の「同朋同行」集団としてあったとすれば、人はどのような精神過程を経てそうした集団の「同志」として承認されるのか。

「喩友」と題する一文で退野は次のような趣旨をのべている。まず初めに身外の栄衰休戚毀誉得喪の一切を度外に置け。そして自己自身に何が存しているかを見よ。そうした「為己」の立志が確立してこそ、はじめて共に道を学びうると（六〇〇頁）。すなわち世俗的な価値に対する主体性の確立が学問的な営みの条件であり、この前提を欠くならば「知行」を勤めても虚功になるだけというのである。そしてある人が退野にとって同志か否かは、こうした志向の確立如何に求められた。彼の学派が自発的結社として成立した背後には、こうした厳しい見方があったわけである。

こうした検討からいくつかの系を導くことができる。第一に「為己の志」に最重要性が与えられる結果、程朱学において重視される主知的な方法としての「格致」や「窮理」、また根本的な工夫としての「敬」の重要性が相対的に低下する。第二に、この「為己の志」の確立行為は人格全体の転回として把握され、一人の人間の精神的な営み全体を内部から変革する類のものとして理解される。第三に、そうした「志」を確立した者が「君子」と呼ばれるとともに、そうした境地を獲得する手段となるかぎりで、陽明学や仏教などの異端に対しても寛容が示される、などである。以下ではこれらの諸点を検討しよう。

まず第一の論点をとりあげる。「体験説」で退野は次のように書いている。「学は明徳を明にする工夫にて候。其工夫の始は致知格物にて候へ共、今の学者為己の志なく、其上に格物の方を誤り候得ば、明明徳の工夫と成不申候」（六〇九頁）。すなわち「為己の志」をもたず、「格致」の方法を誤っているという二点で、当代の朱子学者が批判されているのである。「格致」が工夫の端緒とされつつ、「為己の志」がその前提にあげられているわけである。一層端的に次のようにもいわれる。「凡学問の道は外なし。為己のみ。……学文も人の見る見ざる処にかかわる処なく己がなすべき所をなし申すばかりにて候。次は致知格物にて御座候」（「答栗崎某」、六五五頁）。

すなわち「格致」という朱子学の主知的な工夫に対して、この特徴は「為己の志」の先行性を主張しているわけである。この特徴は退野一門に共通しているが、なかでも森省斎における「為己」の重視は、その徹底性において際立っている。『西依答問』には次のような問答がある。「西依曰、程子の学は居敬窮理の四字にて此処さへ違はずば、たがふ事は有まじく候。省斎曰、もとより左様にて候。然ども又居敬も窮理も違はずして、志の向ふ処によりて千里のたがひとなり候[14]」。

前引一文で退野は、「格致」に対する「為己の志」の先行性を説くに止まった。程朱学におけるもう一つの方法理念である「居敬」に対して、この「志」がどんな関係に立つかは言及されていない。これに対して門人の省斎は、「居敬」さえもが発端における「志」の方向によって左右されると断じているのである。この見地は正統朱子学的な立場からすれば、偏向という批判をうけかねないであろう。なぜなら朱子学において「敬」は、未発已発、動静を貫くもっとも基本的な工夫として「一心の主宰、万事の本根」「聖学の始終を貫く」（朱子『大学或問』）とまで重視されていたからである。他方でこうした省斎的な見地は、退野における「為己の志」を最重視する観点を徹底すれば、論理必然的に現われてくるものであった。

これに関連して、同じく退野門人の平野深淵による「敬」の観念が注目される。深淵曰く「夫敬の一字は聖教の始終をなすといふ時はまた学習の外にあらず。学習も敬の外に離るると云べからず。……其間断し易きは吾儕の志深からざるの咎ならずや。然に其実体本然を自得せざる時は、敬の工夫施すといふとも一偏に落て敬を持添て敬す。故に其実体本然を自得する時は、敬は動静有無貫ぬかざる所なし」（「答人」[15]）。

ここで「実体本然」とは、「明徳」「本心」といった観念の同義語として使われていると考えてよい（後述参照）。別言すれば深淵は、人がこの心の「本然」を「自得」する前には、たとえ「敬」の工夫に努めてもそれは作為（「持添」）に陥り、その本来的な役割をはたしえない（「一偏に落」）と主張するのである。逆にいえば「敬」を有効にするには、心の「本然」の自得が前提として必要ということになる。こうして深淵も省斎と同様に、「敬」に先立ってある事態があるべきことを考えていたわけである。

他方でこの「ある事態」の理解に関しては、省斎と深淵との間にニュアンスの差が存した。「決然として……志を立つべし」「大がねの所にて決して向うべし」（いずれも『西依答問』）という措辞からわかるように、省斎にとって「為己の志」の確立は、人間の側における主体的な意思・決断の問題であった。それはこちらから立ててゆく行為といえる。これに対して深淵によれば、心の実体本然としての「明徳」の発現は「天にして人にあらず」とされる（「是は天に稟て虚霊通徹として万理悉く備るが故に、発する処天にして人にあらず」）。人間の意思によるよりも、向うからおのずと現われると解されているのである。彼によって聖人の教えは「明徳」発現の際、すなわち「已発」の際に心を用いるにありと言われるのは、こうした理解に裏づけられていた。「故に聖人の教は其明徳の発る所に心を用ひて弥明徳を明らかにすれば、今までの気質人欲も次第にうすくなり、心を静にして存する時は、致知格物努るに其理能通ずる事あり」（以上いずれも「郭公」[16]）。

ところで梅田雲浜によれば、嘉永四年の上国遊歴時に京都で雲浜にあった小楠は「未発上不可用力、已発上可用力」と主張したという[17]。雲浜はこうした小楠の主張を朱子未定説とよび、楠本正継もこの点をとらえて、崎門学徒としての雲浜の造詣を窺わせると評価している。しかしこれより先、嘉永三年の三寺三作宛の書翰で小楠は、「朱子新旧の説厳斗相替り、集説（山崎闇斎編『中和集説』）も又全く精選とは見え不申候。よ程混雑仕候」と述べていた（一三七頁）。すなわち小楠も「未発・已発」に関する朱子説の変化を知っていたわけであり、にもかかわらず彼が「已発」上の工夫を強調したとすれば、それは深淵の見地を継承したものと見てよいであろう。

さらに小楠は嘉永六年の伴圭左衛門宛の書翰で、近来「熟々省察勘考」した結果として「敬」を「本心発見之上より持守いたす所にての工夫」とし、「旧習にまどわされ」ている今の学者には「格致」の土台づくりのためにも、「敬」より「誠意」の工夫が肝要だと強調している（一九三〜四頁）。こうした「誠意」の先行性の主張は、省斎における「為己の志」の重視を想起させる。同時に「敬」を「本心発見之上」の工夫に限定するのは、深淵をうけたものといえよう。深淵は「本心」発現以前の「敬」の工夫は作為に陥るとして「已発」時の工夫を重視していたからである。

以上、退野学派の伝統として「為己の志」と「已発」の重視があり、それが小楠にも継承されていることをみた。以下では先にあげた第二の論点（四二頁）に移ろう。

## 「為己」の立志とその連関

退野朱子学においてもっとも重視される「為己の志」を立てる行為は、どのような意味内包をもっていただろうか。『論語』憲問篇には「古の学者は己の為にし、今の学者は人の為にす」という有名な言葉がある。これをうけて退野は「為己」を「自己」に内在する価値の探求志向として、また「為人」を「身外」の価値すなわち「人欲」を誘発する世俗的な価値の追求志向として理解した。そして重要なことは、この点と関連して退野の遺稿に「回《かい》輈《ちゅう》」「改轍」という言葉が見られることである。「回輈」とは車のながえを一八〇度回転することを意味し、退野はこの原義を生かしつつ、それに独特の意味をこめて使っている。「一日触発して曰く、天下足らざるなし矣。人物おのおの自から足る。吾初めより欽闕なし。何ぞ外に求めんや。向来の事業は皆非なり。却て恨む、回輈の早からざるを」（「送復軒氏家君趨東都序」六〇六頁）。

ここで「吾初めより」云々の部分は、「自己」に内面的価値が本来存し、「身外」の価値を求める必要はないという確信の誕生を示している。また「一日触発」という表現は、この悟りがある飛躍として得られたことを物語っている。さらにそれは「向来事業皆非矣」というように、既往の自己の否定と過去に対する明確な断絶の意識を伴っている。

つまり退野は、世俗的な価値を追求する主体がその方向を一八〇度転回して自己の内面に向かい、そこに内在する「明徳」という絶対価値を志向する逆転をさして「回輈」と呼んだのである。「為人」から「為己」への根本的な転回が「回輈」であり、それは個々の「致知力行」に先立って、それを定礎する全人格的な内面の変化にほかならない。省斎が仏者における発菩提心に引照して「為己」の立志を説いているのは、こうした理解の正しさを傍証するであろう。(18)「回輈」とは「コンヴァージョン」の退野的表現といってよい。

こうした彼の「回斡」観は、前述した深淵の「実体本然の自得」観と親近性をもっている。「明徳」の発現が「天にして人にあらず」とする深淵の見方は、ここで「触発」という言葉が意味する事態と近しいだろうからである。かくして退野に即して「回斡」→「為己の立志」→「学問修行」という為学の階梯論が立てられるとすれば、この「回斡」を「本然の自得」におきかえて、同様の階梯論を示すことができる。小楠が若い徳富一敬に与えた次のような教えは、この連関をよく示している。「本心の感発に心付き、成程こゝのことと心に真実に合点したるが本領の合点と云ものなり。此の合点なるときは世間窮通得失栄辱等の一切の外欲実々度外のことに思ひ絶て此心を累らわさるゝことなし。ここよりして舜何人か我何人かの志脱然として起り、此学問に打はまり日用事実の上に就て致知力行の修行に成ることとなり」(『聖学問答』九四四〜五頁)。

以上と関連して指摘したいのは、深淵における「実体本然の自得」が、正統朱子学における「脱然貫通」、すなわち「所以然之故」としての「太極」の把持を意味しないことである。正統朱子学における「太極」は「格物窮理」の漸次的な累積をへて最後に到達される究極実体である。またそれは「敬」によっても定礎されている。しかし前述したように深淵のいう「自得」は、為学を始める発端における「本然実体」の把握である。それは格物窮理や敬の工夫に先立つものだった。先後関係の設定が逆であることは明らかである。

ではこうした「自得」によって把握される「実体本然」は客体的にはどのようなあり方をしているだろうか。それを「天理」という表現で解するのは適当でないであろう。なぜなら「天理」は「格物窮理」によって認識されるはずであり、その工夫に先立って「自得」される「実体」は「天理」という主知的な形をとる以前のあり方をしているはずだからである。他方でそれは「太極」でもない。深淵の「自得」は朱子の「脱然貫通」を意味しないからである。かくして深淵の「実体本然」は「理」へと合理化される以前のより原本的な「天」ということになろう。深淵遺稿に現われる「天帝」「天心」という言葉は、こうした実体を客体的に表現したものと考えられる。[19] 他方「明徳」「本心」は、そうした客体的な実体が人の内面に分有されたものを意味していたであろう。こうして深淵の「自得」観は、彼の実体観――「太極」のような形而上的理体としてよりも、主体内在的もしくは人格神的に把握する傾向が強い――と関連していたといえる。

退野学派に即していえば、こうした発端における工夫が重視されるのに比例して、究極実体を形而上的に把握する傾向が弱まるように思われる。つとに退野自身「語録」のなかで、周濂渓の『太極図説』を「印證の書」とよび、学者の先務ではないとしている。それは前述した彼の『論語』最重視と顕著な対照をみせている(『大学』は「師家の書」とよばれ、両者の中間に入る）。この連関で、『論語』における「天」が、孔子によって「祈」られていたことが想起される（「天に罪を獲ては祈る所なし」。八佾篇）。それは程朱学の主知的な「天理」のあり方とは明らかにニュアンスを異にしている。そして退野学派の遺稿には、まさにこの孔子の言葉が好んで引かれるのである。例えば草野潜溪から息子宛の書翰には次のようにある。「常に天命を畏れ敬み、罪を天に不獲、慎独の工夫有油断間敷候。天に罪を獲不申様に心懸候へば、御奉公を仕損ずるも忠孝なり。天に罪を獲る時は、譬ひ君の寵楽を得るも不忠不孝に候[20]」。

他方で退野における「回輔」は、深淵の「自得」観を意味内包として有しつつ、自覚的には「外」から「内」への志向の転回として把握されていた。この相違は重要である。というのもこのために退野においては、朱子学的な意味での「脱然貫通」の理念が残ったからである。「此工夫（格致の）間断なく日々に積月々に重り候得者、自然と脱然貫通の妙処有之候。此地に至り候時、暗かりし明徳も本然の明に帰り申候」（「体験説」六一〇頁）。

ここで窮理の積累のはてに到達される「脱然貫通の妙処」が「太極」の把持をさすことは間違いない。こうして退野朱子学においては、発端の「回輔」と終局の「脱然貫通」という、段階を異にする二つの飛躍があったことになる。

これに対して深淵では「脱然」は次のように使われている。「其道理とは所謂致知窮理にて候。いづれの事につきてなりともその理を反復し、其理うたがひなくしてまた別に一理を窮め、一日一日と自然に理を窮めて脱然として其理心に得る所あり」（『程易夜話[21]』）。すなわち、個々の理を完全にわがものにし内面化する際の心の態様が「脱然」と形容されているのである。ここには一事一物の「理」（衆理）を超えた「太極」的な実体は立てられていない。けだし深淵では「実体本然」は端緒において「得」られており、改めて「脱然貫通」して「太極」を把握する必要はないからであろう。

関連して注目されるのは、深淵の遺稿中における「太虚」という表現である。「若消息盈虚之理を常に心にあらしめば、其心は有心固滞して易を学ぶの人に非ず。君子の心は虚霊洞徹として惟存す。故に太虚の如し」（「五易弁[22]」）。見られるように「太虚」は、天地間の「理」を自家薬籠中のものとして、それらに固滞しない境地の比喩として使われている。それは朱子学的な「太極」把持に近い状態と思われるが、その境地が張横渠風の「太虚」という言葉で比喩されているのである。このことは、心の主体性を重視する退野学の特徴が、深淵において一つの頂点に達したことを示すといえよう。

以上、正統朱子学から退野学へ、また退野学から深淵学へという二つの継承関係において、為学の発端における内的転回の内包が展開されるにつれ、朱子学における形而上的な実体観が後景に退くという連関がみられた。重要なのは、同じ傾向が深淵から小楠への継承関係にも見られることである。前引した小楠の一文（五一頁）を想起すれば、「脱然」は致知力行の工夫以前における為己の立志にかけて使用されている。思想史的にみればこのことは、退野学派における発端を重視する傾向（その「瞬間」の独自性の自覚）が一層濃化されたものとして見ることができよう。

ここで注意したいのは、省斎における「決然」と小楠における「脱然」という、二つの表現の間にあるニュアンスの違いである。前者は決断であり、こちら側からの意思が強調されている。これに対して後者では、「本領の合点」を契機として、「志」そのものが心底から自ずと湧出するものとして解されている。そしてこの把握に照応して小楠では、深淵的な「天」の理念が一層前面に現われてくることになる。

嘉永三年の三寺三作宛書翰で小楠が「天の明命を警畏」することを「君子立心主脳之処」と呼ぶのはその一例である（一三五頁）。そしてこの傾向は晩年には一層強まり、熊沢蕃山を継承した「無極」のリニアな理解（「極まり無し」と返って読む）と結びついて、朱子学の形而上的な実体観を批判させるにいたるのである。それは同時に彼が、キリスト教のインパクトの下で原始儒教の理念を再解釈し、人格神「天帝」の理念を形成してゆく過程でもあった（慶応元年「沼山閑話」を参照。九二二頁以下）。

ヨーロッパ文化との接触を経ながら、こうした観念が最終的にまとまった形をとったとき、「聖人」「格物」「畏敬」などの観念がどのような意味連関をもつか、朱子学のそれに比して偏差はどのような点に見られるか、こうした問題については別稿で扱うことにしたい[23]。本稿では、晩年の小楠にみられる独創的思想が、正統朱子学に対する退野以来の微妙な変容過程を前提としてはじめて成立していることが確認されればよいであろう。

## 異端との関係

晩年の退野の言葉を記録した「退野語録」によれば、当初陽明学徒として出発した彼は、二十八歳のとき李退溪の『自省録』を読み、はじめて「程朱の学の意味を暁《さと》」って転向したという。その「意味を暁」るとは、何を意味していたのか。またそれは従来信奉していた陽明学（藤樹学）を批判するにいたったことと、どのように関連していただろうか。これらは前記した第三の論点（四二頁）に関わっている。

この点に関して私たちは二つの資料をもっている。「藤樹学意弁」と「体験説」である。前者は転向直後に書かれたと推定され、朱子定説の立場から中江藤樹の学が批判されている。それによれば藤樹学は「本源格致一貫の実理」を「見得」しておらず、その工夫の手段も「危殆艱難」で偏向に陥りやすい。しかし同時に藤樹における内面的な主体性を確保する工夫は、暗に程朱の意に符合するとして高く評価されている（「現在の心欲に不動、物に不滞時、温和慈愛恭敬惺々底の心を見付て不失といへるものは、心の体を見得て尤親切、程朱操舎といへる伝心の旨に暗にかなひたるにや」。六一三頁。別に「答藤崎某」では「前後截断当下一念」ともいう。六三八頁）。

さらにこの見方を敷衍するように「体験説」では、陽明学の「致良知説」は「為己の志ある人の程朱格物の義と並其手段とを会得なき処より」起ったものであり、この説では「一向智底の工夫を欠申候。博学審問慎思明弁の功なくして篤行一つを守るが如し」と批判されている（六一〇頁）。注目したいのは陽明学者について、彼らが「為己の志」はもつと見られていることである。同じ「体験説」で退野は、「今の学者」にはその「志」自体がないと批判している（四八頁上段）。すなわち陽明学者は、既存の朱子学者（今の学者）より高く評価されているのである。

以上から二つのことがいえる。第一に、程朱学の陽明学に対する優位性が世界の知的な認識という面で認められていること、第二にその反面で実践倫理的な志向に関しては、陽明学が程朱学と並んで評価されていることである。

まず前者からみてゆくと、小楠が退野の転向について「其の暁り候処は格致の訓にて」と述べているのは（嘉永二年本庄一郎宛書翰、一三一頁）、この点に関する正確な理解だったといえる。「体験説」によれば、退野が主知的な方法を評価して程朱学に転じたことは間違いないからである。そして小楠の詩句「果知君子学、総在格致功」は、こうした退野的立場の継承を示している（八七六頁）。「君子」として自己を確立した（「為己の志」を立てた）者だからこそ、その工夫は「総じて」格致にあることになるからである。

他面でこのことは「君子」であるには「為己の志」が前提条件となることを意味する。それは第二の論点に関わっている。「藤樹先生は学は異なれども君子の人なり」「熊沢は内は陽明、政事は程朱と二つながら用ゐられたり」（「退野語録」）。こうした言葉は、いずれも陽明学の工夫（内面の主体確立に関する）に対する退野の肯定的な評価を示している。さらに深淵が子供宛に「我等仮名にて書うつし置候藤樹文集などにて、こころの内にむかふように工夫いたし可申候」と勧めているのは（「遺書」『深淵存稿』下巻所収）、退野一門における陽明学に対する姿勢をよく示している。のちに徳富蘇峰（『蘇峰文選』）や井上哲次郎（『日本陽明学派之哲学』）は、小楠の遺稿中に陽明学的な傾向を見いだした。しかしそうした傾向は、小楠が私淑した退野や深淵にそもそも存在していたわけである。

退野において内的な自由を重視する傾向は、仏教をも、それが内的自由の境地へと赴かせるかぎりでは容認する態度をうんだ。娘宛の書翰には次のように書かれている。「凡夫は生死のまよひ深く候事、其本我身を我物とおもふ心のくらきより出申候。……此まよひ晴候へば明徳の光明あらわれ申候。是則人の本心にて候。仏の教も此本心をさとれとの外は皆方便と申て、人をみちびきける手だてにて候。……明徳も仏性もつゞまる処此心の事にて候」(六二八頁)。

彼が蓮如の『御文章』を一読したのち「只一所を幾度も説たるものなり」と述べているのは、この「本心をさとれ」に関わっていただろう。さらに念仏に関しても彼は「我も儒仏を混ずと人疑わずば、念仏を唱たきもの也。静に養ふてよからん」と洩らしている(以上「退野語録」)。

のちに中村正尊は『肥後孝子伝』を編んだが、そこには「妙好人」を彷彿させる者が多くみられる。しかもその一人に関して次のような記事が記されている。「年経て西村作左衛門(前掲退野学派の一人)と云人、此(阿蘇)郡の事を司りて其所をめぐりたる時、つや(人名)をよび出して対面し、彼が孝行の事をもくりかへして称嘆し、かかる善良なる人ある所を司る命を蒙るは、我身に於て深きよろこびなり。其身の悦びを述るしるしなりとて、物を多く與へて帰しけると云[24]」。

この西村の態度は、退野の仏教観と関係しているであろう。この『肥後孝子伝』に寄せた「序」で中井竹山は、肥後における孝子の輩出は歴代藩主とくに第八代細川重賢の徳化によるとしている[25]。上からの教化の結果、下に孝子が輩出したという論理である。これに対して西村は、つやの篤行を人間として称讃し、そうした善人が住む地を治める命をうけた自分の幸運を悦んでいる。彼がつやに物を与えたのは、その身の悦びを表わすためであり、お上が下に褒美をとらせているのではない。竹山の論理と西村の「悦び」とは、方向が逆であることが見られるべきである。

以上みたように退野においては、「明徳」「仏性」「本心」は「生死のまよひ」を解脱した心的状態として同じ意味で理解されていた。それは肯定的な心情であり、深い意味で「安心立命」の境地だったといえよう。小楠が「朋友講学の情誼」と呼んだあの感情は、こうした普遍的な心情の一系をなすと思われる。そして晩年の小楠がキリスト教に対して内面的な親近感を抱いたのも、この点に関わっていた。

安政三年作と推定される書翰で小楠は「所謂天主之教」では「人心の違却は媢嫉より甚しきは無し。此心一に生れば天理忽に亡滅、他の悪心の五か三かに懸合、尤以天意に違却し、人道を害するの甚敷事にて破戒之第一等に候」と書いている(小河弥右衛門宛、六一四〜五頁)。このように小楠は「天理」「人道」の対立物として「媢嫉」、一般的には怨念、ルサンチマンといった否定的感情を解している。それは退野の「本心」、さかのぼれば藤樹の「温和慈愛」の理念を継承したものといえよう。

さらにこの「媢嫉」批判の立場は、明治元年に在米中の二甥宛書翰で「此のエルハリスの見識、耶蘇の本意は良心を磨き人倫を明にする在り、然るに後世此教を誤り如此の利害教と成り行き耶蘇の本意とは雲泥天地の相違と云ふ事なり。……道の入処等は大に相違すれども、良心を磨き人倫を明にする本意に至りて何の異論か有らん」における「良心」「人倫」の理念に連なっている（五六一頁）。すなわち思想史的にみれば、退野学における陽明学・藤樹学への共鳴が、小楠においては「天主教」への共鳴を生んでいるのである。退野学の心情的基盤に達すれば達するほど小楠は、「天主教」に親近感を抱かざるをえなかったといえよう。彼がエルハリスに師事した森有礼と会見したさい、談が熟すにつれて双方の膝が接するに至ったというのは、この思想的親近性を空間的に象徴している。

ところでJ・S・ミルは「人類のうちでもっともねたみ深いのは東洋人である」と述べたことがある[26]。おそらく福沢諭吉はこの指摘に一つのヒントをえて「怨望の人間に害あるを論ず」を書いた（『学問のすゝめ』第十三篇）。しかし以上の検討が示すのは、ミルとは視点を異にしながらも徳川思想史には、人間社会を定礎するものとしてのヒューマンな感情を考察し、それを体得する工夫の伝統が存していたという事実である。それは「娼嫉」を対象化する志向であり、そうした伝統の上に小楠においては、「聖人の教」と「天主教」という彼我の「教」が触発しあったのである。彼におけるキリスト教理解の問題は、徳川思想史の伝統に根ざしていた。この点で内村鑑三が、日本の陽明学者の思想にプロテスタンティズムの信仰と相通ずる精神を見いだしているのは興味深い[27]。藤樹思想の一面は退野を介して小楠に継承されているからである。

かつて蘇峰や井上が指摘したように、小楠朱子学には朱陽折衷的な傾向が存していた。彼における西洋文化への接近は、こうした傾向を西洋文化にまで広げることで成立したという面があろう。事実、訥庵や象山にみられるように、陽明学に対する異端弁正の意識が強いほど、西洋認識がより局限されるという関係がある。この見方からすれば、小楠における好意的な西洋像は、彼の折衷性の甚しさを示すことになろう。一方で偉大な先駆者と評される彼が、他方では悪しき「転向」の代表と目されたりするのは、ここに理由の一斑がある。

しかしここで問われるべきは、小楠の「折衷性」がどのような内面構造をもっていたかである。そこには異質な諸要素を相互に連関づける統一的な視座、機軸となる中心的な概念が存在していただろうか。それともそれは、かつて丸山眞男が日本文化の一般的パターンとして指摘したあの雑居性（『日本の思想』）、その都度ごとの便宜に従う状況主義にすぎなかったのであろうか。

本稿は思想史的な検討を通じて、この問題に対して一つの回答を与えることができたと思う。小楠思想の中心には、退野朱子学以来の「為己」の理念とそうした「己」を定礎する普遍的な「天」の理念が機軸としてあることが明らかになったからである。彼の「折衷性」をたんなる雑居性から区別する根拠は、この点にあったといってよい。

かつて藤田省三は「幕末浪士」の「処士横議」の精神を高く評

価しつつ、「一般的に見て」（傍点は原文）、彼らには普遍的・超越的な価値にむかう「回心」の伝統がなく、彼らの忠誠対象は手っ取り早く伝統的な価値としての「天皇」にむかったと指摘した。(28)一般論としてはその通りであろう。しかし小楠に限っていえば私たちは、彼が退野学派の「回輈」「自得」以来の伝統をうけ、古典朱子学におけるそれとは異なった形で「回心」（「本領の合点」）を経験し、理論化しているのを見た。そしてこうした文脈で嘉永六年の「夷虜応接大意」を読めば、そこで「大義」という言葉が、君主を超えた普遍的理念を指向して使われている連関がよく理解できるのである（「夫天地有生の仁心を宗とする国は我も又是をいれ、不信不義の国は天地神明と共に是を威罰するの大義を海外万国に示し」云々、一四頁）。さらにこの見地は著名な晩年の言葉「堯舜孔子の道を明にし、西洋器械の術を尽す、何ぞ富国に止まらん、何ぞ強兵に止まらん、大義を四海に布かん而已」における「大義」観へと真直ぐに連なっている（七二六頁）。「本領の合点」をした小楠が幕末浪士と異なり、普遍的な価値へと向かう精神をもっていたことがわかろう。

他方、小楠の思想形成をたどるとき、嘉永年間における究極的な忠誠対象としての「天地神明」や「天地仁心」が、晩年にはより明確に「天帝」という超越的な人格神の理念へと昇華してゆくという展開が見られる。こうして前節末尾でのべたように、「天帝」の理念の固有の意味連関を解明することが私たちの次の課題となるわけである。

**凡例**

原文の引用にさいして、片かなや変体がなの表記を平がな表記に改め、適宜句読をきり濁点をふった。また原則として漢文は読下し文にした。史料のうち活字本として公刊されていないものは、所蔵先を記した。傍点はとくに記さない場合は平石による。

**注**

（1）楠本正継「実学思想についての試論」『九州中国学会報』四号、一九五八年、および「大塚退野ならびにその学派の思想——熊本実学思想の研究」『三枝博音記念論集』第一法規、一九六五年。

（2）嘉永二年、一三一頁。本庄一郎宛書翰。山崎正董編『横井小楠遺稿』日新書院、昭和一七年。以下小楠からの引用は、本文中に本書の頁数を示すことで典拠を示す。

（3）阿部吉雄『日本朱子学と朝鮮』東京大学出版会、一九六五年、四七六頁。

（4）「送復軒氏家君趨東都序」、原漢文、武藤厳男編『肥後文献叢書』第四巻所収『孚斎存稿』六〇六頁（歴史図書社より復刻、一九七一年）。以下、退野の著述のうち本書に収録されているものは、引用の後に本書の頁数をあげて典拠を示す。

（5）以上『肥後先哲偉蹟』正・続篇の各人の項を参照。武藤厳男等編『肥後文献叢書』別巻一、歴史図書社より復刻、一九六六年。本文であげた人名のうち、立項されていない「西村作左衛門」「行藤志摩守」の名は、佐田谷山の項に講習仲間として現れる。

（6）『文明論之概略』旧岩波文庫版、一〇二頁（現行版一一六頁）。

（7）「人倫大意」の中の「朋友有信」に関する解釈。無窮会平沼文庫蔵写本。文末に書かれた正尊の付記によれば、本書はもと正尊が退野門で学んでいた頃、門人に対する退野の出題に答えて提出した草稿に、その後の知見を加えて成ったものという。

(8)森省斎の石田梅岩宛書翰、『省斎存稿』所収。大倉精神文化研究所蔵写本。

(9)『宗教的経験の諸相』桝田啓三郎訳、岩波文庫版上巻、五二頁。

(10)文部省蔵版『日本教育史資料　八』所収、巻二十二の一頁(明治三七年再版、冨山房印刷発売)。

(11)無窮会平沼文庫蔵写本。こうした退野の『論語』評価の精神は、李退渓が『朱子書節要』を編集した精神をうけたものである。しかし本稿は退野学派と小楠との関連に主題を絞ったので、李退渓―退野間の影響関係の分析は控えた。

(12)『遺稿』ではこの書翰は年代不明分に入っているが、内容から安政三年頃のものと推定される。

(13)たとえば同時代の長州藩の朱子学者、山県太華の「講孟箚記評語・上」を参照。『吉田松陰全集』第二巻所収。

(14)無窮会平沼文庫蔵写本。この写本では『西依森問答』と題されているが、欄外に「一本作西依答問」とあり、本稿ではその題名をとった。また本文で前述した本書成立の経緯は、この史料に付された省斎から西村作左衛門宛の付記から分かる。

(15)『深淵存稿・下巻』所収。無窮会平沼文庫蔵写本。

(16)『深淵存稿・上巻』所収。同上。

(17)嘉永六年五月五日付けの笠隼太・左一右衛門宛書翰。『梅田雲浜遺稿並伝』有明堂、一九二九年、五二頁。

(18)前注14所掲『西依答問』に「人の上は見やすきものにて候程に、出家の上にて見玉へ。古の名僧多くは中年迄あらけなき仕わざをなしつる人、一旦奮然として菩提心を起しては……終には悟道を遂られしならん」。その故は「一切外事は望みなくて道さへ求候へば夕べに死すとも可也と一命をなげすててひたすらに求るゆへに……皆成仏の用となり助となりて終に本懐を遂しならむ」とある。

(19)『程易夜話』に「人君のここ(程朱学の「人心道心」の工夫)に学び玉はずしては天心にかなふべき処なし」といい、また唐の太宗の故事に引照して「人君の至誠愛民の情は天帝も感応の妙ある処疑なく候」という。無窮会平沼文庫蔵写本。

(20)徳富敬太郎氏蔵『徳富一敬文書』「筆記第一」に筆録(この資料を発掘して教えて下さった和田守氏に感謝する)。また森省斎の「道体説」『省斎遺文』所収(大倉精神文化研究所蔵写本)を参照。

(21)無窮会平沼文庫蔵写本。

(22)『深淵存稿・下巻』所収。無窮会平沼文庫蔵写本。

(23)この別稿にあたるものとして、その後「横井小楠――その「儒教」思想」を書いた。『江戸の思想家たち』下巻所収、研究社出版、一九七九年。

(24)前掲『肥後文献叢書』第四巻所収。四六―四七頁。

(25)同上所収。四巻一頁。

(26)『代議政治論』第三章、山下重一訳、『世界の名著〔38〕ベンサム、J・S・ミル』中央公論社、一九六七年、三九九頁。(水田洋訳『代議制統治論』岩波文庫版八八頁)

(27)内村鑑三『代表的日本人』(岩波文庫版)参照。

(28)「維新の精神」『維新の精神』みすず書房、一九六七年、一三～四頁。

## 後記

本稿は今から三〇年以上のむかし、一九七六年六月二四日に書き上げた旧稿である。七四年の三月に私は勤務していた東大社会科学研究所に「主体・天理・天帝――横井小楠の政治思想」を助手論文として提出した。それは社研の紀要に掲載されたが、枚数制限のため第三章の「天帝の思想」は未発表に終った。その後採用された千葉大学で、退野学派と小楠の思想史的継承関係を中心にまとめたのが本稿である。しかし発表の機会をえないまま、私自身もその存在を忘れるに至った。それには本稿の一部を「横井小楠――その「儒教」思想」（注23参照）や「幕末の西洋認識と象山・小楠」（東京書籍刊『高校通信・東書［倫理・社会・政治・経済］』No.194、一九八〇年）で使ったという事情が作用したかもしれない。今回、本号の鼎談の準備をするなかで偶然この旧稿を発見し、当日持参したところ、源了圓、藤原良雄両氏のご好意で本号に載せていただくことになった。有難いかぎりである。三〇年以上前の物であり、発表に際して表現の上で手直ししたが、骨子は旧稿のままである。このためその後の学界の研究成果にも言及していない。歴史的な記録として読んでいただければ幸いである。

資料の複写と利用を許可して下さった関係各位・諸機関に対し、この場をかりて厚くお礼申しあげる。（二〇〇九年九月一日）

幕政批判・国家構想の思想的源泉

# 近世熊本における朱子学の一系譜

【大塚退野・平野深淵・小楠】

**北野雄士**

Kitano Yuji

きたの・ゆうじ　一九五四年山口県生。一九八五年大阪大学大学院人間科学研究科博士後期課程単位取得満期退学。大阪産業大学教務。社会学。主要論文「横井小楠と福沢諭吉」(『大阪産業大学論集』)、「水戸学と幕末武士層」(『大阪産業大学論集』)等。

## はじめに

一八四三(天保十四)年、肥後藩家老長岡監物の屋敷で、当主監物の他、横井小楠、下津休也、荻昌國、元田永孚、以上五名の肥後藩士が集い、朱子・呂祖謙編の『近思録』の会読を始めた[1]。彼らは頻繁に集会するようになり、藩政の改革を目指す政治集団になっていった。こうして生まれた肥後藩の改革派は、主流派である保守派と対立し、保守派によって「実学党[2]」と呼ばれた。改革派は、興国の志、節倹、礼譲、文武の道を重んじる当時の水戸藩の士風に共鳴していたが[3]、水戸藩主徳川斉昭が失脚すると、肥後藩主に害が及ぶことを恐れた保守派からの非難中傷にさらされるようになった。改革派の政治的中心であった長岡監物は、ついに一八四七(弘化四)年家老職を辞することになり[4]、改革派は逼塞を余儀なくされた。しかし、改革派の思想は、その思想的中心であった横井小楠によって発展し、小楠を通じて、幕末の政局に対して政治的思想的な影響を及ぼした。

その間に形成された改革派の思想は、一言でいえば朱子が重んじた『大学』の「修己治人」の理想であった。元田永孚は改革派の思想を次のように説明している[5]。それは、まず、心が発するところひたすら善を好むように心を正し、心のかすかな動きの段階から私欲が交わらないように注意し、次いで人が見ていないところで身を慎しんで日常生活での義務を果し、さらに治国安民に力を尽して、聖人の道に達しようとするものである。永孚はこの思想を「堯舜の道孔子の学」、「正大公明真の実学」と呼び、それを受け継ぐ者として、中国では、周濂渓、程明道、程伊川、張横渠、朱子を、日本では、熊沢蕃山、大塚退野、平野深淵を挙げる。改革派はこのような道統の最後に位置づけられている。

永孚が最後に挙げた、大塚退野とその弟子の平野深淵は、江戸中期の肥後藩士であり、小楠も郷士の「真儒」[6]として私淑していた。大塚退野は一六七七（延宝五）年に生まれ、陽明学を学んだ後、朱子学に転じ、特に朝鮮の李退渓に傾倒した。引退後、肥後国玉名郡に隠棲した。一七五〇（寛延三）年没。[7]門下には、平野深淵の他に、草野潜渓、森省斎、西依斎らがいる。平野深淵は一七〇五（宝永二）年に生まれ、引退後、程伊川（程頤）の『易伝』の読解に専念した。藩政に危機感をいだきつつ、民衆のための政治という立場から君臣の心のあり方を説いた。一七五七（宝暦七）年没。

退野や深淵の思想は、現実の藩政に対する厳しい批判を含んでいたため、最後には藩政から離れたところでしか存在することができなかったが、十九世紀になって改革派のメンバーによって見出された。本稿では、まず一と二で退野と深淵それぞれの根本思想を究明し、次に三で小楠が退野と深淵からどのような影響を受けたかを考察して結論としたい。

## 一　退野における「為己之学」

本章では、退野が残した文章[8]を手掛りに退野の根本思想を明らかにしたい。

まず、退野の思想の前提をなすものは、万物が完全な「理」を天によって与えられているという考え方である。[9]すなわち、理は時を超えて万事万物に具わっている。理の本質を理解するのは人間であって、理は心の智覚に顕われる。従って心の智覚は理を照らす働きをもっている。

退野が言うように、万人が理を具え、理を照らす心の智覚をもっているとすれば、「聖人」と「衆人」の違いはどこから生まれるのか。これについて退野は、「理」のままに生きている聖人の智覚は常に明らかで、日常の行いも道にかなっているのに対し、衆人は人欲に引かれ智覚は十全に理を照らさず、行いも道にかなわないことによると述べている。[10]

では、衆人はどのように努力すればよいのか。退野は、聖人の教えに対する「信心」が何よりも大切だと言う。[11]退野が強調する「信心」の内容は、だれにも「道理」が具わっており、聖人の教えを通じてその道理を全うできるというものである。[12]退野によれば、このような「信心」が深いほど、聖人の教えを学ばんとする志が強くなり「毀誉得喪貨色生死」も学の障害でなくなる。[13]

深い「信心」の例として、孔子の門人たちが孔子の「数言」を切実に受け入れて一生それを生きようとしたことが挙げられている。[14] このような切実な「信心」なしに聖経を読むのは、経典の文字にのみ心を用いる「記誦之学」であり、己を修め人を治めるのに役立たないとされる。[15]

このような「信心」の上に理を全うする学は、「為己之学」(「己の為の学」)と言い換えられている。退野は「為己」について「学文も人の見る見ざる処にかゝわる処なく己がなすべき所をなし申ばかりにて候」[16]と説明する。このように、「為己」とは、他人の評価のためでなく、己がなすべきことをなすこと、つまり己に具わる理を全うすることである。

以上のように、退野は、聖人の教えを通じて己に具わる理を全うできるという「信心」に基づく「為己之学」を唱えているが、その際「実心」という言葉もよく用いている。[17]「実心」は、信心と同じく、聖人の教えに対する、心全体からの帰依を意味する。

退野にとって、切実な「信心」は衆人が聖人の学に入門して挫折することなく理を全うするための前提であった。退野は、衆人が理を全うするための認識と実践の具体的な方法として、朱子と同様、日常の事物における理の窮明(「格物」)と日常における義務の遂行を重視する。まず、日常の事物における理の窮明とは、人欲によって智覚の曇りやすい衆人が事物の一つ一つについてその理を窮めていくことにより、己に具わる理も明らかになるというものである。理には元来内外のへだてがなく、事物の上での理の窮明は直ちに己の智覚の開明に通じるからである。退野は、この工夫を重ねてゆけば自然と内外のへだてなき「脱然貫通の妙処」[18]に到達できると言う。

次に、理の窮明という「知」の工夫だけでなく、同時に「行」の実践も重んじられる。退野は朱子と同じく、『小学』に書かれている日常道徳の実践が基礎になって、『大学』における理の窮明が虚文に走ることなく行われると考える。[19]

以上のように、退野の思想は、聖人の教えに対する切実な「信心」に基づく「為己之学」の立場に立って、己に具わる理を全うし、「治国平天下」を実現しようとする理想主義的なものだった。そのため退野は、同時代の儒者に対しても、藩政に対しても極めて批判的だった。藩の要人に宛てた退野の手紙は、藩の収斂政策を批判し、租税を減免することが仁に基づく政治であり、減税によりかえって農民の耕作意欲が向上して、将来は藩の財政も潤うと述べて減税の実施を迫っている。[20] この主張によって退野は「否塞」を命じられた。[21]

## 二　深淵の堯舜思想

退野の弟子の深淵は引退後、『易経』に対する程伊川の注解である『易伝』の研究に専念し、『易伝』の思想に基づいて君主及び家臣のあり方、武士の身の処し方などを論じた。[22] 深淵は『易伝』の思想をどのように受け容れたのだろうか。以下この問題を中心に深淵の根本思想をまとめてみたい。

まず、深淵は人が天から「乾の仁」を受けているという前提から出発する。[23]『易伝』「乾の巻」によれば、「乾の仁」の「乾」とは、決してやすむことなく万物を生育する「天」の「性情」である。[24] 深淵によれば、人もこの「乾の仁」すなわち万物を生育する天の働きを受けて生れる故に本来不善ではないが、気の清濁と世の習いによって不善をなしてしまう。このような天の働きについての深淵の考え方は退野と同じである。

深淵は、万物を生育してやまない天の働きを信じ、その観点から人君と臣下のあり方を論じる。まず、深淵によれば、人君の役割は「天にかわりて天下の民を愛し其処を得せしめる」[25] ことにあり、人君は「尭舜を以て法則とし」[26] なければならない。深淵は、「尭舜を以て法則とする」ことについて次のように説明する。[27] すなわち、尭舜は「天道の乾」そのものであり、万物を生育する「天道の乾」の働きは、尭舜において民を愛して息むときがないという形で現われており、後世の君主もこの尭舜のあり方に従わなければならない。

次に、深淵は臣下のあり方について、臣下は現在の主君を尭舜と見、尭舜の臣として主君に仕えるべきだと言う。[28] 主君を尭舜と奉れという主張は、主君も尭舜と同じ天道をうけているという意味であり、天道の働きに対する深淵の信念から生まれている。この主張は、主君を賛美せよというものではなく、主君の賢否にかかわらず主君を尭舜の君と奉り、尭舜の臣としての義務を尽し、この世を尭舜の世にしてゆく責任を強調するものである。

深淵が理想とする学問と人生のあり方は、[29] 人は一つの経典を熟読し、利害から自由になって平静を保ち、「道理の精粗」、「時の勢ひ」、「事の軽重」、「古今人情の緩急」、「事の隠微」など様々な状況の流転変化に思いを致して、主君を敬愛し、尭舜の民としての生き方を誠実に尽さなければならないというものである。

『易伝』の道は時を超えて妥当すると考える深淵にとって、当時の肥後藩の政治は憂慮すべきものであった。深淵は、「謹申上条々」[30] と題された上申書の中で、いくら刑罰を重くしたところで重税政策をやめなければ根本的な解決にはならないと藩の重税政策を批判し、下を損じて上を益する政策から、上を損じて下を益する政策への転換を主張している。

以上のように、深淵は万物を生育する天道の働きを確信し、その顕れである尭舜の道を唱えた。深淵は、退野が強調した、聖人の教えに対する切実な「信心」に基づく「為己之学」の精神を受け止め、専ら程伊川『易伝』に沈潜してその精神を修得し、『易伝』の道理を天下に明らかにしようとした。このような学問に対する深淵の姿勢は退野の教えを体現するものであったから、退野は深淵を「有学之賢者」[31]であると称賛している。

## 三　小楠に対する退野と深淵の影響

小楠は、退野、深淵を「真儒」として尊敬していたが、退野と深淵から実際にどのような影響を受けたかについてはほとんど何も述べていない。そこで、本章では、小楠が退野と深淵に触れている箇所に注目し、退野と小楠、深淵と小楠をそれぞれ思想的に比較することによって、小楠が二人から受けた影響を考察したい。

まず、小楠が退野に言及しているところを見よう。小楠は一八四九（嘉永二）年久留米藩の儒者本庄一郎宛ての書簡[32]の中で、退野について、陽明学から程朱学に転換したこと、事物の理を窮めていく「格物致知」の教えに明らかであり、「治国之道」に通じていることを指摘し、国を憂え君を愛する「真儒」であると退野を絶賛し、自らも専ら退野に学んでいると述べている。

小楠のこの書簡は、中国と日本の重要な朱子学者を取り上げて、それぞれの儒者が学問に向かう動機が、他者の評価のためでなく、己に具わった理を全うするためであるかどうかを厳しく問い、真儒というべき人物を選んでいる[33]。中国及び日本の朱子学の伝統の中に、退野に連なる自らの学問を位置づけたものとも読むことができる。

小楠はこの書簡の約四カ月前、長岡監物に書簡[34]を送り、近頃「世にも人にも申様成る意思」から「己を成就せんと思ふ意思」へ心境が変化したと伝えている。この「己を成就せんと思ふ意思」こそ、退野の「為己之学」の境地に他ならない[35]。

小楠の「為己之学」の立場も退野と同じく、万人が心に理を有しているという前提に立つ。小楠によれば、人々が「性命の理」の現われである「本心の感発」に気づき、己も「性命の理」を固有していると心底から「合点」することが学問の本領である[36]。

小楠は、江戸から帰国した一八四〇（天保十一）年以来、退野に私淑して程朱学を学び、一八四〇年代の間に「為己之学」の立場を確立した。一八五〇年代になると、福井藩士の入塾と福井への小楠の遊歴がきっかけとなって、小楠と福井藩士との交際が始まり、福井藩士から受けた藩政に関する相談に小楠が答えるという形で、小楠の経世論が展開されていく。小楠は福井藩士と交際を始めると、郷土の真儒として退野と深淵を紹介している。

次に、小楠が深淵に言及した個所を見てみたい。小楠は一八五二（嘉永五）年の福井藩士宛ての書簡[37]の中でも、道理を格別に会得した人傑として深淵を紹介している。

福井藩の抱える問題に答えるなかで展開されていった小楠の経世論は、「堯舜三代の道統」[38]という理念に基づいている。この理念と深淵の堯舜思想を比較してみよう。

「堯舜三代の道統」の理念は、堯、舜などの伝説的帝王、及び夏、殷、周三代の歴代帝王の事跡を集めた『書経』に依拠しており、その内容を一言でいえば、為政者は天によって民衆の安全と生活への配慮を何よりも優先することを命じられているというものである。

小楠は幕末の刻々と変化してゆく状況の中でこの理念を実現しようと努め、国内政治においては、民衆の犠牲の上に成り立つ徳川幕府の参勤交代制度や防衛政策を批判し、西洋文明の積極的導入によって産業を振興して民衆の富を拡大するという政策を提言した。他方、この理念は国際関係にも拡大され、国際社会における信義の原則として、欧米諸国による「国家理性」の追求によって生じる国際秩序の不安定性を克服し、世界の平和を実現するための思想的根拠として活用された。

深淵の堯舜思想は、二で述べたように、堯舜を『易伝』における「天道の乾」の顕われとみなし、堯舜の道の時空を超えた妥当性を確信して、様々な状況の下で君臣がいかに行動すれば堯舜の道にかなうかを説くものである。深淵によれば[39]、人君は堯舜と同じく己の心を民に及ぼす「公」になりきり、己を損じて民を潤さなければならない。

小楠と深淵の堯舜論を比較すれば、共通点として、民衆の幸福のための政治という観点に立ち、絶えず変化する状況の中でこの理想の実現を目指していることが挙げられる。このような共通点の背後には、天道が人間を含めて万物に働いているという前提がある。この前提から、人間も、万物を生育する天道の働きすなわち堯舜の道に従って、民衆の幸福に尽さなければならないという要請が生れてくる。

ここで、退野と深淵の比較もしておこう。天道の働きに対する確信は両者に共通する。また、退野の「為己之学」の思想は「為己」という言葉はあまり使われないものの、深淵にも見出せる。さらに、民衆のための政治という深淵の理念は退野の信条でもあった。

以上、小楠が退野と深淵に言及した箇所を参照し、小楠と退野、小楠と深淵、退野と深淵の思想的比較を行った。その結果、三人によって、天が人に与えるものとされた、「理」、「性命の理」、「乾の仁」は、人間を含め万物に対する天の働きをそれぞれの立場から言い換えたものであること、さらに、「為己之学」の立場や民衆の幸福のための政治という理念が三人に共通していることが明らかになった。従って、三人の共通点を一文で要約すれば、人は天から「理」を与えられており、「為己之学」の工夫によって、「理」を全うし、民衆の幸福のための政治を実現しなければならないということになろう。

小楠は退野と深淵から具体的にどのような影響を受けたかをほとんど明らかにしていないが、以上の考察から天の働きへの深い信頼、「為己之学」の立場、民衆の幸福のための政治という理念という思想の基軸において、小楠が二人から決定的な影響を受けたことが判明する。むろん小楠は退野と深淵の文章だけを読んだわけではなく、四書五経などの経書をはじめ、中国、日本の多数の注解や史書を読み、思索を重ねていった。しかし、小楠は自らの思想を形成する際に、退野と深淵の思想に方向づけを与えられたと考えることができる。

退野の思想は、聖人の教えに対する切実な「信心」から出発して、己に具わる理を全うし、家から天下国家に至る社会生活に役立つ実践を志向するものであった。深淵の思想もこれと同じである。小楠によれば、退野や深淵の学問は、己の為の学を目指す本来の朱子学の道統に属する。小楠が日本で実現しようとしたのもそのような道統の朱子学であった。民衆のための政治を目指す、退野、深淵、小楠の思想は、肥後藩政に対する厳しい批判を生み出し、三人を藩政の主流から遠ざけることになったが、後に小楠において、幕政を批判し新しい日本の国家像を構想させる思想的源泉となった。

**注**

(1) 元田永孚「還暦之記」元田竹彦、海後宗臣編『元田永孚文書』第一巻、吉川弘文館、一九六九(昭和四十四)年、二七頁。なお、本稿は、拙稿「大塚退野、平野深淵、横井小楠──近世熊本における『実学』の一系譜」『大阪産業大学論集』人文科学編一〇七号、二〇〇二年、一三一─三八頁を大幅に改稿したものである。

(2) 実学の意味については、松浦玲『横井小楠　増補版　儒教的正義とは何か』朝日新聞社、二〇〇〇年が詳しい。二九九─三〇二、三〇六─三〇七、三一六─三一七頁。

(3) 前掲『元田永孚文書』、三一─三五頁。

(4) 鎌田浩「横井小楠と長岡監物」同『熊本藩の法と政治』創文社、一九九八年、五五一─五五二頁。

(5) 前掲『元田永孚文書』、二七頁。

(6) 山崎正董『横井小楠 下巻 遺稿篇』明治書院、一九三八(昭和十三)年、一五七頁。

(7) 大塚退野とその学派の思想について、楠本正継「大塚退野並びに其学派の思想──熊本実学思想の研究」同編『九州儒学思想の研究』一九五七(昭和三十二)年を参照した。

(8) 退野の文章、語録として、「孚斎存稿」、「孚斎存稿拾遺」『肥後文献叢書』第四巻、隆文館、一九一〇(明治四十三)年と、『退野先生語録』(無窮会所蔵の写本)を参照した。

(9) 前掲『肥後文献叢書』、六一〇頁。

(10) 同書、六一〇頁。

(11) 同書、六七二頁。

(12) 同書、六七二頁。

(13) 同書、六一二頁。

(14) 同書、六一二、六七三頁。

(15) 同書、六一二─六一三、六七三頁。

(16) 同書、六五五頁。なお「為己」という言葉は『論語』憲問篇の孔子の言葉に由来する。

(17) 同書、六五五頁。

(18) 同書、六七三頁。

(19) 同書、六一〇頁。

(20) 同書、六一一頁。

(21) 同書、六二八─六三五頁。

(22) 深淵が残した文章としては、『程易夜話』、『程易雑話』、『深淵存稿上・下』がある。前二者は国立国会図書館蔵の写本を、最後のものは無窮会所蔵の写本を参照した。

(23) 前掲『程易夜話』
(24) 程伊川『周易程伝』巻之一、金陵書局、一八六二（同治元）年。
(25) 前掲『程易夜話』
(26) 同書
(27) 同書
(28) 平野深淵「謹申上条々」前掲『深淵存稿上』
(29) 前掲『程易夜話』
(30) 前掲「謹申上条々」
(31) 前掲『肥後文献叢書』、六四九頁。
(32) 前掲『横井小楠 下巻 遺稿篇』一三〇―一三一頁。
(33) 同書、一二七、一三〇―一三二頁。
(34) 同書、一二四―一二五頁。
(35) 同書、九三三、九四〇、九四三頁でも「為己之学」が強調されている。
(36) 同書、九四四頁。
(37) 同書、一六三頁。
(38) 同書、九〇一頁。
(39) 前掲『程易夜話』

朱子の原論を捉え、自らを相対化

# 小楠の朱子学理解

【「至善」をめざす「中間者」】

吉田公平
Yoshida Kohei

よしだ・こうへい　一九四二年宮城県生。一九六六年東北大学文学部卒業。東洋大学教授。中国哲学・日本思想史。主著に『陸象山と王陽明』（研文出版）『日本における陽明学』（ぺりかん社）等。

## 開かれた思考回路

今から三十数年前、東北大学教養部に奉職していたころ、法学研究科に在籍して日本政治思想史を研鑽されていた本田逸郎氏（大井憲太郎を中心に研究されていた）が、横井小楠が本庄一郎に与えた書簡を持参してわたしの研究室に見えられた。明清の朱子学者の著作を広く読んでおり、薛敬軒・陸隴其（字は稼書）・李退渓を高く評価し、他方で清朝の考証学・山崎闇斎一門・室鳩巣などを酷評するなど、朱子学の視点から見ると、横井小楠の立論は真っ当すぎて、とりたてて特色というほどのものはないし、陽明学批判も焦点ボケしているので、しばらくは横井小楠を読返す情熱が湧かなかった。

卒論以来、朱子・陸象山・王陽明の心性論に焦点を当てて解剖してきたが、ある時期から軸足を日本儒学の研究に移した。その内に幕末維新期の儒学者をとりあげて読返す中で、横井小楠に再会することになった。横井小楠の心性論はこの時期に輩出した山田方谷・春日潜庵・楠本碩水などと比較すると、その特色が鮮明になる。学派分けは個別者の特性を希薄化させる憾みがあるので、学派の看板を掛けることを急がないで、個々の儒学者を丁寧に読み解くことを心掛けた。
朱子学者横井小楠の特色は、思考の回路が開かれていた所にある。それが如実に吐露されたのは書簡だが、応酬する相手に恵まれるとのびのびと展開される。

## 「不足」を埋める姿勢

嘉永二（一八四九）年八月十日に本庄一郎宛てに発信された質問書は、儒学史に関する知見を広範囲に亘って披瀝して、取り上げた知識に対する判断が果して適切なのか否かを批評してもらうことを主眼としたためか、硬直した文面になっており、「開かれた」思考が生きていない。また本庄一郎の返書は横井小楠に改めて考え直すことを促すほどの内容が無かった。質問書の宛先を問違えたか、という思いが深かったに違いない。その当時、自分の知見の確かさを確認したいと思いながら、問いただす相手に恵まれていなかった。

ところが、その二年半後の嘉永五（一八五二）年一月十五日に越前藩の岡田準介に宛てた書簡は、横井小楠の朱子学理解の本領をよく開示している。嘉永四（一八五一）年に北国に旅行し、越前藩の吉田悌蔵・岡田準介兄弟に出会えて親しみを覚えたことが、横井小楠の胸臆を伸びやかにさせたのか。本庄一郎宛書簡にみなぎる強面の他者批判は見られない。そこでは自らの理解を直截に開示している。次に紹介する一文がその典型である。

凡学者、不足なき故、進歩之道無之。是至善之目当無き故なり。至善之目当あれば、一歩進めば、又一歩、又一歩。此一歩の進みは、限り無御坐候。去れば進むに随て不足之心弥益盛に相成申候。終に聖人になり候ても、不相替、不足之心にて御坐候。是至善を極と見ては不相成、限り無きが至善と申は、此事に御坐候。如何思召に相叶候哉。尚拝聞仕度奉存候。

ここでいう学者とは今で云う学者のことではない。人間らしく生きたいと願っているものをいう。そのように願っているのに、進歩の道筋が見えないのは、「不足」感が欠如しているからである。至善という「目当て」と対比すると、はじめて自らの「不足」が見えてくる。それではその至善とは何か。ここでは説明していないが、後には「天下公共の理」という表現をとる。この至善は『大學』の三綱領の一つである「至善に止まる」の至善である。後の二つは「明徳を明らかにする」（自らの明徳を発揮する）「民を新たにする」（人々を啓発して彼らが自らの明徳を明らかにして一新するように促す）である。この二つはやみくもに作用するのではなくして、あくまでも至善を「目当て」にして作用する。またこの作用は段階を踏んで「一歩又一歩」と進める。一足飛びに飛躍することはしない。朱子学の努力論の特徴をこのように表現した。この歩みには限りがない。これで「既に満足する」ということはない。なぜなら、一段一段と進む毎に至善の中身が豊饒になるから、豊饒になった「目当て」に現状の自分を照らすと、改めて「不足」が新たに見えてくるからである。進むほどに豊饒になり、いよいよ「不足」の実姿が見えてくる。だから、至善には極（満ち足りた完成された状態）はない。限りなく進化し豊饒になるのだという。そのような努力をする人を聖人という。自らを発展途上にある「中間者」と位置づける。ここには既に満ち足りたと見なす「傲慢」（自己欺瞞・おごり）は入り込む隙がない（しかし、そこには常に不足感に苛まれるという不安がつきまとう。この不安感は「本性は本来は完全なのだ」という確信が緩和する）。この一文の最後で「わたしはこのように考えますが、あなたはどのように受けとめられますか、お聞かせ下さい」と小楠はいう。儀礼的な常套文句とも受けとれるが、ここは文字通りに理解してよい。横井小楠は自分の考えを強く主張することがあっても、それを絶対化して、他者の批判を頭から封ずるという姿勢はとらないからである。

## 「無」の機能

以上に紹介した考え方は、実は王陽明・王龍渓などに顕著に見られる。それでは陽明学的なのかというとそうではない。（段階論そのものは確かに朱子の持論だが）、ここでの発想そのものは、朱子がもともと持っていた考え方を横井小楠が発露したに過ぎない。教条化した朱子学者を道学先生と揶揄した王陽明は、朱子学の堕落態を真に受けて挫折を体験した。さればこそ性善説を良知心学に組み立て直したが、横井小楠は朱子の原点に帰って、自らを相対化する「無」の機能を回復した。「真儒」を追求した横井小楠の真面目《しんめんもく》である。山田方谷は朱子学が言う「理」は学者の「思索構成」（こねあげたもの）と見なして峻拒し、この「無」の機能を存分に取込んで「身体としてのわたし」（気）が理を創造するといって「気の哲学」を開拓した。「無」の機能は陽明学の論理からはすんなりと誕生する立論であるが、実は朱子学にも当初から織り込み済みであった。

ほぼ半年後の嘉永五年七月十日に岡田準介に認めた書簡で更に次のように言う。

至善を事上と心上と御引分之高論、尤以明白にて、重々御同意に奉存候。然るに事上・心上、二にて無之、今一事に処するに至当を得たるは、是理之至善なり。是にて安心と心得れば、油断に相成、忽に事理を失うに至る故、其理の至当なる所にて、其事を処すれども、此心は未だ尽さざると思ふ所無之ては、不相成。是則心上無窮之至善なり。是事に処する上にて云なり。況や一身をおさめる、国天下を治る、尤此心得にて、二に離不申候。是則至善たる所と奉存候。如何々々。

この文面を解説すると次のようになる。

至善を「目当て」として実践しようとするとき、心（主体）と事（他者関係）に分けると「進歩の道」が確かに見えやすいが、そもそも心（主体）が他者に働きかけることを「事」というのであるから、心と事とは別々ではない。目前の一事に対処して至当に成し得たのであれば、それは理として至善ではあるが、それで安心してはいけない。なぜなら、その「一事」は即座に変動するから、先の至当がそのままで至善であり続けるとは限らない。その都度、理として至当である仕方（道）でその「一事」に対処するわけだが、そのおりの主体（心）は常に「未だ尽さざる」（不足）感を堅持することが肝要であるという。これこそ、わたし（心）達が窮め尽きることのない至善（を目当てにすること）です。以上は、あくまでも他者に働きかけることを主眼にして述べました。自己一身を修めるという自己立上げ論は勿論のこと、国や天下を治めるにせよ、主体者であるわたし（心）と他者との関係（事）を切り離してはいけない。これでこそ至善であると考えますが、如何でしょうか。

横井小楠の朱子学理解は心性論の位相では独創性はない。しかし、朱子後学の硬直した俗論を超えて、朱子の原論に透徹しており、自らを「中間者」に位置づけて相対化する「無」の機能を思考の中核にすえて、それを当代の時務論に生かした。横井小楠は朱子の心性論を思考の仕組みとして活用する際にその確認作業を持続しながら、しかし、心性論の位相に身を沈めることはせずに、時代から課せられた問題に立ち向かい、当時としては実に斬新な処方箋を開示した。山田方谷の「気の哲学」は瞠目に値するが、藩政・幕政に拘束された故か、政治思想という点では横井小楠ほどの開発はない。生国ではない越前藩に知己を得たことが横井小楠に本領を発揮させることになったか。

小楠実学の原点、熊沢蕃山『集義和書』

# 実学の系譜

【藤樹・蕃山・小楠】

源　了圓
Minamoto Ryoen

## 中江藤樹が熊沢蕃山に伝えようとしたもの

まず熊沢蕃山の先生の中江藤樹（一六〇八―四八）について、簡単に触れます。この方は近江聖人として非常に親しまれていいます。日本教育史を研究する場合には、どうしても中江藤樹をやらなくちゃいけない、という観点から研究されています。読んでみると非常に頭のシャープな人です。教育者というと人間としては立派だが頭はあまり切れない人が多いというイメージがありますが、藤樹はそのシャープさを内に包んで、本当に驚くぐらいお弟子を愛している。教育者としては、恐らく日本の儒者の中では最高でしょう。だから教育学者が慕うのも無理からぬと思います。

彼の弟子には自分の考えを本当に理解してくれる弟子と、それからあまり頭がよくなくて、ものになるのは大変だという弟子とがいます。知人の息子でうちが医者なので、当時はまだ儒学をもとにした医学をやるから、藤樹は儒学を基礎にした医学の方を教えてやります。何遍でも同じことを繰り返し、繰り返し教えるが、その次の週になってみると忘れてしまっている。晩年の彼はこのタイプの弟子を教えることでエネルギーを使い尽くして、四十幾つで亡くなっていますね。

彼は特に熊沢蕃山には、直接教えた期間はごく僅かですが、理解力があり、自分の持っているすべてを見せて、どんどん脱皮していく自分こそが本当の自分であって、世の中の人が中江藤樹に持っているイメージは、固定したイメージにすぎない。今の自分の教えていることだけでなく、自分の志しているものを展開し発展して受け継いでくれというように、熊沢蕃山に接触しています。これまで中江藤樹を研究している場合に、藤樹の志している面を研究するということが少ないように思われます。

熊沢蕃山（1619-1691）

中江藤樹（1608-1648）

藤樹という人は非常にシャープな人ですから、林羅山（一五八三―一六五七）のように博学多聞、非常に記憶力がよくて、いろいろなことを覚えているもの知りだけれども、「これに自分の命をかけてやるんだ」というものを持っていない人に対して、彼は非常に軽蔑をしました。羅山は法印という、僧侶のもらう称号を幕府からもらうんですよ。幕府の方では儒者というものをまだ認めていませんから、儒者を遇する待遇の道がない。そうすると、結局仏教者が受ける待遇と同じような待遇でやるしか仕方がないと。それを変えてやろうというところまでは、まだ幕府の人々の頭が進んでいませんから、そういう点で法印というものをやろうとする。羅山はそれを辞退すればよいのに貰ってしまう。中江藤樹は潔癖な人ですから、そういうことに対して非常に軽蔑をして、林羅山のことを「よくものを言うオウムである」と批評しています。

## 「為己の学」と時処位

中江藤樹は四十一―二歳で亡くなっていますけれども、三十歳を二―三歳超えたところで王陽明のお弟子の王竜渓の著作を読みます。王陽明のお弟子にはいろいろなタイプの人がいました。心が広かった人ですからいろいろなタイプのお弟子がいました。

その中の一番左派の、頭の鋭いタイプの王竜渓という学者がいまして、その思想に触れました。その後数年たって、三十代の後半に『陽明全書』という本が入ってきました。藤樹はそれも勉強して、初めて日本に陽明学というものを伝えた人です。そういう自分の軌跡を見ながら、自分は何を志しているかということを理解してほしいと蕃山に対して述べます。また、岩波の『日本思想大系』の解説に書いてありますが、蕃山が岡山藩主の池田光政（閑谷学校の創設者）に仕えて、光政のところで新しい思想運動を始めるというときにも、それを励ますような手紙を何度か出しているようですね。

では中江藤樹の実学の考え方はどうかというと、一番基本になっておりますのは、「為己《いこ》の学」。為己というのは、己のためにする学問。そう言うとちょっと悪い印象を与えて、非常にエゴイスティックな、自分の利益のためにやる学問のような印象を受けますけれども、『論語』の中にある為己の学というものは、己の内的な要求に耳を傾ける学問です。人に褒められるとか、もの知りとして社会的に地位を得ていい待遇を受ける、物的な生活が豊かになるということではなしに、自分の心の中の内からの声に耳を傾けるような学問、それが為己の学であり実学だという考え方を基本的に持っています。

この人は、いわゆるきちんとした学者タイプの論文も書かないではありませんけれども、若いときはそういうことを離れて『翁問答』（一六四一）というものを書いています。それには割に自分の考えをストレートに出しています。自分の目指している儒学に親しみ、それを媒介として、だんだんもっと深いところまで行ってほしいという論文を小冊子に書いています。これは生の声が非常によく出た本で、学者以外の人にとっては非常にありがたい本だったのです。

この人は、「時処位」、時と処と位という考え方を日本で初めてこの本の中で打ち出しました。もう亡くなられましたが、京大の人文研に長くおられた島田虔次さん（一九一七—二〇〇〇）は、陽明学者あるいは陽明学研究者として非常にすぐれた方ですが、中国の陽明学者で「時処位」というようなことを考えた人は一人もいない、と。恐らくそうでしょう。中国の思想を日本の文化的伝統の中で育った日本人が受け容れる場合に、やはりどうしても何等かの抵抗感がある。そうした場合に、「時・処・位」という考えは、非常にピンとくるように思われます。

## 『翁問答』——藤樹から蕃山へ

この本は中江藤樹の著作の中で熊沢蕃山が最も影響を受けた本です。彼の三十二、三歳の頃に書かれた著作で、儒教思想に立脚した藤樹の倫理思想の体系がわかりやすく示された本です。わかりやすいが通俗的な啓蒙書ではありません。天を人格的に捉えた「皇上帝」への尊崇を孝の基本として、太虚神明の本体を明らめ、それに変わることが孝の実践の工夫であるとの考えのもとに、天人一体の存在論に一貫した四海一家の考え方、あるべき封建制の考え方、天子から庶民に至るまでの各自がその役割を果すという職分論、一般武士のありよう、為政者のありようが説かれ、この根本が確立すれば「時・処・位」に叶う行動がおのずから出来るという考え方や、仏教に対する儒教の優位が説かれています。

『翁問答』には宗教的性格と実践的性格との両面がありますが、後者の面を受け継いだのが淵岡山《ふちこうざん》（一六一七—八六）であります。蕃山は師の宗教的性格優位の思想に反対でした。近江に残った弟子たちは、それで恩知らずとして非難しました。それに対し、蕃山は次のように答えています。

> 予が先師に受てたがはざるものは実義なり。学術言行の未熟なると、時・処・位に応ずるとは、日を重ねて熟し、時に当て変通すべし。予が後の人も、又予が学の未熟を補ひ、予が言行の後の時に不ㇾ叶をばあらたむべし。大道の実義にをいては、先師と予と一毛もたがふ事あたはず。……（何をか大道の実義といふ）一事の不義を行ひ、一人の罪かろき者を殺して、天下を得《うる》事もせざるの実義あり。不義をにくみ悪をはづるの明徳を固有すれば也。この明徳を養て日々に明かにし、人欲の為に害せられざるを心法といふ。これ又心法の実義也。
> （『集義和書』）

## 熊沢蕃山の『集義和書』における実学概念

蕃山は藤樹よりも「実学」という用語をはるかに多く使っている。たとえば「徳を好まざれば実学ともいひがたし」という用例は蕃山の実学が道徳的性格のものであることを示しています。しかし彼がたんなる「道学」先生ではないことは、次のことばで分かります。「古の、文を学びしは、詩を始とす。詩は志をいへるものなり。善悪・邪正共にみな人情の実事也。故にこれを学ぶ者は実学也」。——この考えは、今は哲学を学ぶ青年が、哲学を学ぶ前、あるいは哲学を学ぶ傍ら文学を読むのと通う考え方です。

もとに帰って道徳的実践の実学は、「聖人の礼を立給ふこと飲食男女にはじまる。心術も是より実にふみ行ふべし。これを以て浅進のこととし、去て高師の理にしたがふ者は、虚見にはせて実学を成さず」という場合は、道徳的実践の実学は日常生活における道徳的実践の学が実学であるという意味であろう。「言て不ㇾ行は虚也。君子の恥る所なり。仁は実理也。故に仁者は言行相かへり見て虚なし」。ここには実学ということばは使われていないが、言行一致ということが実の規準となっている。

説明の都合上、『集義義論聞書』のある箇所を引用することをお恕しいただきたい。

学者、聖賢伝の、吾が心の註釈たる逆理を失ひ、心を外にして経伝を見《みる》時は、経伝本《もと》となり吾心末と成りぬ。故に経伝の文の高く深きをもてあそび、真理を口にのぶるばかりにて、心を失へり。文の奥義も、口耳の学となりて斉家・治国の用をなさゞる事久し。是正心、修身の実学にあらざればなり。

(『集義義論聞書』)

この最後の引用文は、経世的関心において蕃山は徂徠と多くのことを共有しているが、道徳と政治を連続的に捉える点において徂徠とは基本的立場を異にすることを示している。更に蕃山の求心的傾向は蕃山が陽明学に傾斜していることを示している。「凡夫より聖人に至るの真志、実学はたゞ慎独の工夫にあり」(『集義外書』)。更に次の用例は彼の天下・国家の経世的問題への大きな関心は、内・外相兼ね、両者を統合するという気持をもっていた。

行ハ心ノ跡也。国身ノ徳身ニアフレ、四体不ㇾ言シヲサトレリ。身ニ善ヲ行ヘバ積テ心ノ徳トナリ、心ニ得レハ身ニアラハル。内外始終ヲ相成スヲ実学ト云也。

(『繋辞伝』)

ここに見られるように、天下国家の経世的問題に関心をもちつつ、しかも内なる心の問題に関心を寄せる蕃山の実学観において注目すべきことは、彼の「実学」の「実」が空・無・虚無を含むような実であったことである。このことが彼の実学を、他の実学とは異なる独自のものとしている。

心友問、異端には空と云、無と云。聖賢はただ実のみか。

答。空即実なり。形色あるものは常なし、常なき物は真の実にあらず。形色なきものは常なり、常なる物は実といふ。異学はいまだ無をきわめえず。聖学は無を尽したるものなり。

(『集義和書』)

右の文章を見ると、「空・無」的要素をもつことが蕃山の実学の特色であることが分かりますが、「虚無」を問題とすることは老荘や仏教の特質でもあります。一体聖学(蕃山のめざした儒教の名称)の「虚」と老荘、仏教の「虚無」とはどう違うのか、どちらがすぐれているのか、という問題が出てきます。

蕃山は、この問題に対して次のように答えています。「万物、無より生ず。聖学は無心にして虚無存せり。虚無の至なり。老仏は虚無に心あり。故に真の虚無にあらず」と。そして更に具体的に「心あり」→「為にする所あり」とし、更に老荘と仏教とに分けて、老荘に「養生」(長生きというより、永生、不老不死)を求め、仏教は「生死の苦海から出離すること」とパラフレイズしています。

こうした老荘・仏教側への具体的・分析的な答を見ると、蕃山の答が非常な説得力をもってくるのは否定できません。

## 熊沢蕃山と横井小楠

これまで熊沢蕃山の実学思想について主として『集義和書』に限定して話してきました。それはこの話の終りに、熊沢蕃山と横井小楠との思想的関係で、今日の話をまとめたいと思っているのですが、小楠は蕃山の『集義和書』を大変尊敬していますが、『集義外書』の方はさっぱり認めず、また蕃山の数ある著作もほとんど読んだ形跡がありません。多分読んでいないでしょう。

そして『集義外書』の方を「贋物」だとさえ言いきっています。『集義和書』が素晴しい本だということは小楠の言う通りですが、『集義外書』の方も現代の人類が直面している自然環境の破壊という問題を解くのに非常に重要なヒントが込められていて、私はこの本を貴重な宝のような本だと思っています。

小楠は幕末の熊本藩士の次男として生まれて、大変な英才でしたが、歴史学が好きな政治青年となりました。しかし二度の酒失で失敗した後、学問を始め、李退渓の影響を受けた大塚退野の作品に出会い、心学・心法の学を通じて自己の思想を鍛え直しました。そしてその過程で小楠は蕃山の『集義和書』に出会い、これこそ真の実学と確信したのです。

ところで松江藩儒桃《もも》節山は藩命を帯びて時習館の教育を知りたいと思い、視察こそ出来なかったがその資料を入手、熊本藩在中に熊本藩としてその指導教官の役割を委嘱された木下犀潭（韡村）の教えを受けると共に、藩命になかった横井小楠の魅力にひかれ、二度も沼山津村に隠棲していた小楠を訪れ、その時の話を記録に残したのです。その記録は、その孫の桃裕之（当時東京大学史料編纂所教授で、日本の古代国家における教育の研究者としてしられた方）によって翻刻され、三一書房から出た『日本庶民生活史料集成』の中の一冊にはいって、われわれが読むことになったのです。

その中で小楠は「日本の儒者熊沢了介〔蕃山〕を第一等とす。着眼第一にして実用之才なり。如何に千万巻を読砕くとも、天下国家之大形勢ニ見渡し付さるものハ学者にあらす。右〔熊沢のこと〕に続而《つづいて》は物〔荻生〕徂徠なり。徂徠ハ役人にして便ふへき人也。山崎闇斎ハ愚儒なり。我も一旦ハ闇斎の学を学んで大《おおい》ニだまされたり。今ニ至而大《おおい》ニ其非を悟れり。世界中ニ我が知レル人ニ押《おし》ならして論し候得ば、日本之了介先生と米里堅《メリケン》の和聖東〔ワシントン〕、此二人を推すべし」（六三三頁）と言っています。そして彼は儒学の学問では「朱子」以上の人はないと思うが、「人才」という点から言えばそうなるまいと言っている。人間を知る知を「理論知」と「実践知」の二つのカテゴリーに分けると、朱子は「理論知」においてすぐれ、蕃山や小楠は「実践知」において卓越しているということになるでしょう。

## おわりに

ここで一言附け加えておきますと、小楠は「心」の思想に立脚しながら、心が「物」と結びつくことを要求していることを挙げねばならないと思います。

蕃山はその老荘や仏教をも視野に入れた深い思索に基づいてすぐれた政治思想を形成し、小楠は徹底的な討論を通じて公論を形成するというわが国の政治思想にはない公共思想を創造しました（拙稿「横井小楠における『開国』と『公共』思想の形成」、『日本学士院紀要』平成十五年）。小楠の政治思想は蕃山の政治思想とはタイプは違いますが、『集義和書』を徹底的に読むことが彼の政治思想形成の原動力となりました。

ここで最後に小楠のもたなかった蕃山の思想の美質を紹介して今日の話を閉じることにします。それは小楠が認めなかった『集義外書』を基にして『漢書』を徹底的に読むことによって蕃山は今日の人類が危機的状態にある自然破壊の問題を解決する手懸りになる「生態学的思想」を形成したことです。この問題について興味のある方は、拙稿「熊沢蕃山における生態学的思想」（国際基督教大学『アジア文化研究』二五号、一九九九）をご覧下さい。

＊本書は『環』37号（藤原書店）に掲載された「実学の系譜——中江藤樹・熊沢蕃山・横井小楠」を再録したものである。

実践的な学問の必要性を掲げ、旧弊を刷新

# 実学党の誕生

【時習館をめぐる教育と政治】

鎌田　浩
Kamata Hiroshi

かまた・ひろし　一九三一年宮城県生。一九五四年東北大学法学部卒業。熊本大学・専修大学名誉教授。日本法制史。主著に『幕藩体制における武士家族法』（成文堂）『熊本藩の法と政治』（創文社）。

## 天保六年伊藤・大塚一揆未遂事件

横井小楠・長岡監物・下津久馬・荻昌国・元田永孚の五人によって始められた勉強会（肥後実学党の発端）は天保十三年暮れか十四年の初頭に始まったと思われるが、そもそもこの藩政改革運動に発展する勉強会の発端を探っていけば、天保六年九月十九日夜に発生した藩校時習館訓導安部仙吾宅放火事件がきわめて重要な意味をもっている。

この事件そのものは、一見厳しい教育を恨んで伊藤石之助・大塚千之助という生徒が仲間を集めて訓導宅に放火したというものであるが、調べていくうちに藩士の子息十九人の一味連判状が作成されており、六十九人にも及ぶ近在の百姓が武芸の訓練を受け、鉄砲玉薬まで用意していたことが発覚し、容易ならざる事件ということが明らかとなった。

藩庁記録『御勘定所基録』は当時の状況について次のように伝えている。「このみぎり上下の人気はなはだ穏やかならず、根元お役々手薄く、殊更私曲偏頗の取り計らい様々これあるところより、右の通り一揆徒党もさし起こりたるよし、面々の悪事を書付けお役々家々は投げ文・張り紙など絶え間なく、辻々の落書き雑言まことに言語道断、他国の評判なおさら甚だしく数万の一揆蜂起し、城下を焼き払い執政太夫を焼き討ちせしなど言いふらし、前代未聞の騒動なり」と。

肥後藩は地方統治機構が非常に強固で百姓一揆の少ない土地柄であり、このような事件はきわめて珍しいことである。しかも藩士の子供たちが首謀者となって軍事訓練をともなった一揆未遂事件である。単に厳格すぎる藩校教師に対する反感ではすまない、なにか特殊な事情が隠されていると見なければならない。

元田永孚（1818-1891）

従来の肥後藩政のこの時期についての理解は、全国的には連年の凶作の中にあって肥後では被害も少なく、大坂や江戸で高騰する米価は肥後藩の赤字解消におおいに役立った、というものであった。確かに大坂の米相場は文政元年から同十年までの平均とその後天保八年までの十年間の平均では一、六倍位になっており、特に天保四年は二倍、八年は三倍になっている。そして天保八年にはついに大塩平八郎の乱が起きている。

このような中で肥後の作柄と年貢率はどうだったか。文政年間の損毛高の平均二十万九千石に対し天保年間七年間の平均は二十七万二千石余でやはり不作が多い。しかし年貢率は定免制で一貫して三ツ八分である。明らかに肥後でも庶民の暮らしは困窮している。熊本での米相場は文政年間の平均が銀百目で米一石七斗買えたのが、天保になって八年間の平均は一石一斗三升しか買えなくなっておりやはり悪化している。そのような中で厳しく取り立てた年貢米は藩内での必要量を確保する配慮もなく大坂売り払いとしたため、藩内相場も高騰の一途を辿り庶民の生活困窮の上に独り藩庁だけが累積赤字の解消に懸命であったのである。

勿論、藩として飢饉対策の手を打たなかった訳ではない。文政十年には救助八三四九人におよび、翌十一年の大飢饉では囲籾全部二万七千石の放出をはじめ、逆に大坂で大々的に米を買いつけ輸入し九八九二人を救助している。しかし天保になってからは窮民救済のため町在の富裕者に寸志上納を認める程度で、藩財政からの救助は行っていない。

天保二年現在本藩借財は八十万両以上で年々収支不足三万石という記録があるが、大坂での肥後米売却収入はどれくらいになったのか。たとえば天保四年には、江戸米価高騰のため大坂廻米のうち三分の一（一万五千石）を江戸まわしとしているが、廻船途次二艘難破（三四九〇石）したとはいえ、江戸売り払い分だけで代銀一四六六貫四四四匁余（金換算二四四四〇両余）、残る三分の二（三万石）を大坂相場で売った代銀は約三一八三貫目余、両方あわせての総額は金にして約七万七千五百両位の収入とみられる。

他方支出はどうであったかといえば、文政末から天保元年にかけては加勢川改修に人夫延三百万人、天保二年にも井手用水工事に三万八五六七人を動員するなどの経費がかかっており、天保五年には単年度で江戸木挽町屋敷や長崎屋敷の類焼作事・白金屋敷修復、勇姫生誕入目・少将拝任入目・公儀二の丸修復御用等で、金九万五三四一両・銀四一七貫七五〇匁・銭八二貫五九三匁もの膨大な支出に迫られている。大坂での収入だけではとても累積赤字の解消には役立たなかったといわなければならない。窮民救済にまで手がまわらなかったのもやむを得ない面があったかもしれない。しかしその気があれば他の諸経費を削減しても救済したであろうに、文政十二年以後全く救済なしというのは、あまりにも民を思わざる政治といわなければならない。

さらに藩庁ではまた、かつて中老兼大奉行島田嘉津次が廃止した貨殖政策（藩営質屋）を彼の退職後文政期に入ってから藩内各所で大々的に復活させ、国産仕立や干拓などの盛行とあわせて節倹健全財政から積極拡大財政へと転換しており、凶作に追い討ちをかけるインフレ政策で、民衆の生活は目立って窮乏化していたとみられる。

このような状況下で天保六年の時習館訓導宅焼き討ち事件が起こったのである。血気にはやる若者達の暴走で事前に発覚し鎮圧されたとはいえ、藩内では多数の者がこれに共感と同情を寄せたであろうことも想像に難くない。藩庁でも大きな衝撃を受けたことは事実で、早速翌天保七年囲籾一万一千石を放出し、家臣救済にも金三五五両三歩二朱・銀二貫二三三匁・銭九三一貫五七五匁を支給しているのである。

この事件で処罰された士分十九名の中には荻昌国の弟や、これも後に実学党結成時点で重要な働きをしている鎌田答次の嫡子がいたし、また、後に肥後勤皇党の領袖となる住江松翁の嫡子がいたことに注目しておかなければならない。これは偶然ではない。やはりそれぞれの家族全体に藩政批判の雰囲気があって、そこから子弟が暴力的直情径行に走ったというべきであって、その後これを教訓として実学党なり勤皇党の活動に父兄がかかわる事となったのであろう。

## 実学党関係者の時局認識

この時期実学党関係者はどのような状況認識をしていたのであろうか。天保九年世襲家老のひとりで、後に小楠とともに実学党を発足させた長岡監物（米田是容）が藩主側近に宛てた手紙には「一昨年の凶荒、昨年と申しても十分の作にこれなく、その上一昨年不納の末お取立ても強く、在中は実に困窮の模様に承り候、殊に近年在中も甚だ以って夫使い多く、新地をはじめ川掘りつつみ掘りなど様々にて実は百姓共御役人を恨み候形もなきにあらず、……一昨年すら御府中より在にかけて余計の行倒れにて……これらの儀御役方にては大いに禁句にてすべて他国者、その上餓死にはこれなく病死と申す唱えにて……実情上に達せず、下民はひたすら上を恨み候様にござ候ては恐れ入り候事にござ候」と、さすがに事態の重大性を見通し役人達の表面を糊塗する事なかれ主義を痛烈に批判している。

その他の実学党同志横井小楠や元田永孚は当時の時局をどのようにみていたのであろうか。直接藩の世情について記したものはないが、天保八年元田永孚は大塩の乱鎮圧後まもなく参勤交替の藩主護衛のため父と共に上府し大坂を通っているが、彼の自叙伝『還暦之記』には、ただ「この警報の熊本にいたるや藩侯の江府参勤の期に会す。大坂の変いまだその故を審らかにせず、大塩の生死いまだ分かたず、時論洶々たり」と出発前の熊本での不安を紹介し、大坂では「大坂中島藩侯の邸に達す。これより先大塩父子既に自尽し大坂解厳の報船中に至り上下みな安堵す。余すなわち大坂城を巡視し市街を歴観し、その地の広壮豊公の雄図を想見し……」と、混乱に巻き込まれなかった安堵のほかは豊公雄図の印象しか記していない。兵庫においては楠公の「忠誠を欽慕し」「片碑の粛寂たるを慨嘆」し、京都では「禁闕の荒涼を感慨し悲哀涙を垂れるに至れり」という感慨を示した彼ではあるが、大塩の乱の意義と庶民の悲惨な生活についての感懐は述べられていない。

それから二年後の天保十年、今度は横井小楠が大坂を通っているが、その折の『東遊小稿』にはさすがに、大坂の繁華を見るにつけても利に密なる豪商のため各大名が困窮し、そのしわ寄せが百姓に集中していると嘆いているが直接にはこの乱についての印象は何も語られていない。彼らにとって伊藤・大塚の乱や大塩の乱はやはり暴徒一揆でしかなく、窮民を救い民心を安んずるには豪商の暴利を抑え、支配層内部での政策転換すなわち体制内改革こそが採るべき道と信じられていたのであろう。

## 時習館改革と蹉跌

藩庁では伊藤・大塚の乱から得た教訓として何よりも時習館での教育改革が緊急と考えたようである。天保七年五月、江戸から帰任した家老の長岡監物を時習館の最高責任者である文武倡役に再任して、その前の月から講堂世話役に任命されていた横井小楠との連携が始まった。小楠は十一月には居寮世話役に抜擢され、ますます監物や中老平野九郎右衛門や奉行下津久馬らと交流を密にし、翌八年二月寮制度の改革を実現した。これまで希望入寮制であったのを秀才選抜指名入寮制とし、これを時習館教育の頂点に位置づけ、寮生相互の切磋琢磨を通して「因習ノ弊ヲ除キ人材ヲ養成シ、国用ニ供」(元田永孚『還暦之記』)することとしたのである。あたかも現在でいえば大学院の合宿制度といったところである。そして小楠が初代寮長に就任した。改革当初は元田永孚によれば、監物自身も「居寮ノ生徒ヲ引テ親カラ会読」するという力のいれようで、「一時ノ盛ナル、生徒皆奮進志ヲ合セ相共ニ親睦ヲ主トシ悖戻スル所無シ」という充実ぶりであったが、破綻は意外に早く来た。寮では親睦のため毎月一回酒宴を開く例であったが、「酒興ノ余談笑戯謔、遂ニ忌嫉スル所トナリ」全体で二十五人程のうち一年で十人余も退寮者が続出したのである。その原因は藩の調査では小楠の人柄に問題ありとされている。「横井平四郎方は才力これある人物にて、平日多弁にて些か人和薄く、間々信用いたし兼候族もこれあり」とか「惣体平四郎方は酒を好み、酔後些か気荒これある由にて度々申分差し起こり候」ということで退寮者続出となったというのである。しかしそのほかにも調査報告書は、この寮制改革も時習館館長である教授や助教達の頭越しに小楠が家老長岡監物や中老平野九郎右衛門・奉行下津久馬等と直接相談して行ったことが彼らの不快感を招いたことも不和の背景にあることを指摘している。時習館改革の第一歩はこうしてあえなく挫折した。

学寮混乱の責任を問われ奉行下津久馬は天保十年二月解任、続いて三月には小楠も寮長解任江戸遊学の命が下った。しかしこの時期の交わりは、入寮生であった元田永孚・荻昌国らと共に、後に発足する実学党のいわば下地となったのである。

## 小楠の江戸遊学と酒失帰国

小楠の江戸遊学を名誉な抜擢と評するのが従来の定説であるが、以上の経緯からみて明らかに誤りである。しかし小楠はさほど悲観し意気消沈する事もなく江戸に向かった。

江戸での小楠は佐藤一斎・松崎慊堂等に教えを乞うたが、藤田東湖・川路聖謨などと深く交わり充実した日々を送っていたようである。中でも東湖とは意気投合するものがあったようであるが、その年の暮に東湖の家で忘年会があり、小楠はしたたか飲んだその帰途に例の酒癖がでて詳細は不明であるが何か不祥事を起したようである。江戸の重役達は直ちに小楠帰国の処置を熊本へ連絡した。熊本では「あたら秀才をそれしきの事で帰国させては前途に疵がつく、当方からは監物と平野が小楠に忠告するので帰国にはおよばず」と返事したが、それが届いた時には小楠はすでに帰途にあった。ただ本人はそれほど深刻に考えていた風もなく、東海道ではなく中山道をゆっくりと二、三ヶ月もかけて、天保十一年四月に帰国している。そして処分がなかなか決まらず十二月になってようやく逼塞七十日を命ぜられている。

天保十二年は謹慎で始まったが、江戸で多くの学者や識者と交流した小楠は肥後藩政についても従来とは違った視点から批判できるようになっていた。そして秋には藩政批判書「時務策」を著している。ここでは、①従来の節倹令は上の難渋を救うためだけの聚斂の政であり、藩主・藩庁が率先して節倹すべし。②諸役所が藩士や領民に積極的に拝借銭を貸し付けては利子をとる貨殖政策の禁止。③城下町の風俗を正し奸商取締のため、町方分職奉行の指揮とは名ばかりで実際は町方根取が支配している城下町に町奉行を復活させよ。などを主張している。これらの提言はおそらく監物の手を通じてであろう翌十三年に部分的には実現されている。

藤田東湖（1806-1855）

## 実学党の誕生

そしてこの天保十三年暮か十四年初頭に、それまで個別にはしばしば交流していた長岡監物・下津久馬・横井小楠・荻昌国・元田永孚の五人が定例研究会を始める事となった。元田はこれをもって実学党の発足としている。元田の記すところ月に十回・二十回、多いときには五十回もあった月もある。監物の天保十四年三月の日程表では月に五・六回となっているが、かなり充実し参加者もしだいに増加してきたようである。明けて天保十五年正月監物は次のような上書を藩主に提出した。「文武芸之儀近年年々に人数相増し、形をもって見申し候えば盛んなるの極とも申すべきや、然るに実学・実芸の人と申し候ては絶えてござ無きほどの事にて、此処より申し候えば衰えの極とも申すべきか、かくのごとくなり来るゆえんを尋ね求め候えば、新知の面々跡目相続芸術をもって御取り扱いに相成候宝暦の御良法、……近年手数のみの御誘掖筋繁多にまかりなり、どうもすれば御銀を下し置かるるの、役付仰せ付けらるのと、すべて利誘の筋にのみ陥り、……」つまり、本来武士として当然の修行であるべき文武芸が、相続保障・報奨金・役職任用などの利益誘導型に堕している現状を指摘し、その弊を改め時習館の風紀を一新すべきことを強調しているのであるが、ここにはじめて「実学」の語が出てくることに注目したい。

この上申を容れた藩主は同年七月、再度監物に文武倡役を命じ時習館の総指揮を執らせることとした。ここに実学党の教育理念が実地に活かされる機会が到来したのである。それまでの詩文学偏重の漢文学ではなく実践倫理としての儒学・経世済民の学・あるいは歴史学などの必要性が強調されたことはいうまでもないが、

佐藤一斎（1772-1859）

教授・助教・学校目付らに対しても、学問内容以前の問題として時習館の規律について厳しい指導を要求している。上下の別・長幼の礼を重んじ、自然と礼譲の風に至らしめる事を目標とし、そのためには粗暴な言辞を以って勇気ある態度と誤解している現状を改めるべく、まず師たる者その職分を自覚し教導に己を尽くす覚悟で、平素の自らの言辞応接に注意し師の権威の回復に努めよ、と再三訓示している。

監物による時習館の旧弊刷新の努力と並行して五人の研究会は益々盛んになり、次第に参加者も増加してきた。時習館句読師・武芸師役の中からも参加者が出てきた。そうなると逆に時習館主流派は筆頭家老長岡佐渡をたのんで、次第に両派の抗争は藩政中枢部を二分しての争いに発展していった。この頃から監物・小楠達のグループは「実学派」「実学連」「実学党」などの名称で呼ばれるようになってきた。藩政主流派＝学校党がひそかに内偵した実学党参加者ないし賛同者には、禄高千石以上が十四人もおり、役職も家老監物をはじめとして中老・備頭・奉行・番頭その他錚々たる顔ぶれとなっている。一年余りで一大勢力に成長したといえる。

## 挫折

ところが、藩内対立が激化した折も折、弘化元年、水戸徳川斉

昭が謹慎を命ぜられ、藤田東湖・戸田蓬軒も蟄居という事件が起こった。そこで「水府藩士と意気相通じ、学風やや似たるを以て」実学党は益々排斥されるようになり、「もしこの一派をして志を得せしめばわが藩も亦幕府の忌む所となり、その禍の及ぶところ遂に君侯の罪に帰するに至らん」と、種々の非難中傷が特に監物と小楠に集中した。

藩主斉護は両世襲家老の対立を解消させるべく両支藩主および藩内両御一門に斡旋を依頼したが効果なく、時習館生徒の間にも分裂が広まってきたため、監物私塾の様子を横目に調査報告させた。報告書は次のように述べている。

……博覧多識を忌、詩作文章を卑しめ四書ならびに近思録・朱子家訓あるいは近代の故先生にては大塚退野先生・森小斎などの語録よりほか取扱これなく、会読の節は文義一通りざっと相済まし、前後物に譬え証拠を引くなどいたし候て、今日諸生の授用に相成候話のみ多くこれあり、文義次第には古今御政事の得失・お役人の善悪をも勝手に論説これあり、館中の学風は以前より俗学虚学、何先生は実学の罪人などと自賛毀他の話もこれあり候ところより、深く実学に立ち入り候面々は講堂出席・諸先生の会読は固く禁忌に相成り居候由……何様異躰の学風を学校教官衆をはじめ笑止なることと嘆息いたし候

監物私塾では、政治批判・役人批判・先生批判が盛んで学校を排斥する結果となっているというのである。その結果遂に藩主より監物へ、私塾の生徒達を学校へ出席させるようかなり厳しい説諭を見るに至った。遂に監物もその身の容れられざることを知り、下津・横井と相談した上で弘化三年十二月、家老辞任を願い出た。今度もまた監物・小楠達は時習館改革に失敗したのである。

世襲三家老のうち次席家老空席ということは異例の事態で、監物家中ではかかる事態に至ったことについて騒然たる有様で、小楠は憤激の対象とされ危害も心配される状態が続いた。元田永孚も用人として藩主側近にあった父から離脱を求められてこれに従っており、実学党はこれで一体としての活動を停止し、その後は折にふれて互いに連絡する事はあっても定期的な会合は中止のやむなきに至った。安政二年、監物を中心とする藩士派（明徳派）と小楠を中心とする豪農派（新民派）に分裂する。


**参考文献**

拙著『熊本藩の法と政治』創文社、一九九八年。
拙稿「天保期熊本藩政と初期実学党」『熊本史学』四十三号、一九七四年。
拙稿「横井小楠と長岡監物」『暗河』四号、一九七四年。

小楠の実学開眼の師匠であり、多大な影響を与え合った同志

# 小楠の実学理解

【長岡監物との比較】

堤　克彦

Tsutsumi Katsuhiko

つつみ・かつひこ　一九四四年福岡県生。一九六七年同志社大学文学部卒業。二〇〇六年熊本大学大学院博士課程修了。文学博士。熊本大学非常勤講師。歴史学。主著に『横井小楠』（西日本新聞社）『「公」の思想家・横井小楠』（熊本出版文化会館）等。

## はじめに

これまで、横井小楠研究者の間では、横井小楠と長岡監物の関係について、小楠は師匠格で、監物を門弟と見なしてきた。しかし両者の関係は、まったく逆で、小楠を「経学」に誘掖したのは監物の方であった。本論では、「布衣《ふい》の交《まじわ》り」の小楠と監物の肥後実学への到達と両者の思想的訣別の経緯について、その要点を述べてみたい。

## 藩主細川斉護の「実学」奨励

肥後藩政史上、最初に「実学」の言葉を使用したのは、第一二代藩主細川斉護（一八〇四―六〇）であった。藩主斉護は、天保四（一八三三）年四月、藩家老（文武芸倡方役兼任）の松井式部（佐渡）と長岡監物（是容）に、藩士子弟たちの時習館内外での師匠への不遜や郷党間の競り合いなどを抑制し、学問の研精と廉恥の風を奨励するよう、実学の教導を命じた。

斉護の実学とは、第八代藩主細川重賢の時習館創設期を理想と

し、その状態にもどす復古教育の実施の意であった。即ち「孝悌」や「忠信」を基盤とした「実学・実芸」の実施により、藩士子弟たちに「文武芸の奨励」と「礼譲の風」を取り戻し、以前の藩風を再び確立する実利的な試みであった。

「孝悌」・「忠信」の重視の教育方針は、時習館内外での学意の差異や対立の原因にならなかったが、時習館の学問姿勢そのものは、学校派に代表・主導されていた。学校派は、文義章句に重きを置いた「博覧強記」を大事にした。しかし長岡監物ら実学連は、会読では、簡単な文字・章句の吟味後、すぐに「只今日之事」を取上げ、雑話では、「御政事の咄」を専らにし、「実行」を優先するなど、時代に役立つ学問の意味での実学であった。この相異点は、江戸後半期特に幕末期には学校派と実学連の対立として表面化した。

しかし藩主斉護は、両派の差異までは十分考慮せず、とにかく郷党間の対立解消を最大目的にしていたので、長岡監物の主唱する実学にその可能性を托した。

## 長岡監物の時習館改革と小楠の出会い

長岡監物（一八一三―五九、一万五〇〇〇石）は、米田姓で源三郎・是容といい、代々「監物」を名乗った。二十歳で次席家老となり、藩主への君恩至上主義を堅持していた。監物は崎門学派の米田家儒笠隼太（夕山）の訓育を受け、朱子学に傾倒、特に経学に造詣が深かった。また文武両道の実践者であり、家臣のために家塾「必由堂」も経営していた。

藩主斉護は、天保七（一八三六）年七月、主席家老松井式部の文武芸倡方役を解任した後、監物単独での時習館改革を命じた。藩主斉護の実学奨励策は、監物の主導で、二度の時習館改革として実施されることになった。即ち時習館改革の仕掛け人は藩主斉護で、その実行者が長岡監物であった。

### 第一次時習館改革

長岡監物は、天保八（一八三七）年二月に、横井小楠を居寮長に抜擢した。小楠らは、居寮生の希望入寮制から選抜入寮制への制度改革などを提案し実行した。また監物は、従来の文字・章句を軽視し、時習館教育での実学推進のために、句読師を実学連に入れ替えたり、助教には学問の指導や内容までも指図していた。

翌九年には、第一次時習館改革への学校派の批判が起こった。それは、直接監物への批判ではなく、居寮長小楠の性癖や行為への不満の形をとった。学校派の居寮生の中には、対抗手段として病気を理由に退寮する者が続出した。

この状況に、藩主斉護と肥後藩庁は、天保十（一八三九）年二月、第一次時習館改革のブレーンであった下津休也の奉行職罷免と横井小楠の江戸遊学を決定した。小楠が江戸遊学に出立した三月、長岡監物は文武芸倡方役を解任され、「桐の間」詰の閑職となった。しかし藩家老職は継続した。この第一次時習館改革は頓挫したが、その後も監物は、藩主斉護にいろいろと進言をし続けた。

### 第二次時習館改革

天保十四（一八四三）年二月、藩主斉護は、個人的に長岡監物を再び文武芸倡方役に推挙し、翌十五（弘化元）年七月には第二次時習館改革の実施を命じた。監物は、この第二次時習館改革のブレーンとして、監物宅での会読に参加した実学連を中心に固めた。監物は、小楠らの協力を得て、かなり強硬な実学奨励策をとった。当然ながら、時習館の改革推進の実学連と改革阻止の学校派の対立は一層深まった。

学校派は、第二次時習館改革の阻止のため、監物の思想には、米田家儒笠隼太による崎門学派の影響が濃厚であること、また藩庁探索方から要注意人物と目された横井小楠の存在も殊更に強調した。さらに監物自身が、水戸藩主徳川斉昭や藤田東湖・会沢安らの「後期水戸学」に限りなく傾倒・心酔し、しかも時習館の場に持ち込もうとしていると批判、形勢挽回の有効な切り札とした。このように第二次時習館改革では、学校派は第一次時習館改革時の退寮という消極的な手段とは違って、真っ向から反実学連的な積極的対抗行動をとった。

藩主斉護としては、郷党の対立や学校派・実学連両派の対立解消のための第二次時習館改革奨励のはずであったが、思わぬ展開に、監物らの主唱する実学を、藩主斉護自らが「末学」呼ばわりするなど、痛烈に実学連を批判した。しかし、藩主斉護の「学政二タ筋ニ不相成様」との願望とは裏腹に、やがて長岡監物と松井式部の両藩家老を巻き込んだ実学連対学校派の政争的な構図が出来上がっていた。

ついに藩主斉護は、弘化三（一八四六）年十一月に、長岡監物の文武芸倡方役を解任、翌四年三月、監物の家老職辞退願も受理した。監物は再び桐の間詰のまったくの閑職となり、第二次時習館改革も頓挫に終わった。

### 実学連の到達点

長岡監物は、第一次時習館改革頓挫後も、自宅での会読を開催していた。天保十四（一八四三）年三月頃の会読には、元田永孚・荻昌国・下津休也、それに江戸遊学から帰藩した横井小楠も参加していた。そこでは、小楠は歴史学、監物は経学を講じていた。この監物主催の会読こそが実学連の母体であり、小楠の実学思想の形成基盤となった。

### 小楠の実学の基盤

長岡監物主催の会読では、「四書」や『近思録』『朱子家訓』『大学』『通鑑綱目』の他に、大塚退野や森省斎などの『語録』、退野の高弟平野深淵の『程易夜話』『程易雑話』などを使用した。

文化八（一八一一）年七月、すでに大塚退野の『孚斎存稿』は存在していたが、おそらくその存在を知らず、天保・嘉永の頃に、監物は、横井小楠・荻昌国・元田永孚・下津休也らと一緒に『孚斎存稿』を編集し、実学連のテキストとした。この編集経過の中で、監物・小楠らは、時習館開校時に、秋山玉山の徂徠学に対抗・敗退し下野した大塚退野や門弟平野深淵の程朱学（朱子学）を「肥後実学」として浮上させた。

最初に大塚退野や平野深淵の肥後実学の思想を発掘し到達したのは監物であったと思われる。小楠の経学（儒学）は、教養程度よりもやや高いくらいだったのかもしれない。その小楠に初めて実学の大事さを教えたのは監物であった。そのうちに、小楠は実学にはまり込んで行った。

**細川重賢**（1721-1785）

しかし、やがて実学連の中では、実学の内容、特に「孝悌」と「堯舜之道」に関して差異が生じ始めた。例えば、監物の実学は、しっかりと「孝悌」と「忠信」を基盤としていた。監物は、孟子の「堯舜之道孝悌而已」を、文字通り、「堯舜之道」と「孝悌」を等式関係で理解していたので、「堯舜之道」が「孝悌」から独り立ちして歩み出すなど考えてもみなかったであろう。そこに長岡監物の実学観の限界があった。

ところが、小楠の場合は、監物と同根の実学から出発しながらも、「堯舜之道」と「孝悌」を切り離すことができた。これが横井小楠の新しい実学（「小楠実学」）の基盤となった。

小楠は、監物らが第二次時習館改革に頓挫した翌年の弘化四（一八四六）年三月から、生活のために私塾「小楠堂」を開塾して、徳富一敬とか矢島直方（源助）など、いわゆる惣庄屋クラスを門弟に取った。この小楠実学は、時習館を離れた私塾「小楠堂」の教育の中で、本格的に醸成され、さらに新たな展開と進展をみせることとなった。

### 小楠の肥後実学・朝鮮実学への接近

横井小楠は、時習館時代には歴史学と文章学、江戸遊学頃には詩文と経済学を重視していた。その小楠は、初め陽明学に傾倒し、直にその偏重を看破して、純正ナル聖人ノ道と信じた程朱学に学意を「変易」している。

小楠は、天保十四（一八四三）年頃、長岡監物の会読に参加していたので、当然実学連と目されていたが、小楠の実学理解は必ずしも十分ではなかった。前述のように、実学に誘掖したのは、経学（儒学）での師匠格長岡監物であった。

同時代人の長岡是豪（雲海、監物の子）は、小楠について、「横井は長岡監物の仕立てゞ」「何学と云ふことは聞いた事はない。中々物の道理を活発に説く」などと証言している。即ち横井小楠は、会読での監物の経学の誘掖を通して、初めて実学に開眼し、次第に自らの「実学」を深化させていったのである。

その小楠は、嘉永四（一八五一）年十月の福井藩儒吉田悌蔵（東皐）宛の小楠書翰で、「拙藩中真儒と称するは、（大塚）退野・（平野）深淵両人に御座候」と敬慕・私淑を公言し、一層肥後実学に傾倒していった。そのことは、『小楠堂詩草』の漢詩からも十分伺い知ることができる。また小楠が、大塚退野の『退野先生語録』から、やがてその高弟平野深淵の「程易二話」（『程易夜話』・『程易雑話』）の思想に傾倒していくが、その過程で、「朝鮮実学」の李退渓の『自省録』などの書を盛んに読んでいる。

小楠は、嘉永二（一八四九）年八月の久留米藩儒本庄一郎宛の書翰「奉問條々」で、山崎闇斎の「點本」を高く評価し、中国・朝鮮儒学史および日本と肥後藩の朱子学史を、一つ一つ考察・批判している。その徹底した論述に、本庄一郎は「譴適」（批判が厳しすぎる）と意見した程であった。

この小楠の和漢の儒学への総括的批判は、監物の影響もあって崎門学派的であったが、同時に小楠自身の肥後実学への接近を正当化するものであった。その視点は、今日の儒学や朱子学研究からも、十分評価できると思われる。

## 平野深淵の「人君論」への共感

小楠は、長岡監物による経学の誘掖を通して、大塚退野の「肥後実学」と出会い、本格的に程朱学（朱子学）に傾倒していった。前述した「孝悌」と「堯舜の道」の等式の呪縛関係を解き放ち、「堯舜の道」を最重要な徳目として位置づけた。

小楠は、この「堯舜の道」の視点を以って、直接『易経』を読み、平野深淵著の『程易夜話』・『程易雑話』も読んだ。特に小楠は、『程易夜話』の中に「人君は堯舜をして法則とすべし」「人君は聖学をなし、道理を明らかにすべし」「人君の仁愛は民を養ふ」「堯舜の下民に善をするは、無窮に仁政なり」など、「孝悌」に代わる「堯舜の道」「人君」との間に等式関係を見出した。

さらに小楠は、平野深淵の同著の中で、易伝の道理からすれば、「今の世、堯舜の代に同しき道理にて、此君ハ則堯舜の君にておわしまし」、「今の世を堯舜の世と観、此君を堯舜の君と観する」

云々に着目した。小楠は、今も昔も変らないのであれば、江戸後半期、特に幕末期に於ける「人君」の中に「尭舜の君」を具体的に探し出そうと試み始めた。

**徳川斉昭＝「尭舜の君」**

嘉永四（一八五一）年前後の小楠書翰では、小楠は水戸藩主徳川斉昭の事績を綴った藤田東湖著の『常陸帯』を熱心に求め、嘉永四年十月には、福井藩士岡田準介らの協力でやっと入手している。その熱望は、水戸藩主徳川斉昭の意欲的な藩政改革の取り組みや、斉昭の言う「水戸実学」の実態とその政治的手腕に、理想的な藩主像を見出し、また単なる優れた水戸藩主というだけではなく、当時の日本の内憂外患の窮状を解決してくれる救世主的存在であった。

考えてみれば、嘉永四年十月の小楠書翰に、平野深淵の『程易夜話』や藤田東湖著の『常陸帯』が登場するのは、単なる偶然ではなかった。そこには、小楠だけでなく監物も、徳川斉昭と今の世の「尭舜の君」を重ね合わせて同一視し、ますます徳川斉昭を「尭舜の君」として、一層私淑・敬慕・傾倒・心酔の念を募らせていた背景があった。

この段階までの監物と小楠は、時習館時代以来の実学という共通項のもとで、「布衣の交り」は続き、不協和音は少しもなかった。

## 監物と小楠の実学観の相違と訣別

しかし周知の通り、小楠と監物の間に対立が生じ、やがて表面化し訣別にまで発展してしまうことになる。その理由として、①「新民」と「明明徳」論争、②「後期水戸学」への接近と乖離、③攘夷論と開国論の相違、④性格相違説などの諸説がある。

①「新民」と「明明徳」論争説は、『大学章句』の三綱領（明明徳・新民・止至善）での「明明徳」と「新民」の解釈の相違での学問的対立を原因とする説である。最近、監物の家従久野正頼と小楠の門弟矢島源助の間での「明明徳」と「新民」の見解の相異による対立に端を発し、やがて監物と小楠の対立に発展、訣別に至るとの説も出されている。また小楠の長岡監物の家儒笠隼太（夕山）とその子への批判が発端とする説もある。

しかし村田氏寿著『関西巡回記』の安政四（一八五七）年五月の記事には、「横井氏、近来長岡監物と異論起り、此節殆義絶同様の勢に相成、夫れ故沼山津へ引込候、他の同藩士の風波には無之、実は長岡氏と異論よりの事に有之候」と記されている。

③攘夷論と開国論の相違説では、小楠が安政二年五月に沼山津の四時軒に移居し、魏源編著『海国図志』を読み、従来の尊

攘論から一八〇度転換して開国論を主唱し始めたとされている。この点については後で拙論を述べてみたい。
④性格相違説では、元田永孚著『還暦之記』などによれば、小楠の長所は「識見の快活、士気の軒昂」、短所は「克己の学に力をもちひざる」ために、他人との対立が多かった。それに対して、監物の長所は「克己の学に力をもちひ」「よく道を守り行ひ常あり」で、短所は「経綸にとぼしく」「常理に硬定して機活をうしなふ（基本に忠実すぎて好機を活かせない）」ことであった。もちろん、両者の性格の相違も訣別に影響したかもしれないが、一番の理由は、②後期水戸学への接近と乖離ではないかと考えられる。

徳川斉昭（1800–1860）

## 徳川斉昭の「ぶらかし策」評価の違い

小楠と監物の「明明徳」や「新民」の解釈の相異は、間接的な原因であっても、決定的な亀裂の理由ではなかった。直接の原因は、つぎに紹介するような両者の水戸藩主徳川斉昭の「ぶらかし（ことなかれ主義）策」への評価の差異による意見の対立であったと考えられる。その亀裂は、次第に表面化して修復できない決定的な訣別の段階にまで至った。

小楠も監物も、水戸藩主徳川斉昭は、ペリー来航に対して、従来の主張通りの強硬的な攘夷政策で対処するものと、大いに期待していただけに、斉昭の「ぶらかし策」には非常に驚きかつ失望している。しかし両者のこの「ぶらかし策」の是非をめぐる徳川斉昭に対する評価は大きく違っていた。

小楠は、ペリー再来航後の和議が、斉昭の方針として、安政元（一八五四）年の春にはすでに決定され、しかもその主張が「ぶらかし策」であることを知って、非常に残念がり、斉昭にも「後期水戸学」にも失望した。

しかし、長岡監物は、斉昭の「ぶらかし策」について、「暫く交易を許さるゝの尊慮之由」と弁護し、また斉昭に限ってあり得ないことと、疑問を持ちながらも、斉昭の態度が「深遠の慮」や「英断」によるものと善意に解釈していた。

その監物は、家従久野正頼著の『千日《ちか》かゞみ』の嘉永六年十一月十八日の項で、一般論的な言い方で、「江戸ニ水戸の老公（徳川斉昭）出給ひぬれど、今以替る事もなく、何一ツ御手を出し給ハねバ、最早世上ニ而ハ、水戸様も已前と変り給ひ、世に出給ひてハ、矢張世並ニ振廻給ふなるらん。此御方様も頼ミなしなどと、一統或ハ疑ひ、或はうらみ立ち、中ニハ藤田などに向ひ、様々と問詰る人もあれども、藤田列も空不知体して、兎斯返答もせぬ故、世上愈疑迷ふよし。是識見なき人の心也」と、斉昭批判者に対して、温良な人柄の監物からはおよそ想像できないほど、かなり強い語気の言葉で反論している。

さらに監物は、斉昭批判者に対して、「水戸公何故ニ志を変し給ハんや。世上の習ひ、聖人たりとも、おもふ侭ニならぬぞ。一人の水戸公出給ふとも、数多の奸佞、猶在うちは、事を急キ給ぬも又道理なるべし。老公何をか猶予し給ふべき。かくて在すにも必故あるべし。斯思こそ心あるものの心なり」と、これ弁護に努めている。

この背景には、小楠とは逆に、監物の「後期水戸学」への限りなき傾倒、特に水戸藩主斉昭への敬慕があり、これらの発言には、徳川斉昭のペリー来航以降の「ぶらかし策」への小楠との評価の違いをはっきり意思表示したものと考えられる。

前述したように、小楠は斉昭の「ぶらかし策」に失望し、監物はそれを斉昭の「深遠の處」や「英断」として期待した。両者の間では、この段階で、斉昭の「ぶらかし策」の是非への評価を越えて、斉昭自身の個人的な評価に進んでいたと思われる。

監物は、両者間に明確な差異が生じ始めたことをはっきりと意識して、斉昭の「ぶらかし策」やその行為を弁護し、さらに斉昭への批判者に対し、名指ししないものの、「布衣の交り」の関係にあった小楠に対しても、「識見なき人の心」とまで極言するほど憤慨していた。

以上のような経緯の中で、小楠と監物の思想的な乖離は始まり、かつ拡大していき、嘉永六年十一月以降には、両者の思想的対立は本格的となり、二年後の安政二年の訣別まで発展してしまった。十二月十一日には、監物は、肥後藩の相州警備の総帥として出府したが、それ以降も、より一層「後期水戸学」の徳川斉昭や藤田東湖などに接近していった。

### 監物と小楠の「対外論」の違い

監物と小楠の「実学」観の相違は、両者の「対外論」においても見出すことができる。ここでは前掲の③攘夷論と開国論の相違について、「対外論」の類似性と相異性を見ておきたい。

嘉永六（一八五三）年七月に、長崎にロシア使節プチャーチンが来航したが、横井小楠は、その応対のために、十月頃来崎した幕吏川路聖謨に『夷虜応接大意』を提出した。

その内容を検討してみると、小楠は外国に対して蔑視的な用語は使用しているが、異民族蔑視観は見当たらない。また日本は「天地の心を躰し、仁義を重んずる」「君子国」であるとし、アメリカやロシアの応接に対しても、「天地仁義の大道を貫くの條理」で臨み、「有道の国は通信を許し、無道の国は拒絶」する有名な「有道無道論」を展開している。その上で、「有道無道を分たず、一切拒絶するは、天地公共の実理に暗して、遂に信義を萬国に失ふに至るもの必然の理也」と主張、さらに「国是の大本として一切鎖国するの道にはあらざる事」を対外的に明示すべきだと主張している。

一方、長岡監物は、安政元（一八五四）年一月初旬頃に「異賊来泊に付、信義を説給ふ事」を認めている。小楠の『夷虜応接大意』の著述から半年程しか経っていない。監物が読んだ上で、この「異賊来泊に付、信義を説給ふ事」を認めたかどうかは定かでない。

しかしもしそうだとすれば、監物の対外論は、完全に小楠を意識した意図的な論述であり、両者の対外論の差異は一層明白になる。またそうでなかったとしたら、監物の対外論は、外国人の利益至上主義に対する異民族蔑視観の上で、自らの信義論を展開したことになる。

小楠の『夷虜応接大意』と監物の「異賊来泊に付、信義を説給ふ事」は、いずれも「信義論」がベースにあり、その上に小楠の「仁義君子国」論や監物の「信義国家」論が展開され、あたかも両者の主張には同一性や類似性があるように思われる。

しかし監物の方は、相手が「信義国家」であれば「交易止むなし」とするものの、しっかりと「交易拒絶」（鎖国）の可能性を主張している。また国家意識には攘夷的な思考が濃厚である。

それに対して、小楠の「有道無道論」は、「有道」か「無道」の二者択一的であり、「交易拒絶」即ち鎖国の続行という第三の選択肢は存在していない。即ち小楠の「仁義君子国」論には、鎖国という選択肢が見当たらないのである。また対外意識には、「日本国」という国家概念とともに、対外的な対等意識が強く感じられる。

つぎに小楠と監物の同じに思える「仁義」や「信義」の主張に関して、普遍性の有無をキー・ワードに検討しておきたい。監物の「信義」論は、普遍性というよりも「信義」という強い信念に基いている。しかし小楠の場合、「仁義」・「信義」や「有道」に関しては、日本一国に限定していないばかりか、全世界に共通する普遍性とし、国際的な相互関係や理解の基本に位置付けている。

しかも小楠の『夷虜応接大意』には、全体に「天地の心」「天地仁義の大道」「天地公共の実理」「天地自然の道理」「天地の大義」「天下の人心」「天地有生の仁心」などの言葉が散見される。おそらく小楠のこの視点が、慶応二（一八六六）年に、『万国公法』に着目する思想的背景になったと推測するのに十分である。

これまで小楠が「開国論」に転じたのは、安政二（一八五五）年の『海国図志』読了後とされてきたが、その萌芽はすでに嘉永六（一八五三）年に著した『夷虜応接大意』の中にあった。それは、また監物の斉昭の「ぶらかし策」擁護とともに、小楠の監物との思想的乖離の明確な動機であり得た。同時に小楠にとっては、新たな「小楠実学」の展開と転回の重要な契機となった。

## おわりに

この拙論の目的は、横井小楠と長岡監物の関係を論じ、この両者の関係のもとで、初めて「小楠実学」が日の目を見るようになる経緯の一端を明らかにすることにあった。

「はじめに」で記したように、これまで小楠と監物の関係は、あたかも小楠が監物の師匠格のように論じられてきたが、小楠の実学への開眼に関しては、その逆で、監物が師匠格であった。その後も、両者は師弟関係ではなく、あくまでも「布衣の交り」の同志関係にあった。

その小楠と監物が訣別することになるが、その理由については、諸氏の先行研究のように、いろいろな理由が考えられる。しかし、拙論では、『千日かゞみ』によって、両者の徳川斉昭の「ぶらかし策」の評価の違いそのものが、直接の原因ではなかったかと論じた。また両者の対外論の相異も無視できないと思い補足しておいた。

今後の横井小楠研究では、小楠は周辺に多大な思想的影響を与えたという視点からばかりでなく、小楠自身も多大な学問的影響を受けていたという視点からの研究が必要ではないか。それは、また一つの研究分野と成り得ると考え、その試論として、具体的に長岡監物という人物に焦点を当ててみた。

### 参考文献


山崎正董編『横井小楠』伝記編・遺稿編（大和学芸図書、一九七七年）。

山崎正董「長岡監物伝（遺稿）」一〜三六（『日本談義』一四六号〜二〇二号、一九六三年一月〜一九六七年九月）。

元田永孚『還暦之記』（元田竹彦・海後宗臣編『元田永孚文書』第一巻所収、元田文書研究会、一九六九年）。

長岡護孝編『長岡雲海公傳』第一巻（民友社、一九一四年）。

『肥後　中村恕斎日録』第一巻（熊本出版文化会館、二〇〇二年）。

平野深淵『程易夜話雑話』一冊（熊本大学附属図書館蔵「永青文庫」、一七四八年）。

久野正頼『千日かが美』上・中・下巻（熊本県立図書館蔵「上妻文庫」、一九六四年筆写）。

村田氏寿『関西巡回記』（三秀舎、一九四〇年）。

堤克彦『横井小楠』（西日本人物誌⑪、一九九九年）。

堤克彦『「公」の思想家・横井小楠』（熊本出版文化会館、二〇〇九年）。

堤克彦『横井小楠の実学思想――基盤・形成・転回の軌跡』（ぺりかん社、二〇〇九年十二月刊行予定）など。

私欲の克服と朋友との切磋琢磨を説く

# 小楠の『論語』講義

【朋友と学問】

田尻祐一郎

Tajiri Yuichiro

たじり・ゆういちろう　一九五四年茨城県生。東北大学大学院文学研究科博士課程単位取得退学。東海大学教授。近世日本思想史。『山崎闇斎の世界』（ぺりかん社・成均館大学校出版部）『荻生徂徠』（明徳出版社）等。

横井小楠は、天保十四（一八四三）年、三十五歳の時に私塾を開いて、徳富一敬（蘇峰の父）らの門人に講学を始めたとされる。塾舎を改築して小楠堂と名付けたのがその四年後で、安政五（一八五八）年、五十歳で福井藩に招聘されるまで門人への講義を続けた。その間、嘉永五（一八五二）年に「学校問答書」が書かれ、翌年には「夷虜応接大意」が著された。この時期に小楠が行った講義の様子は、全体としては明らかにしえないのであるが、幸いにも「淇水《きすい》老人手沢」と記された講義録が残されていて、その一端を窺うことができる。淇水は一敬の号で、この講義録は、父の遺愛の品として大切にこれを保存してきた徳富蘇峰の、父への思いのこもったものでもあった。この講義録は『大学』と『論語』を中心としたもので、他にごく部分的に『近思録』その他を含んでいる。

そもそもこの講義録は不完全なもので、脱落や順番の乱れがあり、明らかな誤記、初歩的な表記の誤りなども見られる。『論語』についてみても、学而篇から述而篇まで、つまり『論語』の始めの三分の一くらいまでは章ごとに講義が記録されているが（そこにも多少の遺漏はある）、そこから、陽貨篇・微子篇・子張篇という『論語』の終りの方の篇に飛んでしまって、欠けている章も多くなる。講義自体は篇を追って章ごとのものだったと思われるが、整理・保管の過程で、おそらく不完全なものになってしまったのであろう。各章についての講義も、ごく短い解説・解釈、注意点などが記されているだけで、立ち入った議論が展開されることはない。わずか数句のコメントで済まされる章も多い。しかしこの時期の小楠の講義の記録としては貴重な史料であって、その価値は大きい。今回は、これを素材として小楠の『論語』講義を検討して、その思想的な特色を指摘してみたい。

『論語』の講義は、嘉永三（一八五〇）年九月から始まった。朱子の『論語集註』に立脚した講義であり、何度か『朱子語類』の当該章に触れることがある。門人たちには、事前に当該章の『論語集註』の予習が課せられていたものと思われる。江戸期の『論語』解釈史は、伊藤仁斎『論語古義』と荻生徂徠『論語徴』によって大きな転換がなされ、とくに『論語徴』の衝撃は決定的なものであった(1)。しかし小楠の『論語』講義には、そうした影はまったく見られない。

## 「私心利害ヲ克チ去ル」

『論語』冒頭の学而篇に入るに先立ち、朱子は『論語集註』で「此為ニ書之首篇一、故所レ記多務レ本之意、乃入レ道之門、積レ徳之基、学者之先務也」と説いた。これを受けて小楠は、

此処、今我ノ知識ヲ広メ、義利ノ弁別致サズテハナラヌ者也、義ナラバ如何様ニ我身ノ細末秋毛ニ成ル共、弥《いよいよ》心ニ甘ンジ安着致シ、又利ナラバ如何様ノ富貴ヲ得只今王公大人ニ成ル共、如レ悪ニ悪臭一、実ニ我ガ心ニ安カラズ忌ミキラヒ、左様ニ志ヲ立テ教諭ヲ受テコソ実ニ徳ヲ積ノ基本トモ成ル者デ、先務也ト註ニモ見エテ有ル

と述べる。「秋毛」は微細。「如レ悪ニ悪臭一」は『大学』の言葉で、倫理と生理が一致しての忌避をいう。ここで小楠は学問の根本を「義利ノ弁別」に置いて、富貴や栄誉に心が引かれてはならないことを門人に諭している。学問とは、「利」によって動かされることのない自己の確立だというのである。小楠は、さらに「一切ニ私心利害ヲ克チ去ル」ことが大切だとして、熊本の先儒である藪慎菴の七言絶句「読ニ大学一」から「一身投没断ニ世路一、始是聖門志学人」という詩句を引いて(2)、「今利害ヲ克チ去リ丸ハダカニ成レバ、道ニ入ルノ処ニテ、……徳ヲ積ムノ基本ト成ル者ゾ」と敷衍している。自分一身の世俗的な欲望を捨てて「道」のために生きよ——こういう感覚は、『論語』本文の解釈にも生かされている。

「子曰、富与レ貴、是人之所レ欲也、不レ以ニ其道一得レ之、不レ処也、……」（里仁篇）は、必ずしも富貴を斥けるものではない。しかし小楠は、

学者先ツ荒ハマリニ憤然ト立テ込ミ、富貴貧賤一切土（度）外ニ捨置キ、只天下ニ道ノミ重ク任ズ可キコト也、実ニ一身投没ノ処置也

というように、世俗的な価値や評価に心を奪われてはならないと解釈するのである。

## 文天祥・顔真卿・謝枋得

小楠は「私心利害ヲ克チ去ル」べきことを強調したが、そこで具体的な理想像としてイメージされていたのは、文天祥・顔真卿・謝枋得といった歴史上の人物であったようである。[3]「事レ君能致ニ其身一」（学而篇）という『論語』本文の一句について、

事君ハ我身ヲ我身ト致サズ、如何様身ヲ細末ニ割マル、迚《とて》モ少モ君ヲ怨ミ奉ルコト秋毛モ無ク、文天祥・顔真卿ノ身上考ヘ可レ見

と説くし、「三十而立」（為政篇）について

此立ハ、前段志ノ習熟致シタルコトニシテ如何様ノ大風破（波）ニ逢ヒ身ハ細粉ニ成ル共、利害ニテモ外ヨリ動カズニ決シテ義理ヨリ外ニ動カヌ者ゾ、故ニ文天祥・顔真卿ノ処置ヲ深ク可レ考

とも言う。また「仁者安レ仁、知者利レ仁」（里仁篇）では、『論語』本文には見えない「義理」の語を用いて、

利仁ノ処、学者今日必死ト志ヲ立、如何様ノ風波歎（艱）難ヲ受、貧賤困苦ト雖、是非義理ヲ見テ、是義ニ従フコトハ約楽共ニ古人ニ決シテ譲ヌト克己存養可レ致コトゾ

と述べて、さらに謝枋得の詩句「雪中松柏愈青青」を引いて、「此詩、学者平常ノ修行古人譲ラズ、貪仁ノ勉強致、遂ニ天下独立可レ致コトトゾ」としている。

文天祥・顔真卿・謝枋得は、いずれも節義・忠義の士として浅見絅斎の『靖献遺言』が顕彰した人物である。文天祥は宋の人で、元に対抗して宋に殉じて「正気歌」を残した。顔真卿は唐の人で、安禄山の反乱に対して唐の王朝を守った。謝枋得は元に対して義兵を興し、捕えられて絶食して死んだ。文天祥に倣って、藤田東湖が「天地正大気、粋然鍾ニ神州一」で始まる「正気歌」を作ったこともあって、『靖献遺言』は多くの読者に恵まれたが、小楠もまたこれに鼓舞された一人だったのであろう。

小楠は、「子曰、天生ニ徳於予一、桓魋其如ニ予何一」（述而篇）

について

　此章、聖賢国家ノ為《ため》死スルハ有リ、可レ考

と短くコメントしている。孔子が「天」を信頼して、「天」から使命を付託された自分の生命が、権力至上の野心家などに奪われるはずがないと力強く述べた本文に対して、このコメントは論点を外してしまっているようにも思われるが、小楠としては敢えてこう言わずにはいられなかったのであろう。それは、「私心利害ヲ克チ去ル」ことの極限が、「義理」に殉じることに、場合によれば国家のために一命をなげうつことにあるという理解が小楠の中にあったからである。

## 「講習討論」

「子曰、唯仁者能好レ人、能悪レ人」（里仁篇）を朱子は、仁者には「私心」がないから、好悪も理にかなって適正だと解釈した。小楠はそれを受けて、

　仁者ハ媚諂ヲ悪ミ、公然タル義（議）論講習甘ン好ム也

とする。用語としては「講習討論」の語が好まれ、何カ所かに見える。例えば「黙而識レ之」（述而篇）について、

　識ハ、……講習討論ノ道理ト心ト一枚ニ成ルコトニテ、日新ノ功ヲ実ニ得バ識量広マル

と述べられ、また「慎二於言一」（学而篇）で、

　今、講習討論ノ上カ、志ノ上ナラハ、如何様ニ聖賢ノコト言論舜何人ゾ我何人ゾト志ノ怠惰ニ鞭打コトハ、差合ナク口外致ス可キコトゾ

とされる。「日新」は『大学』の句で、学問が日々に前進すること。「舜何人ゾ我何人ゾ」は『孟子』の言葉で、学問は聖人を目指すべき志が大切だということ。小楠はここで、「講習討論」で互いの志を語るときには、必ずしも「慎二於言一」ではなく、心のたけを存分に述べよとするのである。

　これは学問論として、朋友との交わりの意義を強く押し出そうという論点に繋がっていく。「与二朋友一交、言而有レ信」（学而篇）で、朱子の『論語集註』はとくに朋友に触れないが、小楠は

　朋友無ケレバ、学問致テモ天ヨリ受ケ得タル明徳ヲ明ラカニ致スコトハ決シテ出来ヌ者ゾ

と力説して、『大学』の「明二明徳一」が、朋友との「講習討論」、つまり切磋琢磨によって果たされるものだと論じている。ここからは、広く学問の発展にとっても公然の議論が不可欠だという考え方さえ見て取れるのではないかと思われる。

小楠の『論語』講義からは、若い門人に対する「自家食色欲ノ謹ミ」の教えなど、この他にも幾つかの興味深い問題を拾うことが出来るが、それらは別の機会に論じることにしたい。不完全な講義録ではあるが、そこには、細かな字句の詮索などまったく意に介さず、ただ勘所をしっかり理解させようとする小楠の口吻と、師の言葉を聞き漏らすまいとする門人の情熱とが二つながらに伝わってくる不思議な魅力がある。

注

（1）拙稿「江戸の思想史と『論語』」（黄俊傑・辻本雅史編『東アジアの経典解釈』ぺりかん社・近刊）。

（2）『慎菴遺稿』（宝暦十年刊）によれば、「一身投没断生路」が正しい。

（3）日本史上の人物としては「元亀天正ノ英雄」（信長や秀吉であろう）に言及して、彼らがいかに「国家ノ名分」を犯して下剋上をほしいままにした反道徳的な人物であったかが指弾されている。

小楠理解のための重要資料

# 小楠の漢詩

## 【折々の「心の声」】

野口宗親

Noguchi Munechika

のぐち・むねちか　一九四四年鳥取県生。一九七三年東北大学大学院博士課程単位取得退学。熊本大学准教授。中国文学・語学。主著に『中国語擬音語辞典』（東方書店）「横井小楠の『沼山閑居雑詩』について」（『熊本大学教育学部紀要』）等。

### 横井小楠の詩の特色

「小楠先生は詩人でない、されど先生を知らんと欲せば、其詩を読むに如《し》くはなし。先生の詩は、実に先生の心の声である、先生の最も深き胸臆《きょうおく》の底にある、琴線より発する音楽である」。これは徳富蘇峰が横井小楠の漢詩の手稿本『小楠堂詩草』を影印出版した際、跋文において述べた言葉である。山崎正董も小楠の詩は「学者の詩である」と述べている。[1] 確かに小楠は政治家・思想家（儒学者）であって、詩人ではなかった。

もちろん小楠も若い頃は熱心に詩作の勉強に励んでいる。時習館居寮長時代（天保九年（一八三八））に書かれた随筆漫録『戊戌《ぼじゅつ》雑志』を見ると、格調説を唱えた清の沈徳潜の詩の理論書『説詩《せっし》晬語《さいご》』から律詩の構成・韻律を説いた項目を抜書きしたり、許魯斎・戚継光らの気に入った詩を抜書きしたりしている。江戸遊学中に記した『遊学雑志』を見ると海鴎吟社に参加しているし、また詩友たちと詩会を開いて互いに批評しあったりしているのは、「課題」と題注する詩があることからでもわかる。元田永孚文書（国立国会図書館憲政資料室蔵）には『小楠先生批評東野詩稿（小楠先生題詩）』と題する詩集があって、小楠が元田永孚の詩に懇切丁寧に批評を加えている。

そして中国の詩人では、初期の詩集『東游小稿』に神韻説を唱えた清の王士禛（王漁洋）の影響がみられる詩が数首あり、「雲」「烟」が盛んに使われるのは、彼の影響が指摘できるであろう。(2) また陶淵明や杜甫の詩が好きで、杜甫の「春望」を写して「吾常にこの詩を愛し、平生閑吟するごとに涙落ち声を呑む。真に絶調なり」と後書きした書が残っており（熊本県立美術館所蔵）、「性気有るは唯《た》だ陶靖節、国家を憂うは独り杜襄陽」（「村居偶作」）、「釣竿肯《あ》えて太公の隠に擬し、情性聊《いささ》か老杜の詩に同じ」（「和田茶陽韻五首」）、「吾愛す陶靖節、貧賤憂う所に非ず」（「感懐十首」）など と両詩人に対する憧憬を詠む。

しかしながら、特定の詩人の模倣や技巧的な詩は、小楠の目指すところでなかった。彼自身「書に云う詩は以て志を言うと」（「感懐十首」の序。『書経』舜典の言葉）、「要は皆平生の意を写して錬琢を為すに及ばず」（「沼山閑居雑詩」の小引）と、詩の根本は「志」や「意」を述べ伝えることだと主張し、「蓋し詩は聖凡賢愚の別無し。性情の已《や》む可からざるに発すればこれ真詩為《た》り」（元田東野「贈梁川星巌書」批評）と聖凡賢愚に拘わらず、自然に心から発せられた詩を真の詩としている。(3) それは文字章句の細かい解釈に浮き身をついやす時習館の学風に反旗をひるがえし、「立志」を重んじた小楠としては当然の方向であろう。(4)

山崎正董は「要するに小楠は自己の精神を告白し自己の本領を吐露せんが為に詩を作ったので、彼の詩は真に心の声だから苟くも小楠を知らんとするものは之を看過してはならぬ」（『伝記篇』一〇七四頁）と述べ、徳富蘇峰も「中年以後の先生の詩は、縦横自在、唯だ意の趨くところ、情の発するところに従って成りたるものであろう。然も先生の本領を知らんと欲すれば、これに如くものは無い。而して其詩も亦た超然高挙、これを古人に求むれば、邵康節の『伊川撃壌集』を聯想せしむるものが有る」（『遺稿篇』陳言）と述べる。

ここに小楠の詩の不思議な魅力がある。彼の詩の特徴は、その性格と同じく「明快」「暢達」（『伝記篇』一〇七五頁）であり、平易な表現や彼自身の言葉を通して、その時々の感情や思想がストレートに伝わってくる。中国の古典詩を読んできた筆者はこういう詩もあるのかと、新鮮な驚きと魅力を覚えたものである。

小楠は青壮年以降、漢詩はあまり作らなかったが、漢詩は死の前年まで折に触れて詠んでいる。また、いかにそれらの詩を大切にしていたかは、晩年になっても詩を整理し、以前作った詩の改作を試みていることでもわかる。山崎正董・徳富蘇峰が言うように詩は彼の「心の声」であり、小楠を理解するのに漢詩は重要な資料である。したがって、彼の詩は平易なようだが、たんに解釈し、技巧を鑑賞するだけではさして意味がなく、詠まれた動機や心境、背景（時期、人間関係、思想・政治状況）を考察し、読み解く必要があろう。

## 詩集『東游小稿』・『小楠堂詩草』、その他の詩

小楠の詩で残っているのは、およそ二百五十首程度。天保六（一八三五）年頃二十七歳から、暗殺の前年明治元年（一八六八）六十歳までの詩が存し、『東游小稿』と『小楠堂詩草』の二つの詩集がある。

### 『東游小稿』

『東游小稿』（『遺稿篇』八五四―七〇頁）は小楠が三十一歳の時、すなわち天保十年（一八三九）三月、藩命を受けて初めて江戸に遊学し、翌年に酒の上での失敗により帰国させられるまでに作った詩八十三首（六十題）を収録する。[5] 内訳は熊本から江戸まで（東海道経由）の道中の作、滞府中の作、江戸から熊本まで（甲州街道・中山道経由）の道中の作である。制作時期の順に並んでいる。往復の道中の作は「大坂雑題」「桑名舟中」「踰函関」「甲府雑題」「木曾道中作」「関原」「謁北野管廟」など風景や風俗或いは名所旧跡などを訪ね、旅情や感慨を詠んだ詩が多い。滞府中の作には「安土公」「北条氏康」など八人の近古の諸将を詠んだ詩、水戸の藤田東湖、旗本の長野静淑らとやりとりした詩、「読北畠公正統記」などがあって、当時の小楠の歴史観や君臣観をうかがうことができる。

『東游小稿』冒頭の詩、江戸遊学に出立する時の作は次のようである。

發熊府（熊府《ゆうふ》を発《た》つ）

脱將十歳撿繩身　十歳の撿繩《けんじょう》の身より脱し将《え》て、
一笑飄然東海雲　一笑飄然たり 東海の雲。
白水灘聲侵耳冷　白水の灘声は耳を侵《おか》して冷やかに、
龍山花氣撲衣薰　竜山の花気は衣を撲《う》ちて薫る。
觀風聊抱呉兒志　観風 聊《いささ》か呉児《ごじ》の志を抱き、
講學何求商也文　講学 何ぞ商也《しょうや》の文を求めんや。
目送飛鷹搏萬里　目送す 飛鷹 万里に搏《はばた》かんと、
拂披雙翼已離群　双翼を払披《うちひろげ》て 已《すで》に群れを離るるを。

○呉児―季札。春秋時代の呉の公子。諸国を廻り広く賢者と交わった。
○商也―子夏。孔子の弟子。文学に長じた。

長い時習館での生活から開放され、にっこり笑って江戸を目指して旅立つ。心地よい白川《しらかわ》の早瀬の音や立田山《たつたやま》の花の薫り。観風は季札の志を抱き、講学は子夏の文学を求めぬ。見上げると鷹（小楠）が群れを離れ万里にはばたいていく。

小楠の江戸遊学が命じられたのは、長岡堅物らと取り組んだ時習館改革の失敗による体のいい居寮長はずしの面もあるとされるが、小楠はあくまでも前向きである。今回の遊学の目的が文学（空疎な机上の学問）などではなく、観風（諸国の民風を察し、政治の得

失を観る）及び有為の士との講学であると、江戸遊学に際しての期待・抱負を詠む。足取りも軽い気分がストレートに伝わってくる。

## 『小楠堂詩草』

『小楠堂詩草』には、小楠が江戸遊学から酒失により熊本に帰国した年（天保十一年（一八四〇））から、文久三年（一八六三）いわゆる福井藩挙藩上洛計画が失敗、熊本沼山津に帰った翌年元治元年（一八六四）まで（小楠三十二歳から五十六歳）の約二十五年間の詩が全百三十一首収められる。江戸遊学における酒失の反省から学問修養・朱子学への傾倒、実学党の結成、弟子の養成、上国遊歴、家督相続と沼山津転居、攘夷から開国へ、福井藩よりの招請、松平春嶽のブレーンとして福井・江戸での活躍、士道忘却事件、福井藩挙藩上洛計画失敗により帰国という、波乱万丈に富んだ小楠の人生において最も重要な時期の作品が収録されている。しかも詩集が編年で並べられていることにより、その間におけるさまざまの出来事や人間関係、感情・思想などについて考察できる貴重な資料である。

『小楠堂詩草』の原本は熊本大学に所蔵（横井和子氏寄託）され、徳富蘇峰が出版した影印本『小楠堂詩草』（民友社、昭和四年五月）がある。活字本では、横井時雄編『小楠遺稿』（民友社、明治二十二年）及び『遺稿篇』に収録の『小楠堂詩草』がある。しかし編纂者徳富一敬・江口高廉、山崎正董らが補入増補したり、一部の詩の配列を変えたりしているので注意が必要である。『小楠堂詩草』は小楠の手稿本であり、塗沫改刪の跡が著しい。定本を作ろうとしたのであろう。

『小楠堂詩草』最後に置かれた詩は次のようである。(6)

小楠は文久三年の福井藩挙藩上洛計画の失敗により、福井から熊本に帰り、士道忘却事件の判決によって知行召し上げ・士席剥奪の重い処分を受けた。次の詩は翌元治元年、懇意にしていた福井藩医笠原白翁からの詩に和し、熊本へ帰ってからの心境を詠んだものである。

和笠原白翁韻（笠原白翁の韻に和す）

心事分明無所疑　心事分明にして疑う所無く、
四時佳興坐傾巵　四時佳興　坐《そぞろ》に巵《さかずき》を傾く。
此生一局既収了　この生一局既に収め了《おわ》り、
忘却人間喜與悲　忘却す人間《じんかん》の喜と悲とを。

心事ははっきりしていて迷いは無い、四季の楽しみを肴《さかな》にそぞろに杯を傾ける。私の人生の一局はすでに打ち終わり、この世の喜びや悲しみはもはや忘れてしまった。

第一句の「心事」は小楠が初めて福井出立の時（安政五年）にその抱負を詠んだ「偶成」の「この行唯《た》だ心事を尽くさんと欲す、

成否は天に在りて人に在らず」と呼応し、福井藩招聘以降の激動の人生を振り返って、心事（堯舜三代の治道を実現せんとする思い・信念）は精一杯つくした。結果は運命であるから悔いても仕方がないという、小楠の前向きな生き方・達成感を詠む。そして後半句「この生一局既に収め了り、忘却す人間の喜と悲とを」からは、何ともいえぬ諦観もうかがわれ、『小楠堂詩草』を締めくくるにふさわしい詩である。

## その他の詩

そのほか『遺稿篇』（八九二―九六頁）には、「一　東游小稿」「二　小楠堂詩草」のあとに「三　雑詩」として「前二種以外で『小楠遺稿』に収められ又は小楠の「書」として編者（注－山崎氏）の目に触れたもの」として二十八首が収められる。これらは四首を除き、すべて元治元年以降、すなわち沼山津蟄居時代から明治二（一八六九）年参与として京都に出仕し、暗殺されるまでに詠まれた詩であり、小楠最晩年の感情・思想を理解するのに貴重な資料である。

小楠の有名な語に、慶応二年（一八六六）四月に甥の左平太・大平兄弟の米国留学に際し贈った「堯舜孔子の道を明らかにし、西洋器械の術を尽くす、何ぞ富国に止まらん、何ぞ強兵に止まらん、大義を四海に布かんのみ」があるが、同時に次のような詩も贈っている。

送左・大二姪洋行（左・大二姪《にてつ》の洋行を送る）

若聽高臺恩意優　若《かくのごと》く高台の恩意の優なるを聴き、
一家感泣總忘憂　一家感泣《かんきゅう》して総《す》べて憂いを忘る。
好將生死付蒼海　好《よ》し生死を将《も》って蒼海に付し、
鯤躍鵬飛六大洲　鯤躍鵬飛《こんやくほうひ》せよ六大洲。

○鯤躍鵬飛―鯤と鵬は想像上の大魚と大鳥。『荘子』に見える。

みなさんのありがたいお計らいを聞くだにつけ、一家を挙げて憂いも忘れ感涙にむせびました。さあ君たちはこれから生死を大海原に委ね、鯤躍り鵬飛ぶがごとく六大洲（世界）に雄飛していくのだ。

知行召し上げ・士席剥奪の身であった小楠は渡航費捻出に困り、弟子の徳富兄弟や当時長崎に在った内藤泰吉・岩男俊貞等が奔走してお金を工面した。彼らの尽力に感謝するとともに、後顧の憂いなく充実した留学生活を送り、世界にはばたいてくれとの養父である小楠の親心がにじみでた詩である。

## 詩の形式と内容

小楠が詠んだ詩の形式を見ると、七言絶句が約三分の二を占め、詩の大部分を占める。景色や友人とのやり取りなど即興的に自由に詠んだものが多いためと、絶句は対句や典故のわずらわしさが余り必要でないからであろう。ついで五言古詩が多いのは韻律にとらわれず自由に思想を詠もうとしたものであろう。その他七言律詩・七言古詩・五言絶句・五言律詩の順である。

詩の内容はおおまかに三つに分かれる。

一つは、転居や旅から生まれた詩である。環境が変わると人は新しい見聞から刺激を受け、記録に留めたい、人に伝えたいという衝動に駆られる。小楠最初の漢詩集『東游小稿』が生まれたのは、天保十年（一八三九）の江戸遊学における道中の景色・見聞や、江戸での出来事を詩に詠もうという動機からである。江戸より帰ってから晩年までの詩を集めた『小楠堂詩草』では、安政五年（一八五八）福井に招かれて熊本を出立してから、文久三年（一八六三）福井藩挙藩上洛の失敗により熊本へ帰るまで、わずか五年間の詩が半数近く（約六十首）を占める。四度の熊本と福井間往復の道中や福井・江戸での出来事など、この間の経験が小楠にとっていかに刺激的で重要であったかを物語る。

二つは、友人・知人や弟子達との交情を詠んだ詩である。例えば「和内藤生元日韻」「奉和春嶽老公述懐韻」などの和韻の詩、「送鮫島生東行」「送元茶陽帰郷」などの送別の詩である。小楠には彼の詩を読んで理解してくれる特定の詩友・読者が少なからずいた。城野静軒や元田永孚とは常に詩を応酬し、和韻する詩友であった。弟子（池辺藤左衛門・内藤泰吉・江口純三郎ら）や彼を訪ねて来る若者に励ましや自分の信念を詩に詠んで贈っている。また頼まれると気軽にその場で作った即興の詩や自分の気に入った詩を揮毫して与えている。福井でも笠原白翁・鴻雪爪・長谷部恕連・三岡八郎らとは詩友であって、折に触れて詩を応酬している。小楠にとって詩はコミュニケーションを図る上で大切な道具であった。

三つは、日々の感興、政治的・思想的な感慨、時には抑えがたい感情を詠んだ詩である。「謁堀大夫墓」「感懐二首」「読易」「病中雑詩」「感懐十首」「偶作」「田中虎六為吾作四時軒記。賦七古一篇為謝」「沼山閑居雑詩」「読一典」「寓言五首」「偶成」（以上、『小楠堂詩草』）「秋夜雑感」「偶興」「偶言」（以上、その他の詩）などと題する詩群である。特に中年以降の彼はこのような詩によって折々に自分を語り、人生を語り、思想や政治を語っている。詩は自己表現の一つであった。彼が自分の詩稿『小楠堂詩草』を整理した際、推敲・改刪の跡が著しいのは大部分これらの詩である。小楠がいかに重視していたかがわかる。小楠の思想を知るのにこれらの詩の分析は欠かせない。

## 「感懐二首」について

最後に、前章三つめの詩に属し、『小楠堂詩草』の初めに見える「感懐二首」(7)と題する七言律詩について紹介し、若干の考察を加えてみたい。時は天保十四年（一八四三）、長岡堅物らと藩政改革を目指して実学党を結成し、学問及び講習討論に励んでいた時の作である。

先ず第一首、

感懐已往悔何追　已往《いおう》を感懐し悔いて何をか追わん、
渾付逝波來日期　渾《す》べて逝《ゆ》く波に付し来日に期す。
不擇冬温夏冷處　冬温かく夏冷《すず》しき処を択ばず、
欲凌天熱地凍時　天熱く地凍える時を凌《しの》がんと欲す。
簡編有味前賢意　簡編味わい有り 前賢の意、
高尚從他流俗嗤　高尚他に従わん 流俗の嗤《わらい》。
寄語親交諸君子　語を寄す親交の諸君子、
苦言無惜療吾癡　苦言惜しむ無かれ 吾が痴を療《いや》すを。

過ぎ去ったことを思い悔やんでも仕方がない、すべてゆく波のままに従い来たる日を期す。冬には温かく夏には涼しい所を択ばないで、天の焼けるような暑さ、地の凍えるような寒さを凌《しの》いで行きたい。書物に昔の賢人の考えを味わい、志を高く保ち俗世間の嘲笑は気にしない。親しく交わる諸君子に言いたい、遠慮なく苦言して我が愚かさを是正してくれたまえ。

第一、二句。済んだ事（酒失帰国、逼塞処分を指す）は仕方がない、これは運命であるから、また次を期せばよい。未来志向の小楠の生き方である。第三、四句。困難な時こそ人間が磨かれる、あくまで道に志し、怠け心に鞭打って人間を磨くべきだ。第五、六句。では人間をどう磨くのか。その根拠となるのは書物（古典）である。「聖人学んで至る可し」の確信は宋学の基本精神。志を高く持ち勉強している（「学は己の為にす」）限りは俗世間の嘲笑など気にすることはない。「流俗嗤」は実学党に反発する連中（学校党）の嘲笑が念頭にある。最後の七、八句は、書物から実践への真剣な講習討論を述べる。親交諸君子とは、志を同じくし一緒に講学を始めた長岡監物・下津休也・荻昌国・元田永孚ら実学党の仲間を指す。年齢・身分・個性の違いを乗り越え、皆が納得できるまで自由で徹底的な講習討論をする。「遠慮なく苦言して我が愚かさを是正してくれたまえ」という他者の批判を受け入れる開かれた姿勢は、話し合いを信頼して、そこから出た結論に従い、それを皆で共有しようと宣言する。後の「大いに言路を開き、天下の与に公共の政を為せ」（「国是七条」）などとつながる小楠の一貫した姿勢である。実学党結成時の小楠の意気込み・興奮を伝える。

第二首は次のようである。

誦去周公七月篇　誦し去る周公七月の篇、
感懐時事只空憐　時事を感懐して只《た》だ空しく憐れむのみ。
潮崩新墾田成海　潮は新墾を崩し 田は海と成り、
風破荒村人泣天　風は荒村を破り 人は天に泣く。
郷縣三秋社皷斷　郷県三秋 社皷《しゃこ》断え

都城一夕凶音傳
廟堂幸有諸賢在
救卹斯民無罪年

都城一夕 凶音《きょうおん》伝う
廟堂 幸に諸賢在る有り
斯民《しみん》を救卹《きゅうじゅつ》して年に罪する無かれ。

○七月篇―『詩経』豳風・七月篇。周公が周の王業を述べ、成王を諭した詩とされるが、実際は周代農村の歳時詩。
○無罪年―『孟子』梁恵王に「王、歳を罪すること無ければ、斯《すなわ》ち天下の民も至らん」（王が〔民の餓死を〕年のめぐりあわせにする無責任な態度を改めれば、天下の民はすぐやってくるでしょう）とある。

周公の七月篇を誦して、現在のことを思うとただ空しく悲しむしかない。今、潮は新しく開墾した土地を崩し、田畑は海となり、風は荒れた村を吹きすさび、人々は天を仰いで泣いている。田舎ではこの秋中、社《やしろ》の太鼓の音も響かないが、城下ではほんの一時期凶報がもたらされただけである。廟堂（当路）には幸いに諸賢人がおられるではないか。年のめぐりあわせにしないで、この民を救っていただきたい。

一、二句。小楠は『詩経』七月篇を読み、四季秩序だって平和な周代の民と災害・重税にあえぐ熊本藩の民の状況（時事）を対比し、同じ民でありながらその落差に暗澹たる思いを抱いた。三、四句。「潮は新墾を崩し田は海と成り」は天保十四年九月三日の熊本藩における台風・高潮による大災害を指す。(8) 五、六句。「郷県三秋社鼓断え」は天保十四年秋に出された盆踊り禁止令を指す。(9) 七、八句。最後にこの甚大な災害に対する藩の当局者の無策を小楠は手厳しく批判する。「廟堂の諸賢」とは小楠の最大限の皮肉であろう。

このような藩政批判は天保十三年頃の「時務策」に見えるが、漢詩では初めて詠まれたものである。(10) そしてこのとき『詩経』七月篇を読んでいかに感動し、民の惨状を見ていかに考えたかは、本詩が詠まれてから十四年後、安政四年（一八五七）の「沼山閑居雑詩」第十首(11)において明らかにされる。「曾て七月の詩を読み、深く知る王業の基。民非ずんば国何ぞ立たん、これを愛して食衣を饒《ゆたか》にす。十に一を征《もと》め、尚《な》おその時を失うを恐るる所以なり。四時に民に事を授け、老を養い幼児を慈しみ、彼の南畝《なんぽ》に饁《かれい》するを見、田畯《でんしゅん》喜び怡怡《いい》たり（注―以上二句は「七月篇」）。如何ぞこの道を舍《す》て、民を剥してその私に供し、租税は十に五を征《もと》め、これに加うるに縛笞《ばくち》を以てす。蕩蕩たる天下の是《ぜ》、累卵の危うきに座すが如し。ああ七月の詩、これを読みて双涙垂る。」この詩により、十四年前に七月の詩を読んで涙した印象がいかに強烈であったかがわかる。「かつて七月の詩を詠んで、深刻に王業の礎の何たるかを知った。民がいなければ国家はどうして立ち行けよう。民を愛して衣食を豊かにする。これが政治のよって立つ所以である。」この時小楠は『詩経』七月篇と現実（熊本藩の政治）を結びつけて、初めて「民のための政治」を自覚し、「これを愛して食衣を饒《ゆたか》にす」と自分（為政者）の進むべき道、なすべき役割をはっきり認識したのである。

「感懐」の題は、二つの詩の「感懐已往（過去を思う）」「感懐時事（現在を思う）」から取る。「已往」（過去）を捨て、切磋琢磨して未来のために学問・講習討論をする〈修己〉。それは何のためか。「時事」（現在）塗炭の苦しみにあえぐ民を救い、豊かにするためである〈治人〉。こう高らかに宣言する二詩は、素朴ではあるが、天保十四年、実学党結成時の熱気を伝え、朱子学に基づく小楠の政治思想の出発点を象徴する詩である。

### 注

(1)『横井小楠　上巻　伝記篇』、明治書院、昭和十三年、一〇七四頁。以下『伝記篇』と称する。なお本稿における詩は漢詩を指す。

(2)『伝記篇』一〇七六頁参照。『東游小稿』において「水烟」は七首に見え、その他「暁烟」「残烟」「烟雲」も見える。また、「雲」は二十首に用いられている。これには王士禛の詩の影響があろう。合山究「王士禛の詩と雲烟美」（『雲烟の国——風土から見た中国文化論』、東方書店、一九九三年）参照。

(3)山崎正董『横井小楠　下巻　遺稿篇』明治書院、昭和十三年、七七七頁。以下『遺稿篇』と称する。また、杜子美のみが真の詩人で、王維・孟浩然・韋応物・柳宗元（唐の自然詩人）は志ある者は取らぬと述べている。

(4)なお小楠の詩も次のような幕末の詩風と無関係ではなかろう。「化政から天保へと、詩人たちは自己の個性に応じて典範を主体的に選び、さらには中国詩の発想にこだわらず自己の感じたところを自由に詠むようにさえなって、漢詩は完全に日本化した。知識人が制作にあずかったために、幕末の漢詩は近世文学の中で最も明瞭に自我の意識を保持した様式だったのである」（日野龍夫「近世日本文学と中国文学」、『武蔵野書院図書総目録　昭和五一年度版』〔武蔵野文学二三〕、三三頁）。

(5)全訳に拙著『横井小楠「東游小稿」訳注』（熊本大学教育学部漢文学研究室、二〇〇一年）がある。

(6)『遺稿篇』では、本詩を前に移す。笠原白翁の名からして、福井時代の作と勘違いしたと思われる。

(7)「二首」の文字は『小楠遺稿』・『遺稿篇』で加えたもの。『小楠堂詩草』にはない。弘化二年に詠まれた「感懐十首」と区別するため、本稿では「感懐二首」とした。両詩については、拙稿「横井小楠の『感懐』詩について」（『熊本大学教育学部紀要』人文科学第五五号、二〇〇六年）参照。

(8)『肥後近世史年表』（日本談義社、昭和三十三年、一六三頁）に「大風、高潮にて藩内南北海辺新地被害あり、海辺新地塘切三千二百二十一間八合、潮入田畑二千七百三十一丁三反四畝余、家屋倒潰破損一万五百四十八軒等〔御郡方〕」とある。

(9)『嶋屋日記』（菊池市史編纂委員会、昭和六十二年、六七七頁）に「天保十四年卯七月、盆踊之儀、大公儀御取り締ニ付而者、御国中一統盆踊差留ニ相成り候間、……」とある。

(10)小楠が『詩経』七月篇を読んだきっかけは、熊沢蕃山『集義和書』巻十六議論之九（日本思想大系『熊沢蕃山』、岩波書店、一九七一年、三四四頁）に「国の本は民也。民の本は食也。民・食の事くはしくしらでは、国郡を治る事あたはず。予かれを治るものにあらずといへ共、治国は事の大なるものにして、窮理の学これをしらざることあたはず」と言い、「故に、仁君は稼穡《かしょく》の艱難《かんなん》をしれり。周公旦の詩に云」として『詩経』七月篇を詳しく解説しているのに触発されたものであろう。

(11)『沼山閑居雑詩』のもとの十首（横井小楠関係文書『横井先生詩集』〔艮斎先生詩集〕所収）。『小楠堂詩草』の『沼山閑居雑詩十首　節七』では刪除されている。拙稿「横井小楠の『沼山閑居雑詩』について」（『熊本大学教育学部紀要』人文科学第五六号、二〇〇七年）参照。

情報収集、ネットワーク形成、「移動学校」としての旅

# 小楠と旅

【遊学と遊歴の結合】

八木清治 Yagi Kiyoharu

やぎ・きよはる 一九五二年滋賀県生。東北大学大学院文学研究科博士後期課程単位取得退学。武蔵大学教授。日本思想史。『旅と交遊の江戸思想』(花林書房)。

## 幕末の旅――遊学と遊歴の結合

いつの時代でも旅は異郷の地での人との出会い、交流の機会であったが、とくに十八世紀後半以降、江戸や上方以外の地域において文雅を愛好する地方文人が蔟生し、また諸藩で藩校が整備されてくるようになると、中央と地方の学問・思想レベルでの交流がますます盛んとなっていった。地方の藩士が旅を通じて見聞を広めながら、交流を重ねていく行動様式は、幕末の一つの文化現象となっている。私はこのような幕末の旅のかたちを「遊歴と遊学の結合」、あるいは「遊歴の遊学化」ととらえて注目しているが(1)、横井小楠についてもこの例に洩れず、そうした旅の経験が認められる。

小楠には『遊学雑志』と『遊歴聞見書』という二つの旅の記録がある。『遊学雑志』は、小楠三十一歳の江戸遊学の記録で、天保十(一八三九)年四月から翌年二月に及ぶ江戸滞在時の見聞と交遊が記され、一方の『遊歴聞見書』は、小楠四十三歳時の嘉永四(一八五一)年二月から八月にかけての、山陽道を経て上方から北陸に及ぶ遊歴の中で見聞した事柄、交遊した人物について、藩ごとにまとめて書き上げたものである。書名からも察せられる

ように、「遊歴と遊学の結合」という幕末の旅のかたちを端的に示した資料といえるが、従来の思想史研究の中で十分に生かされてきたわけではない。それは思想家の思想形成を考えるまなざしが、あまりにも内面に注がれ過ぎた結果であろう。だが言うまでもなく、精神は外界の事物に触れることで活性化するものであり、小楠にとっての旅もまたさまざまな形で思想形成の契機となったことを否定するわけにはいかないだろう。

例えば、小楠が幕府のキリスト教禁令の原因や外国との交易について考えさせるきっかけとなったケンペルの『鎖国論』（志筑忠雄訳）に出合ったのは、江戸遊学時であったこと、また諸藩の政治や風俗を直接見聞した旅は小楠の経世家としてのスケールを広げたことなど、これまでも思想形成への影響としていわれてはきたものの、必ずしも小楠の旅自体に研究者の関心が向けられたわけではない。しかし、小楠が藩の枠を容易に超えられた要因として旅の問題は再考するに値するテーマであろう。

## 高名な人物との出会い

小楠の旅は高名な人物との出会いを可能にしたが、それは小楠自らが求めた結果である。世評の高い人物が名聞どおりすぐれた人物であるか否か、旅は直接知ることができる唯一の方法であった。小楠にとって高名な人物とは、学者や政治家の類であろうが、江戸遊学であれ、諸国遊歴であれ、小楠はきわめて精力的にそうした人物と出会っている。江戸遊学の折には、当時第一級の学者として林述斎、林家の学頭佐藤一斎、考証学の松崎慊堂、徳川斉昭の懐刀であった水戸学の藤田東湖、幕臣では川路聖謨等と交流し、それぞれ小楠らしい印象を記している。一斎と慊堂を対比して、「当時大儒一斎・慊堂と唱れども、其実は一斎中々慊堂に及ばず。唯一斎人物聡敏世事に錬通す、是れ二家名を斉する所以なり。[2]」と、学者としては慊堂の方が優れているが、世事に長じている点では一斎がまさると、両者のいずれにも与しない評価を加えている。また東湖については、「其人弁舌爽に議論甚密、学意は熊沢蕃山・湯浅常山抔にて、程朱流の究理を嫌ひ専ら事実に心懸たる様子なり。」「当年三十七歳、色黒の大男、中々見事なり。都下花奢の風を嫌ひ専ら武事に心懸け、公務の暇には藩中の子弟を引立、尤鎗劔に達したる由なり。[3]」と、学風だけではなく文武両面に及ぶ東湖の人物像を具体的に描きだしている。

江戸遊学時の小楠は、経学よりは史学を好む学風の持ち主であったが、いまだ朱子学者として一定の見識を持ち合わせていなかった。そのため、概して『遊学雑志』の人物評は、後年の『遊歴聞見書』におけるそれほど厳しいものではない。しかし高名な人物との交流を求めるという点では、両書における小楠の旅の姿勢に、大きな差異はないように思われる。

## 交流による情報の収集

旅が人的交流の機会であるということとの関連で見落とせないのは、旅の目的が知識や情報を得ることであった点である。そのような意味で、小楠の旅は見ることよりも聞くことに主眼があった。聞き出したいことは、学問以外としては概ね政治（＝経世済民）に関したことであるが、それは制度・人物・風俗等全体に及んでいる。江戸遊学の折に注目されるのは、小楠が徳川家や幕臣の動向について積極的に関心を寄せている点である。例えば、当時の将軍は第十二代の徳川家慶であったが、隠居した大御所家斉や世子家祥（のちの家定）の話題にまで及んでいて、しかも各々の将軍についての評価が高い。特に家祥については、大御所家斉に枝成りの茄子を植えた素焼きの鉢を求めたエピソードを紹介して、「今年十六に被レ為レ成、角く御聡明に在し御英気の壮なることは、大御所様に似させられたる御様子なり。[4]」という手放しの褒め様である。

徳川家定（1824-1858）

もちろんこうした評価の前提には、小楠に情報を提供した人物がいる。如上の件は、旗本の田邊助二郎から聞いた話であると断っている。田邊がいかなる人物であったかについては、今後の調査を期したいが、小楠と親交した人物として信頼できる情報源であったように思われる。諸藩の制度・士風等をまとめた『遊歴聞見書』においても、藩ごとにそうした情報源となった人物が想定できる。すでにひとかどの学者として交わることができたこの段階では、信頼できる情報を得ることははるかに容易であったとみられる。

## 情報交換からネットワークの形成へ

旅先での交流の中心が学者同士の交わりであると考えると、そこには本来対等な人間関係が存在するはずである。一方的な情報の享受は考えにくい。つまり、情報を得る側は同時に情報を与える側にもなり得る。江戸遊学の折に親しく交わった藤田東湖からは、熊本藩の農政について問われ、不案内という理由で固辞しようとしたが、結局話さざるを得なくなる。熊本の農政については、東湖にとって聞き出したい経世上の情報であった。こういう双方向的な関係に着目すると、議論好きの小楠は情報収集に適していたといえる反面、藩の情報を外部に提供することも多かったはずである。大好きな酒が加わればなおさらであろう。江戸遊学を頓挫させることになったいわゆる「酒失」も、他藩士との過度の交流が要因と言えなくもない。

また学者らしい交流として注目されるのは、嘉永四年五月十五日伊勢の外宮の神官足代弘訓を訪れ、山のように積み上げられた大量の書籍を目にして、「写本交易」を願い出たことである。つまり、双方が求める手に入れにくい書物を相互に写本という形で提供し合うことである。これは実際に行われたらしく、山崎正董『横井小楠』伝記篇（明治書院　昭和十三）には、足代から小楠に宛てた書簡六通が掲載されている。[5]足代は国史に明るい国学者であったが、海防にも強い関心を持ち、自らも『海防説階』を著している。足代の方から小楠に対しては、熊本藩に関する内容の書物が求められた。一方の小楠が求めた書物は、主に海防や海外情報に関するものであったようだ。例えは、『近時海国必読書』『海防彙議』等、当時の最新の海外情報や海防についての写本を送られている。また小楠が要求した書物がない場合、懇意の人物を通じて江戸の海防家に依頼するとまで約束している。この伝手となる懇意の人物として書面に記されているのが、伊勢出身の旅行家で日本各地を歩いた松浦武四郎である点は興味深い。まさに芋づる式に人と人がつながり、情報ネットワークが形成されていくのである。小楠の旅、とくに嘉永四年の上方から北陸に及ぶ遊歴については、幕末の旅が情報ネットワークの広がりに大きな役割を果たしたことを示している。

**松浦武四郎**（1818-1888）

## 小楠の旅——公共空間の解明に向けて

旅の記録そのものは基本的に小楠の伝記に関わる資料であり、すでに戦前に山崎正董による詳細な伝記的研究である『横井小楠』

伝記篇が残されている。山崎の小楠伝は、細大漏らさずたいへん行き届いた調査を行っており、現在でもこれに頼ることで実に多くの知見を得ることができる。如上の「写本交易」のことも、山崎の小楠伝に全面的に負っている。実のところ、小楠が著した『遊歴聞見書』は、旅の実態を知る上であまり役立たない。旅の途上で熊本の長岡監物に贈った報告書であり、その上「紀州」の項で終えられていて、旅の全行程に及んでいない。

旅日記としては、小楠に同行した徳富熊太郎（一義）の『東遊日録』があり、山崎の小楠伝はそれを利用し、岡山の閑谷学校出立以降については、それを原文に近い形で紹介している。したがって、小楠の旅の実態を知る上では、目下のところ『横井小楠』伝記篇が史料的役割を果たしていると言ってよいが、今後の小楠研究の進展のためには、山崎の時に未発見であった部分も含めて『東遊日録』全体の紹介は不可欠であろう。それは、小楠の伝記的研究の深化にとどまらず、幕末における学者の旅の実態究明にも大いに役立つ資料となるだろう。一例を挙げてみると、小楠は行く先々の宿元で「御会」なるものを実施しているが、これは『大学』『論語』等の会読を意味している。だが、単にテキストを読解するだけの目的で行われたものではなかった。朱子学者として自己を確立した小楠にとって、それは自らの識見をその地の学者に示し、交流をはかる手段でもあったように思われる。さらにまた会読の場は、師弟の間にとどまらない、より開かれた自由な議論・討論を可能にする公共空間を成立させる。(6) 翌嘉永五年には、小楠は『学校問答書』を著し、「講学・講習における討論を通じての公論の形成」という考え方を示した。(7) とすれば旅はそうした理念を培ったまさに「移動学校」そのものであったといえないだろうか。

**注**

（1）拙著『旅と交遊の江戸思想』（花林書房、二〇〇六年）序章、第七章参照。
（2）「遊学雑志」（『横井小楠　遺稿篇』明治書院、昭和十三年　所収）八〇〇頁。
（3）同右、七九九頁。
（4）同右、八〇一～八〇二頁。
（5）『横井小楠　伝記篇』一九五～一九九頁参照。
（6）前田勉『江戸後期の思想空間』（ぺりかん社、二〇〇九年）第一章、第二章参照。
（7）源了圓「横井小楠における「公共」の思想とその公共哲学への寄与」（『公共哲学3　日本における公と私』東京大学出版会、二〇〇二年　所収）参照。

# III 小楠思想の実践——越前時代

本・横井小楠記念館

階級や国家を超越する人間主義

# 学政一致の思想

【「学校問答書」を中心に】

沖田行司
Okita Yukuji

## はじめに

社会が大きく変動する時、その矛盾は教育に集中する。どのような価値観の下にどのような人間を育成し、如何なる未来社会を展望するのかということが問われてくるからである。多くの場合、現実の変化の様相にとらわれて、変化の現象に対応する施策に終始する。横井小楠は時代の変化に原理的に対応できる教育思想を構築しようとした。熊本藩校時習館の改革にあたって、小楠は時習館での教育や学問が現実から遊離した訓詁詞章に陥ってしまったと批判し、王塘南の言葉を引用して次のように学問に関わる視座を述べている。

おきた・ゆくじ　一九四八年京都府生。同志社大学大学院文学研究科博士後期課程。同志社大学社会学部教授。日本教育文化史。日本思想史。『日本近大教育の思想史研究』（学術出版会）『日本人をつくった教育』（大巧社）等。

天地の為に志を立てて、生民の為に命を立つ。往聖の為に絶学を継ぎ、万世の為に太平を開く。学者発心の初、便ち須らく此大志願を立つべし（寓館雑誌）。

過酷な税金の取立てや厳しい政治の抑圧に喘ぐ領民を救済するためにも、虚飾の学と化してしまった学問を本来の姿に再興する「大志願」をたてる必要があるというのである。そのためにも「須らく古今に通じ大義を明らかにし、活見を開きてこれを世務に施す」（同前）ことのできる学問の構築が求められた。小楠によれば「民生日用の実学」を生み出した「堯舜三代の治道」に基づく学問こそ、これに応える実学に他ならなかった。この実学は孔子から朱子に継承されたが、朱子学を学ぼうとする時には、朱子学の解説書を通して理解するのではなく、朱子の原典にあたって「今朱子を学ばんと思ひなば、朱子の学ぶ処如何んと思ふべし。左はなくして朱子の書に就くときは全く朱子の奴隷なり」（講義及び語録）というように「三代の治道」を継承した朱子の問題意識や学問の方法論を学ぶべきであると小楠は主張した。また、「学の義如何ん。我心上に就いて理解すべし。朱註に委細備はれども、その註によりて理解すれば則朱子の奴隷にして学の真意をしらず」（同前）というように、学問をする主体者が自己の問題意識を鮮明にして、主体的に「今現在」について思索することが重要であると述べている。

このように、実践主体の自立性が問われるのが幕末思想の一つの特質である。小楠は朱子学においては非人格として捉えられた「天」を、宇宙を主宰する人格的な存在と捉える。そして民衆はこの「天帝」の所有するものであるから、民衆の生活を安定させ、民衆の生活に役立つ実学は「現在此天帝を敬し現在此天工を亮る経綸」（沼山閑話）というように、「天」に対する「協業」として位置づけられた。このために、小楠の実学は極めて倫理的な使命感を内在していたことは言うまでもない。小楠の教育思想は「三代の治道」を原理論として展開される。

## 人材教育論の陥穽

小楠の教育思想が最も鮮明に表明されているのが、嘉永五（一八五二）年に福井藩の諮問に答えた「学校問答書」である。小楠がこれを起草したのは、熊本藩では異端視されて私塾小楠堂を開き、教育活動を行っていた頃である。この小楠堂には主として惣庄屋と呼ばれた豪農出身の郷士階層や他藩の藩士が訪れて学んでいた。

天保期を境に藩政改革の一環として藩校を創設したり、藩校改革に着手した藩は少なくない。

天保期以降の学校論の一般的な特質は実学主義と人材登用主義を骨子として従来の現実から遊離した訓詁詞章の学問を刷新し、財政改革や綱紀の弛緩など藩が直面する課題を担う人材教育に見られた。しかし、小楠の学校論の特質は社会的な要請に応えつつも、学校を基軸としてこれらの現象に原理的に対応できる体制を構築するところにあった。したがって安易な学校利用論に関しては厳しい目を向けた。小楠は学校で積極的に人材教育を推進する、いわゆる政治と学校の連携が陥る問題点を次のように指摘している。

其学政一致と申す心は人才を生育し政事の有用に用ひんとの心にて候。此政事の有用に用ひんとの心直様一統の心にとおり候て、諸生何れも有用の人にならんと競立、着実為レ己の本を忘れ政事運用の末に馳込、其弊互に忌諱娟疾を生じ、甚しきは学校は喧嘩場所に相成り候（「学校問答書」）。

政治が学校教育に介入して、社会の要求に応じるために学校に一定の方向を与え、学問や教育も社会が求める人材教育を無批判に受け入れたならば、学問・教育の根本である「着実為レ己」という人格陶冶が軽視され、やがては非教育的な競争の原理が学校教育を支配するというのである。小楠によれば、こうした学政一致は「人才の利政」にほかならず、「人才を生育せんとして却って人才を損なう」ことになってしまうと厳しく批判する。これらは学問の振興をはかり、人材教育を推進しようとする名君が共通して陥る「通病」でもあった。小楠は、名君が陥るこのような「通病」は学問や人材教育に対する従来の誤った固定観念にその原因があると次のように述べる。

天下古今賢知も愚夫も押しならし心得候は学問と申すは修レ己の事のみにて、書を読み其義を講じ篤行謹行にして心を世事に留めず独り自修するを以て真の儒者と称し、経を講じ史を談じ文詩に達する人を学者と唱申候。扨又才識器量有レ之人情に達し世務に通じ候人を経済有用の人才と云ひ、簿書に習熟し貨財に通じ巧者にて文筆達者なるを能き役人と心得候これ学者は経済の用に達せず、経済者は修身の本を失ひ、本末体用相兼ること不レ能候。（「学校問答書」）

学者や儒者は「体」は保持するけれども「用」がないところから政治には「覇者功利の人」が任用されていると分析する。知識や技術は明確な倫理を伴った時にはじめて本来の効用を発揮することができるというのが小楠の実学であったが、知識や技術の運用能力を優先させて競わせようとすると、学校の本来的な機能（着実為レ己）を歪める結果となると小楠は警鐘を鳴らす。学校が本来の機能を有する前提として、小楠は学政一致が実現される状況が用意されているかどうかを問題とした。「政事と申せば直ちに修レ己に帰し、修レ己れば即政事に押し及ぼし、修己治人の一致に行れ候所は唯是学問にて有レ之候」というように、小楠にとって「政事」の基本は個人の倫理の確立とその実践に他ならなかった。

## 学政一致の思想

越前福井藩の藩校創設の諮問に対して、政治的・社会的な要請に応じた形で学問や人材教育を構想することの問題性に関して、小楠は競争の原理を教育や学問の世界に導入することになると厳しく戒めた。小楠は学校の設置に関しては、藩当局者に「学政一致の根本」つまり、学問とは何か、政治はいかにあるべきかという、「道」についての深い理解を求めた。小楠は学政一致の前提として、学問を通した相互批判をあげている。

三代の際、道行候時は君よりは臣を戒め、臣よりは君を儆め、君臣互いに其の非心を正し、夫より万事の政に押し及ぼし、朝廷の間欽哉戒哉念哉懋哉都兪吁咨の声のみ有レ之候。是唯朝廷の間のみにて無レ之父子兄弟夫婦の間互いに善を勧め過を救ひ、天下政事の得失にも及び候は是又講学の道一家閨門の内に行れ候。上如レ此講学行れ其勢下に移り、国天下を挙げて人々家々に講学被レ行、比屋可レ封に相成候（「学校問答書」）。

小楠によれば、君臣は自由に相互を批判し、高め合う関係でなければならなかった。さらに、こうした関係を父子、兄弟、夫婦の間にまで推し進め、やがて一国全体が「朋友講学の情誼」というような一種の学問共同体の意識を共有することが学政一致の客観的な条件であった。君主が自ら学問を通して「三代の道」の政治理念、すなわち「政事といえるも別事ならず民を養ふが本体」（「国是三論」）という政治本来の目的を理解するとともに、「君臣儆戒の道」というような相互批判が保障された時、学校は政治の従属から自立し、学問上の真理を政治に反映させることが可能となり、ここに真の学政一致が実現されると小楠は主張した。

このようにして学政一致の条件が整った時に初めて学校が開設されるのである。小楠によれば学校は「政事の根本」であり、一国の倫理道徳の基準を明らかにし、人の才能と志気を養い、そして一国の「風教治化」を発信するところであった。学校の学問が一定ではなく、「政事の根本」としての機能を持ち得ない時に、人々は各々見るところを是として相争い、互いに相容れないものは「朋党」を作り、対立して天下の「大患」になると指摘した。

小楠のこうした見解は、熊本の時習館改革の挫折と時習館における実学党と学校党との対立などの体験から導き出されたものであった。学校を単なる人材養成の機関としないというのが小楠の学校論の特質であるが、小楠は学校を朝廷（政治を行う機関）の「出会所」と位置付けて、その内容について次のように述べている。

抑此学校と申すは彝倫綱常を明らかにし、修己治人天理自然学術一定の学校にて候へば此に出て学ものは重き大夫の身を云ふべからず、年老ひ身の衰たるを云べからず。有司職務の繁多を云べからず。武人不文の暗を云べからず。上は君公を始めとし大夫士の子弟に至る迄暇あれば打ちまじわりて学を講じ、或は人々身心の病痛を儆戒し、或は當時の人情政事の得失を討論し、或は異端邪説詞章記誦の非を弁明し、或は読書会業経史の義を講習し、徳義を養ひ知識を明らかにする（「学校問答書」）。

学校には老若を問わずに参加して、人々が自由に政治や文化や倫理道徳について学び、議論して語り合い、そこで確立された輿論を政治に実践するというのが小楠の描いた学政一致に他ならなかった。

こうした学問と政治の一致において重要な役割を担うのが教育者である。小楠は「経学文詩の芸」に達していなくても「知識明に心術正しき」人間を教育者に迎えるべきであると主張している。一般に、「経学文詩の芸」を知識または教養と理解するのであるが、小楠は両者を区別している。小楠の主張する「知識明に心術正しき」とは側用人・奉行を兼ねることのできる実践的な能力を意味した。小楠によれば、側用人・奉行・教授の三職は本来一体となるもので、個々に異なる人が就任すると学政一致においても弊害が生じるのでこの三職は一人が総べ司るべきものと主張した。

## 小楠の近代教育構想

福井藩からの藩校創設についての諮問を受けて「学校問答書」を提出した小楠ではあったが、福井藩の儒者で藩政に影響力を持っていた吉田悌蔵に「尊藩学校御建方は是非共御止方に相成、後日其時宜参り候上に御興し被レ成度、呉々奉レ祈候」（嘉永五年三月二五日付）と学校開設の取り止めを提案している。さらに、二ヵ月後に、同じく吉田に必要なことは学校をつくることよりも「君臣御講学のみ彌以盛に罷成り、朝廷之間警戒講習朋友之道行れ候処実に御国家之大根本と奉レ存候」（嘉永五年五月二一日付）と書き送っている。小楠が重要視したのは国家の基本方針が明確に確立しているかどうかであった。小楠はロシアの学校を例にとり、理想的な学校の在り方とその機能について次のように記している。

其学校之法は一村の童男女より教を入、其内之俊秀を一郷之学に挙、其より一郡其より一部々々よりペートルヒュルクの都城之大学校に入候由、當時学校生員一万に余り、政事何ぞ変動之事総て学校に下し衆論一決之上にあらざれば決して国王政官之所存にて行候義は相不レ申（村田巳三郎宛、安政三年一二月二一日付）。

ここでは、武士をのみ対象とした藩士教育ではなく男女を対象とした国民教育が語られており、学校は政治から自立しているのみではなく、学問を通して社会の理想を展望するとともに、現実の問題とも関わり、政治解決の具体的な方向を提供する、ある種の直接民主主義の場として位置づけられている。したがって、たとえ国王といえども学校において決定された公論には従わざるを得ないというのである。西欧の学校がこのような権威を持っているのは、キリスト教が政教一致の原理を提供したからに他ならないと小楠は考えた。

しかし、日本においては「学政一致の根本」が不明瞭な上に、政治主義と技術主義に分極化する傾向にあった幕末の学校の状況下において、学校を作ることは様々な弊害を同時に作り出す事となると小楠は警告した。幕末から明治にかけて、富国強兵・殖産興業のスローガンに適応する人材教育が目指されたことは周知の通りである。こうした教育の「近代的傾向」に対して小楠は鋭くその弊害を指摘するのである。

西洋の学は唯事業之上の学にて、心徳上の学に非ず、故に君子となく小人となく上下となく唯事業上の学なる故に事業は益々開けしなり。其心徳の学無き故に人情に亘る事を知らず、交易談判も事実約束を詰るまでにて、其詰ると処ついに戦争となる。戦争となりても事実を詰めて又償金和好となる。人情を知らば戦争も停む可き道あるべし。（中略）事実の学にて心徳の学なくしては西洋列国戦争の止む可き日なし。心徳の学ありて人情を知らば當世に到りては戦争は止む可なり（「沼山閑話」）。

つまり、学問の根本である「心徳の学」を無視し、単に富国強兵のための人材教育を行い、競争の原理の下で、「事業の学」を追求する学校教育は、西欧資本主義諸国のように、やがては戦争政策につながるというのである。

「学校問答書」における小楠の論点は、学校の制度や内容ではなく、「何のための学校か」という学校本来の理念に関わる問題にあった。小楠の教育思想の根底には、人間としての実践倫理の修得とその社会実践という命題がおかれていたことは言うまでもない。また、小楠が提唱した実学は民衆の生活を安定させることを至上命令とする「天」の協業という方向に向けられ、さらに、「天」の概念の地理的拡大は「今各国戦争ノ惨憺実ニ生民ノ不幸之ヲ聞クニ忍ヒズ、故ニ米国ト協議シテ以テ戦争ノ害ヲ除ク可ナリ」（「還暦ノ記」『元田永孚文書』第一巻）というように、国際平和の実現を目指す方向を辿るのである。小楠が求めた「心徳の学」はまた、階級や国家を超えた人間の平等観意識を引き出した。

> 学問の味を覚え修行の心盛んなれば吾方より有徳の人と聞かば遠近親疎の差別なく親しみ近ずきて咄し合えば自然と彼方より打解けて親しむ。是感応の理なり。此朋の字は学者に限るべからず、誰にてもあれ其長を取て学ぶときは世人皆吾朋なり。（中略）此義を推せば日本に限らず世界中皆我朋友なり（「講義及び語録」）。

小楠の教育思想の根底に流れていたものは、武士や藩及び国家を超越してゆく人間主義ともいえるものであった。小楠が理想とした学校は、こうした普遍的な学問理念に支えられたものであった。政治的リアリズムが先行した幕末の歴史状況の中で、小楠の提起した学校論は理想論として片付けられねばならなかった。しかし、実は理想論として片付けたところに、今日に至るまで、日本の教育が抱える問題がなおも残されることになるのである。

学問をする場としての学校が自立した理念を喪失し、人間の倫理学を伴わない「事業の学」を目指す人材教育に流れ、政治や経済の力に屈服した結果は近代の日本の学校が歩んできた歴史が証明するところである。国際競争力を強化するために、経済的な価値を最優先した人材教育が主流となっている今日の学校教育の現状に対して、小楠の教育思想は私たちの学問や教育に根底的に反省を迫るリアリティーを持っている。

小楠に学び、幕末の藩政変革・殖産興業策をリード

# 由利公正と小楠

## 【「国是三論」と産物会所】

本川幹男
Motokawa Mikio

もとかわ・みきお　一九四一年福井県生。富山大学文理学部卒業。元・福井県立高校教員。史学（近世）専攻。「由利公正と幕末藩政改革」（『由利公正のすべて』新人物往来社）他に『福井県史』『福井市史』等の自治体史に多数執筆。

### はじめに

熊本藩士横井小楠は、安政四（一八五七）年五月、その学問・思想をかわれて越前福井藩主松平慶永（隠居後は春嶽）に招かれ、五十歳を迎えた翌年四月に福井にやってきた。藩校明道館の指導を託されたのである。まもなく会読・講義を開始するが、朱子学の本源に迫り現実との対決を目指すスケールの大きい実学的思想はたちまち家臣団を魅了した。以後福井藩政、とりわけ殖産興業策に大きな影響を与え、その中で自身の思想をも完成させていった。文久期（一八六一～六三）には江戸に呼ばれて春嶽のブレーンとなり、幕政改革にも関わった。

いっぽう、由利公正（一八二九～一九〇五、初め三岡石五郎、文久二年十一月より八郎、明治三年八月以降由利公正）は福井藩士の中でもっとも強く小楠の思想に心酔し、それを実践した人物として知られている。小楠もかれを信頼し、特にかれが推進した長崎交易や福井に設立した「物産総会所」は、小楠の主著『国是三論』の執筆にも大きく貢献したとされる。

ところが文久三年七月、由利・小楠とも挙藩上洛問題にからんで春嶽から見放され、ともに蟄居の身となった。しかし、慶応三

（一八六七）年十二月幕府が崩壊するや、由利は新政府に呼ばれて参与となり、少し遅れて小楠も参与に任じられる。福井で培った思想と実行力が共に評価され、明治新政府にも影響を与えるのである。

二人についてはすでに多くの研究が蓄積され、特にかれらの労働と民富に主眼を置く経済思想は高く評価されている。ただし、由利の場合は一次資料が非常に少なく、事績のほとんどはかれの後年の口述を中心にまとめた伝記[1]（以下由利伝と称する）に頼っているのが実状である。そのため事実誤認や過大な評価となっているところも少なくない。ここではそのことに注意しつつ、春嶽の下での二人の相互の関係に絞って述べてみたい。

**由利公正**（1829-1909）

## 「国是三論」と産物会所

安政五（一八五八）年四月七日、小楠は福井に着くや大歓迎をうけた。賓師、五十人扶持という破格の待遇で、住まいの客館も城内三の丸内の明道館すぐそばに準備された。

それからは忙しく充実した日々だったようである。橋本左内と共に明道館の刷新や藩政改革を進めてきた家臣たちは、たちまちかれが新たなリーダーであることを実感した。着任間もない四月十二日、「御奉行（勘定奉行）」長谷部甚平は左内に宛てた手紙[2]で、「横先生始て対面、聞しに勝る大物、其議論たるや公明正大、頗に天地経綸之道理」が論じられ、貿易の利害等も含めすべて左内「新得之御見識」と同論だと絶賛するのである。同年七月、江戸の慶永が井伊大老によって隠居・謹慎の処分を受け、藩主が交代するという大事件が勃発した。だが小楠はかえってその存在感を高め、藩政は新たな展開を見せ始めることになる。

小楠が福井に着任したとき、由利公正は藩の武器・弾薬製造の責任者である製造方頭取として、江戸の橋本左内の下で研究中であった。したがって二人が直接対面するのは由利が同年十月二十五日に帰福して以降となる。

もっとも由利伝によると、かれが初めて小楠に接したのは、小楠が福井を訪れていた嘉永四（一八五一）年六月二十日のことで、逗留先で聞いた「大学の三綱領」に魅惑されたという。「堯舜孔子の道は国家経綸の学にして、当世に応用すべき実学」との講説に感動、以来読書の趣味を覚え、その実務実益の研究に没頭したそうである。[3]

ともあれ、帰国して小楠に接したかれは、持ち前の才気でたちまち小楠に気に入られたのであろう。同年十二月十五日、由利は家臣の平瀬儀作・榊原幸八と共に、一時帰国する小楠に同道するよう命じられた。目付兼文武御用掛り村田巳三郎によれば、目的は三人が「有用之人材」であり、諸般・各地を巡歴して「器械・産製」等を調査し、また下関や長崎では「交易之都合」を探るためであった。[4]

橋本左内（1834–1859）

安政六（一八五九）年五月二十日、小楠と由利は時を同じくして九州から戻り、藩内は活気づいた。由利は長崎交易が有望であり、目処がつきそうだということを自信をもって語った筈である。それを受けて早くも六月中旬、再度かれの九州行きが決定された。小楠は八月四日付国元への手紙[5]で、主目的は長崎貿易についてであり、かれは「よ程此等の筋に熟」しており、この「大変動之世界」では貿易こそ「着眼之大一事」と述べている。外国貿易に乗り出すことは当時小楠が到達していた国家構想の要の一つであるが、それだけに由利の今後に大きな期待を抱いたのである。

由利の長崎出張は事情で福井出発九月十八日となり、帰国したのは翌万延元（一八六〇）年閏三月一日であった。その間おそらく交易に関する一定の契約交渉が成立したものと思われる。

これより前の安政五（一八五八）年十一月、藩は武器・弾薬製造を行ってきた製造方を制産方に模様替えし、産物研究や交易事業に取り組み始めていた。そして、由利の二度目の九州行きの日、「御奉行」長谷部甚平が「頭取同様」となった。おそらく同じ頃であろう、由利も頭取とされ、制産方は急速に強化されていった。

ところで、万延元年の夏頃から藩内には「東北行違」と呼ばれる、江戸で謹慎中の春嶽などと国元保守派家老などとの間で人事に起因する深刻な対立が起こっていた。だが十月、それは小楠のもっとも望む形で決着する。すべてが「氷解」して「東北君臣合体」し、「新政」に取りかかる「国是」も見通しがついたと喜ぶのである。[6]そして小楠は年内中に有名な『国是三論』を一気に書き上げ完成させた。自らの国家像を福井藩を借りてようやく具体的に描いて見せたわけで、小楠は翌年、早速これを春嶽に送った筈である。

それでは小楠の言う「新政」とは、具体的にどういうものであろうか。一つに絞って言えば、それは小楠が「第一大問屋」と呼び、由利が「物産総会所」と称した組織であった。名称を別にして小楠の言う所に従えば、それは領内の産物を買い上げて外国へ販売し、その利益を庶民に還元できるシステムを指す。従来のような藩の利益のみを図る「利政」をやめ、同時に流通を支配して大儲けを企む「姦商」を排除した官営交易の提唱である。小楠はこれによって民富を図り富国を実現できると確信したのであった。付記すると、小楠や由利が呼んだ組織が、実は産物会所であることは今や明白である。[7]これは万延元年末、あるいは少なくとも翌文久元（一八六一）年正月には開設された。ここに糸紬・布綛・木綿その他の諸産物を集荷し、会所の改印を受けて全国各地、外国にまで販売する役所で、商人へは産物買い入れ資金の貸付も行うという。[8]翌年一月城下大橋（九十九橋）北詰の藩札札元荒木宅が正式に会所とされた。

ここで小楠の「第一大問屋」と由利伝の「物産総会所」とを比較して、いくつかの相違点があることに注意しておく必要がある。一つは管理と運営のシステムである。由利伝は「名望ある資産家の商人を元締として、専ら幹旋の労を取らしめ、藩庁よりは吟味役として中沢甚兵衛を出し、其会計を監督せしむるのみ」とし、運営は元締の自治に委ね、藩は会計監督という間接的な関係しか持たなかったと強調する。いっぽう、小楠は「其役人は官府にては町奉行・勘定奉行・郡奉行・制産方」が当たり、「其下役を本しめと云ふ」と述べる。[9]財政と町・在の民政、それに制産方のトップが直接関わるわけである。そして、この点は実際に成立した産物会所と一致する。長谷部や由利の下、勘定方や制産方役人が加わり、実務を担当する産物会所下代が数名任命された。由利が挙げた中沢は制産方役人の一人であった。[10]

元締の位置づけも重要である。小楠は藩役人の下に「国中町在豪家」の者を元締に任じ、またその下に町在から五〇人ほどを選び、かれらに領内を回らせ産物の世話や買い上げを行わせるのだと説く。そして「諸産物を買ふ事官府と同様」としており、こちらは全くの藩営組織と変わらない。対して由利は「全く商人等の自治に任せたり」と言い切り、両者は対照的である。なお、現実の産物会所では、文久元年十一月初め領内町在から一一人が任じられている。[11]

生産資金の扱いについても異なっている。両者とも藩札を発行してそれを民間に貸与し、生産物の販売金でそれを回収するとしており、この点は同じである。だが小楠が無利息としたのに対し、由利は議論の末、月八朱に決定したと言っている。由利の場合、利率は別にして明白に利息を加えて回収を図るわけで、小楠とは基本的とも言える違いがある。[12]

ともあれ以上から明らかなように、由利は小楠の論を常に真摯に受け止め実践していたのではないこと、組織論では小楠の方が実際の産物会所に近いことになる。

## 小楠・由利の幕末維新

文久元年正月、江戸の春嶽から小楠に上府するよう伝えられた。それを受けてかれは、今後は「此公御心術の治・不治」が最大の課題と国元への手紙に書く。江戸へ着いたのは四月中頃で、初めて小楠は春嶽に拝謁し意見を述べた。その結果は「学術之要領」を了解され、藩主茂昭以下家臣団も同様と、大いに気をよくする。[13]

小楠は八月半ば一旦福井を経て熊本に帰り、翌二年六月福井に向かう途中再び江戸に呼び戻された。幕府内が動き春嶽の大老要請などが起こったためである。春嶽は小楠とも相談の上政事総裁職を引き受け、以後かれを政治顧問とし、幕政改革・公武一和に力を注ぐことになる。小楠も春嶽を通して早速幕府へ「国是七条」を建白するなど、精力的に働いた。長年の夢がようやく手の届く所までできたのである。

由利も夢を広げていた。『由利公正伝』には文久元年のこととして次のような記述がある。

この年物産総高は金三百両に達し、金庫には常に五拾万両内外の正貨を貯えるほどで、慶永・小楠・由利のもっとも「得意の秋」であった。当時由利は小楠に次のように語ったという。「斯る勢を以て各藩共歩調を一にし、相共に進行せん乎、我国は数年ならずして世界に雄飛」できるだろうと。対して小楠も、策を弄せずとも天理に従って時期が来るのも遠くないと答えたという。

金額や慶永のことは横に置いて、この時期かれが小楠と共に前途洋々、自信と希望に満ちていたことは確かであろう。

それに応えるようにかれの役職も上がっていった。文久元年三月三日、「御奉行役見習」に任じられ、制産方頭取そのまま藩財政にも関わることになった。十一月には郡方、すなわち農政も扱うこととなり、更に翌年九月に農兵取調掛り、同二十三日に「御奉行」本役に任命される。[14] 制産方から財政・農政・軍事に至る、いわば藩政全般に関与する権限が与えられるのである。

しかもこの前後かれには特別の便宜がはかられた。実は由利家は城の南、足羽川を渡った毛矢町の奥にあった。ところが、小楠が江戸滞在中の文久元年七月、かれの客館が城下足羽川北岸の木蔵の地に移され、直後の八月二十五日、今度は由利が対岸の舟場に広い屋敷地を許され、家を構えることになったのである。二人の家は川を挟んで面と向き合い、由利は城への上下にいつでも小楠客館に寄ることができるようになった。[15] 加えて同二年、由利の発案で対岸とを繋ぐ繰舟をやめて橋が架けられ、往来が一挙に便利になる。藩内で二人が特別の関係であることを見事に誇示して見せたのである。

この時点で由利は役職と権限においてほぼ長谷部と並び、小楠との関係を含めれば、長谷部を超える存在となり始めたと言える。それを示すように十一月に名を石五郎から八郎に改名した。それより前、四月二十四日から六月晦日まで長崎・下関に出張し、これは両地とも交易が順調でなかったことを示すのだが、福井でそれが問題となることはなかった。[16]

文久三年、中央政局は京都に舞台が移る。春嶽は同年二月上京し、公武一和の新たな政治体制を模索した。だが果せず失望の内に福井へ帰ってしまう。すると俄然藩内に一大計画が持ち上がった。四千の兵を率い、春嶽及び藩主茂昭以下一藩挙げて上洛し状況を打開するという、クーデターに近い計画である。主導者はもちろん小楠や長谷部・由利など、これまで諸改革や殖産交易をリードしてきた人々である。だがこの計画には十分な見通しがなく、京都の情勢も流動的であった。不安を感じた春嶽はこれを中止し、それを機に小楠一派の解体を図った。長谷部と三岡に蟄居を命じたほか、一緒に動いた家老以下も処分する。小楠は居場所を失い、福井を去るしかなかった。

由利の処分は自己勝手な取り計らいが主な理由とされた。長谷部も由利と同じ理由であったが、春嶽は由利を長谷部と同腹・同罪ながら「其心術の姦計は甚平よりも甚だしく候」と決めつけ、屋敷替えも命じた。[17]「臣子の名分」を犯したとする春嶽の強い危機意識のもと、特に由利の失脚を望んでいたことがわかる。

熊本に帰った小楠は、以後新政府から呼び出されるまで沼山津で過ごすことになる。しかも知行召上・士籍剥奪の上蟄居という扱いであった。前年十二月に江戸で起こった士道忘却事件の責任を問われたのである。

処分間もない頃から、藩内には由利や長谷部の復帰を望む声が少なくなかった。だが二人は容易に許されなかった。由利が咎御免となったのは慶応二（一八六六）年六月二十三日のことである。長谷部も同様と思われる。熊本の小楠にも目が向けられ、やがて春嶽はかれの苦しい生活を知って百両を送り、福井の有志も五〇両届けた。こうして再び春嶽・福井藩と小楠との関係が復活し、以後小楠はたびたび意見を求められる。

小楠は由利が自由になったことにも喜んだ。しかもかれが蟄居中にも努力し、成長したことを知って再び大きな期待をもった。もっとも、期待に反して由利の復職は容易に進まず、小楠が再度福井に呼ばれることもなかった。春嶽のかれらに対する不信はなお根強いものがあったのである。

慶応三年十二月九日、王政復古が宣言されるや、春嶽は新政府の議定、由利・小楠も共に参与となる。だが春嶽は二人とは一定の距離を置いていた。特に由利については「一国の人材」とはなりえても福井藩の人材としては認めがたいと突き放している(18)。
　小楠と由利は元のように私的にも近くなったが、今度は由利の方が小楠を超える勢いであり、ゆっくり対話する余裕はなかった。二人の関係は明治二年正月七日、小楠が暗殺されたことで終わりを告げる。もっとも、由利は終生小楠に学んだことを誇り続けた。小楠によって変革思想・殖産興業策を学び、それを忠実に実践したのだと言って憚らなかった。

**注**

（1）三岡丈夫編『由利公正伝　全』（光融館、大正五年）、及び由利正通著『子爵由利公正』（昭和十五年、岩波書店）の二冊を指す。
（2）『橋本景岳全集』上（景岳会、昭和十四年）、四四八号。
（3）前掲『由利公正伝 全』第二篇第五章。以下、これについては注記しない。
（4）『橋本景岳全集』下（景岳会、昭和十四年）、六五七号。
（5）山崎正董編『横井小楠遺稿』（日新書院、昭和十七年）書翰八七号。
（6）前掲『横井小楠遺稿』書翰一〇七号。
（7）拙稿「幕末期、福井藩の殖産興業策について――産物会所の成立を中心に」（『福井県地域史研究』一一、福井県地域史研究会、二〇〇二年）、及び『福井市史』通史編2近世（福井市、二〇〇九年）第七集第五節参照。
（8）『福井市史』資料編6近世四下（福井市、一九九九年）、一三五五号。なお、産物会所が直接生産者への貸付資金を確保し、その体制を組織的に調えたかどうかは不明である。ただし、一例ながら文久元年五月と推定できる坂井郡三国湊の記録には、「木綿糸等励」の希望があって元手がない者には、今度産物会所から「引綿等御質渡し」を行うので、その世話役に願い出るようとの藩触が出ていることが確認される（坂井市三国郷土資料館蔵文書「万延二暦酉年御触写」）。
（9）文久元年正月四日付熊本宛書状（前掲『横井小楠遺稿』書翰一一二号）。
（10）松平文庫「御国町方」（『福井市史』資料編7近世五〔二〇〇二年〕、二号）。
（11）松平文庫「御国町方」、同「御国在方」。
（12）実際の産物会所では、例えば三国湊への入津肥料について、問屋口銭二分のうち、一分を産物会所に納めるよう指示している（「三国湊問丸日記」、『小浜・敦賀・三国湊史料』所収）。産物会所の利益を確保していることがわかる。
（13）前掲『横井小楠遺稿』書翰一一五・一一七号。
（14）松平文庫「剥札」。
（15）吉田健「資料紹介――福井藩家中絵図（山内秋郎家文書）を利用して」（『福井県文書館紀要』三）。
（16）拙稿「幕末期、福井藩の他国交易について――横浜・長崎・下関における」（『福井県地域史研究』一二、二〇〇八年）。
（17）伴五十嗣郎編『松平春嶽未公刊書簡集』（思文閣出版、一九九一年）一七九号。
（18）前掲『松平春嶽未公刊書簡集』九五・一一四号。

精神なき資本主義への警鐘

# 小楠の富国論

【近代経済学との比較】

山崎益吉

Yamazaki Masukichi

やまざき・ますきち　一九四二年群馬県生。青山学院大学大学院経済学修士課程修了。高崎経済大学名誉教授。日本経済思想史。主著に『日本経済思想史』(高文堂)『横井小楠の社会経済思想』(多賀出版)『経済倫理学叙説』(日本経済評論社)。

## 経済主義の実態

天帝から解放された人間の欲望はは止めどもなくどこまでも突き進む。信仰なき欲望は止まる所を知らず、人間本性（human nature）の内面の解放に向かう。人間の欲望は大別して利欲（economy）、名聞（honor）、色欲（sex）などに代表されるが、とりわけ、経済欲が強力であるため、現代社会は経済主義をもって頂点に達する。経済時代の到来である。現代社会は「もっと多く、もっと多く」（more and more）を合い言葉に飽くことを知らない欲望の世界を追求してきた。サブプライム・ローン問題に端を発した金融恐慌はその極致と考えていい。この度の金融恐慌はこれまで現代社会が歩んできた道、原理に大きな反省を迫っている。たんなる危機回避程度の問題ではない。同じ危機と言っても、原理の大転換をはからなければならない大問題として受け止める必要があろう。つまり、現代社会が根底から問われているという認識である。

限りない経済主義は『大学』にいう限度を超えた「気質の性」の追求でもある。端的に言えば、「カネのないのは首なしや」とばかりに、止めどもなく固有の論理を、「オレにはオレの道がある」

と脇目もふらず突き進む。「勝手にさせてくれ」とカネの論理が罷り通る。カネでカネを売買、利ざやを稼ぐために「もっと多く、もっと多く」、「俺の目の黒いうちは儲けさせて頂きます」を合い言葉に驀進《ばくしん》する。マネーゲームの世界である。スターウォーズならぬマネーウォーズの世界が展開される。まさに修羅場と言っていい。一かバチかの世界だ。実体経済から程遠いゲームの世界であるから誰かが損をする。究極的に誰かが「ばば」を引かざるを得ない。今回のアメリカに端を発した金融恐慌はまさにばば抜きゲームの破綻以外のなにものでもない。経済主義の破局と考えていい。

## 横井小楠の労働観

こうした経済主義は、労働と正義を原理とする世界からは程遠い。本来の富、国富は額に汗して働く尊い労働の産物ではなかったか。額に汗して働く結果として財が生産され、その結果労苦によって社会的に位置づけられるというのが本来の相（すがた）ではないか。越前で経済政策を担当した横井小楠の経済論はまさにこの点にあった。小楠は額に汗して働く実体経済に基礎をおくことを忘れなかった。労働と正義が評価される社会の実現を目指し、そのため小楠は労働の生産物に基礎をおく藩政を提言した。富を増加する方法は原理的に生産的労働の増加ならびに労働の生産性の引き上げ以外にはない。小楠はこの二つを越前で実行している。生産的労働の増加について遊手徒食《ゆうしゅとしょく》（失業）を心配する小楠は、武士の次三男、婦女子の雇用対策を提案しているが、今日の雇い止め、派遣切りとは全く別の次元と見なしていい。それぞれ得意の分野を活かした雇用の創出、例えば海での活躍に向いている者にはそうした職業の提示、養蚕の術に適している者には蚕室の提供というように、それぞれの適性に応じた雇用創出をきめ細かく指し示した。その外、婦女子対策として養蚕、織物業を提案している。[1] 徳富蘆花が『竹崎順子』で紹介しているように、小楠が実際農家に赴いたときの見聞に基づいた提案であるので説得力がある。[2] 労働の生産性を引き上げる点についてはどうか。労働生産性を引き上げるには機械、技術力の導入がものをいう。機械化を試みる場合にはよく実験した上で、適しているかどうか確認してから実行に移すべきであると強調している。なぜならば、新規な機械生産といえども民が承服しないようであれば一方的な押しつけになるため、かえって生産性を損ねると考えたからに他ならない。

横井小楠は額に汗して働く富を真の国富と考えていた。それは彼の貨幣政策、金融政策に端的に表れている。越前一藩ばかりではなく、拡大し日本国に当てはまるとする『国是三論――富国論』（蔓延元年、一八六〇年）で説く貨幣政策、金融政策は真の富、国富と表裏一体をなしている。基本的に小楠の貨幣政策、金融政策は生産物があればいくら楮銀《ちょぎん》（藩札）を発行しても構わぬという立場に立っている。藩経済が確立していれば、つまり、働く場、職場さえ確保してあれば、貨幣の増発は構わない、正金の裏付さえあれば貨幣の発行量はそれに見合うわけであるから気にする必要はないという伝統的な経済論に立脚している。いわゆる貨幣数量説で、それによれば貨幣総量と取引量が見合っているとき均衡を保つことが出来るので、生産に見合った貨幣量は適正である、ということになる。むしろ貨幣量が少ない方が支障をきたす。だから小楠は貨幣量の適正水準、生産物に見合った貨幣量を提案したわけである。換言すれば、労働力に依存している貨幣量ということになるから健全であるというわけである。このように、経済政策の基本は生産的労働の増加ならびに労働生産性の引き上げにあったゆえ問題はない。当時中央に比べ地方（越前）は貨幣量が少なく流通に支障を来していたため、また内外の金銀比価の問題も重なって海外に飲み込まれないためにも、物価水準を高めに設定しておく方が有利であると見なした。貨幣の増発にたいしては正金の裏付けという確証の下、積極的な財政論を提案したわけである。[3] 労働に基づく生産が確固たるものであるという自信がそうさせたと考えていい。

## 真の富国

『国是三論――富国論』の経済政策は、三〇年前のそれと全く逆の立場に立っている。天保十二年（一八四一年）頃起草したと言われる『時務策』で展開した経済論は、藩の金貸し業への、つまり宝暦（一七五一年）以降の貨幣政策にたいする厳しい批判であった。名君と誉れ高い藩主にたいしても容赦はなかった。財政再建のため藩民を収奪しているというのである。藩が至るところで財政立て直しのために金貸し業を展開、一見藩民のためになっているように見える貸与も一皮むけば、藩民への「収斂の利政」以外の何ものでもなく、「貨殖の利政」を「悪政」であると一蹴した。「貨殖の利政」は「苛政であり虎よりも猛し」と糾弾している。[4] 現代風に言えば、藩がマネーゲームならぬ金貸業によって藩民を苦しめているため、「貨殖の利政」は一刻も早くも廃止しなければならないと強調したわけである。

　この時点での藩財政立て直しへの批判は典型的な質素倹約論に基づくもので、伝統的な経済観に立っている。量入制出に基礎をおく徳川の世にあって厳しい節倹論は当然の結果であったと言えよう。[5] 小楠は支出を抑える方に力点を置き、消費を極力抑える消費抑制論に立っている。消費者物価が上がるのは消費性向が異常に高いためで、正月の蛤が何倍も高騰するのはそれがためで、奸商につけ込まれ、さらに物価高騰の要因となっていると見る。したがって、旺盛な消費性向を押さえる以外に財政立て直しの道はないと考えていた。この時点では『国是三論――富国論』で展開している生産には目を向けてはいない。正金の裏付け論までは程遠かった。

『時務策』では経済政策論までは至っておらず、文字通り、時務策、「時弊匡救《じへいきょうきゅう》策」であった。ところが、『国是三論――富国論』の段階では経済政策論まで高められている。だが、一貫して言えることは経済政策の眼目が庶民の目線に立って主張されている点である。小楠は「下の者を利する」ことが藩政の重要な課題と見なしていた。今日に置き換えれば、一部の者の富は真の富ではないということになる。大衆が富むことによって豊さが実現されることを考えれば、経済格差によって大衆が貧困に喘ぐ相は小楠にとって真の富の実現にはならない。だから『国是三論――富国論』では徳川に厳しい批判が展開された。「庶民を子とする政教」がない。「徳川一家便利私営」のことしか考えず、ペリーが徳川治世を「無政事の国」と呼んだが、小楠は「実に活眼洞視である」と賛意さえ表明している[6]。

『国是三論――富国論』では労働に基礎をおく生産物の増加を説き、真の富が労働の対価であるとし、その基礎に徳をおいている。小楠は越前で『大学』を講義した。『大学』に啓発された三岡八郎（後の由利公正）はこれに刺激され藩内の物産をつぶさに検証、物産総会所を建て外国交易で巨万の富を得るが、その中心概念は、「徳は本也、財は末也」であった。生産は労働により徳に基づいている。つまり経済と道徳が一体となっていた点である。『大学』は冒頭「初学徳に入る門なり」と謳う。小楠の富国論は、経済と倫理、道徳が不可分の関係にあったと見ていい。つまり富と徳とが連続している。換言すれば、「朱子学的思惟の連続性」が経済政策論に展開されているということである。「俺の目の黒いうちは儲けさせて頂きます」とする野蛮な資本主義ではない。マックス・ウェーバーの健全な資本主義「祈りかつ働け」（ora et labola）に基礎をおいている。儲かるから止められないを理由に、汚染米販売によって「悪金」（わるがね）を掴んだ米穀業者とは雲泥の差がある。そういう意味で、小楠の経済思想の根底に健全な資本主義の精神が横たわっていたと見ていいであろう。

## 経済合理主義批判

労働に裏付けられた富、徳を持った富が真の国富であるとする小楠にとって、幕末維新期西洋列強の対外経済政策は彼の目にどう映ったであろうか。開鎖の論紛々として止まない幕末維新期、西洋諸国とくにイギリスを中心として、市場は極東に横たわっているように思われるとの思いで、開国要求が高まってくる。小楠はこれをどう受け止めたであろうか。経済合理主義をこう強調する。「西洋の学は唯事業之上の学にて君子となく小人となく上下となく唯事業上の学なる故に事業は益々開けしなり。其心徳の学無故に人情に亘る事を知らず」。続けて「交易談判も事実約束を詰るまでにて其の詰る処ついに戦争となる。戦争になりても事

実を詰めてまた償金和好となる。人情知らば戦争を停む可き道あるべし」と。(7)

この意味を考えてみよう。こうした事業上の関係を明らかにした経済学者は、ケンブリッジ学派のスタンレー・ジェボンズ（W. S. Jevons, 一八三五―一八八二）である。彼は経済学（political economy）に代え貨殖術（plutology, chrematistics）なる用語を提示した。ジェボンズは「価値はことごとく効用に依存する」、「古典派は逆立ちしている」といって憚らなかった。小楠の批判は、人間の側面が経済活動、事業上から欠落してしまっている点にある。本来経済活動は人と物とは表裏一体の関係になっているはずである。人と人の側面つまり労苦（toil and trouble）によって財ができる。人と物は表裏一体関係にある。労苦にその成果が帰属することによって地域社会に位置づけられ、労苦に見合った評価が下されるというのが本来の地域社会の原点ではなかったか。ところが、物の側面が強調されるに及んで、人間が背後に押しやられてしまう。人間の労苦が正当に評価され、地域社会の秩序、調和が実現すると考えられたが、事業上の学では人間の相が物の陰に隠れてしまい、労働放出、エネルギー支出程度にしか評価されない。物の合理性、貨幣経済が強調され、それが国富であるとするところでは、人間は物扱いにされ生産のためのたんなる手段に貶められてしまう。派遣社員を人事課ではなく管財課で担当するという視点である。この点を小楠はよく見抜いていた。事業上の学、それを背景とした経済の考え方にたいして「心徳」がないといって憚らなかった。その結果どうなるか。事業上のことは大いに進むが、その事業上のことで割拠見《かっきょけん》に陥り、戦争となるというのである。経済戦争である。経済主義は究極的にマネーウォーズを盛んに展開したが、資本主義社会の基本は一世紀以前と何ら変わってはいない。物扱いであるから事業上のことは進むがあげくの果て戦争になって、終結し和好にいたっても償金賠償になり物で解決を計る。これまた物で解決しようとする経済主義の限界を見抜き、経済主義には「心徳」がないと喝破した。経済主義を実戦する西洋の生き方に欠落しているものは「心徳」であるというのである。「心徳」ある国は割拠見、植民地戦争のような行動には出ないというのが小楠の確信であった。

## 惻怛の至誠

小楠は「心徳」つまり「人情」を知らない経済主義は戦争に至ると警告している。この視点は重要である。「人情」をどう解釈したらいいか。「人情」とは孔子の言葉を借りれば「忠恕《ちゅうじょ》」ということになる。人間は「良心」と「思いやり」が基本であると『論語』は教えている。「人情」があれば戦争を止めることができるし、「良心」と「思いやり」があれば戦争などは起こさない。さらに言えば、「人情」は倫理や道徳と言い換えてもいい。「人情」論は経済行動の基本に倫理や道徳が不可欠であることを教えている。経済の基本に人間が座っていることを考えれば、倫理、道徳のない経済行為は画餅に等しい。小楠は「人情」を別の言葉で「惻怛《そくだつ》の至誠」に置き換えている。

そこで、小楠が説く誠の経済行為の位置づけを考えておこう。小楠は、経済行使の出発点に誠をおいている。ここまでは当たり前であろうが、重要なことは誠による経済行為の後さらに誠によって検証している点である。「致知」後の「誠意」である。「致知」後の「誠意」は経済活動の検証である。経済活動が理に適っているかどうか検証し、理に適っていなかったならば「誠意」で包み込み、「誠意」で再検討する。これによって悖って入る財は除外され、「誠意」で再度チェックされた経済行為は二重に監視されるため倫理や道徳から逸脱することはない[8]。小楠はこうした方法をどこから考えついたのか。理由はいたって明瞭である。『大学』が説く経済の基本は、前述のごとく「徳は本なり財は末なり」であるが、そもそも『大学』の目的は徳に入る門であるから経済行為についても徳が出発点であることに変わりない。『大学』は続けて財（カネ）を中心とする社会は人々が争いを演じるようになり、修羅場化する危険性があることを示唆している。「悖って入る財（カネ）はまた悖って出てしまう」。当然である。だから小楠は西洋合理主義を「人情」ではなく究極的は「割拠見」、植民地戦争に陥る危険性を懸念したわけである。

「惻怛の至誠」は、近代以前の後れた思想ということになりかねない。果たしてそうであろうか。ここで重要になってくるのが長い間培われた伝統や風習である。つまり、倫理や道徳が重要であるということである。倫理、道徳というと堅苦しく聞こえるかも知れないが、それは共同社会を営む上で身につけた生活の智恵、潤滑油のようなものとして考えればよく分かる。上からの決まりあるいは法規制ではない。倫理、道徳と法はどう違うのか。倫理、道徳は自ら守るもの、法とは守らされるものであること考えれば、それがいかなる性質のものであるかこれ以上の説明は不要である。経済の行為に倫理、道徳が必要であるというのは伝統的な経済観、地域社会が滞ることなく回るための伝統的な考え、風習にしたがって行動をしなさいという重要な教えである。近代経済学の創立者の一人であるL・ワルラス（Leon Walras, 一八三四―一八六六）は経済学に倫理や道徳を持ち込む必要はないと言って憚らない。倫理や道徳は心理学の対象であっても経済学の対象ではないという。効用や財の均衡関係を対象とし背後の人間まで研究対象とすることはないと「人情」を退けた。経済行動に「惻怛の至誠」など必要ないというわけである。実は小楠が最も恐れたのはこの点である。すでに、『文武一途の説』（嘉永六〔一八五三〕年）で、「権変功利の拙き術」に陥ることの危険性を強調しているのもそのためである。(9)「権変功利の拙きの術」の延長線上に「事業上の学」、西洋植民地主義の欠陥を見て取ったと言っていい。物の効用を重要視する精神なき資本主義の実態を目の当たりにした小楠は、「心徳」、「惻怛の至誠」で包摂することによって「大義を四海に布」こうとしたのである。「堯舜孔子の道」で「西洋機械の術」を包み込み、平和な秩序ある世界の構築を強く望んだのである。(10)「惻怛の至誠」はそうした意味を持っている。単なる同情論、哀れみ論ではない。

**注**

（1）『国是三論――富国論』三四―三五頁（山崎正董編『横井小楠関係史料1』続日本史籍協会叢書、東京大学出版会、昭和五十二年）。
（2）徳富蘆花『竹崎順子』福永書店、大正十二年。
（3）山崎益吉「横井小楠の税思想」（別冊『環』⑦、藤原書店、二〇〇三年）。
（4）『時務策』「（地）貨殖の政を止むること」七一頁（『横井小楠関係史料1』前掲書）。
（5）『時務策』「（天）節倹の政を行うべき事」六八頁（『横井小楠関係資料1』前掲書）。
（6）『国是三論――富国論』三九頁。
（7）『沼山閑話』九二六頁（『横井小楠関係史料2』続日本史籍協会叢書、東京大学出版会、昭和五十二年）。
（8）山﨑益吉「幕末の思想家・横井小楠に学ぶ経済哲学――経済行動の基本に誠意あり」『人間会議』二〇〇三年冬号。
（9）『文武一途の説』九頁（『横井小楠関係史料1』前掲書）。
（10）「明堯舜孔子之道、尽西洋機械之術、何止富国、何止強兵、布大義於四海而已」（慶応二年〔一八六六年、甥佐平太、大平に送った言葉〕）。

誠意の工夫なしに真の経綸は不可能と批判

# 水戸学批判と蕃山講学

【誠意の工夫論をめぐって】

北野雄士
Kitano Yuji

## はじめに

横井小楠は一八五〇（嘉永三）年、旧知の水戸藩士藤田東湖に書状[1]を送った。その内容は、長い間連絡を取らなかったことを詫びた後、水戸藩の内部抗争を憂慮するとともに、欧米船の来航を早くから警告してきた水戸藩の先見の明を高く評価して、今後通信したいと申し出たものである。一八五三（嘉永六）年ペリーが浦賀に来航すると、小楠は東湖に改めて書状[2]を出し、肥後藩の同志とともに攘夷に協力したいと述べている。小楠が当時水戸藩に共感していたのは、日本の独立に対する危機感と攘夷論を水戸藩と共有していたからであった。

水戸藩の藩政改革や水戸学に対する小楠の態度は、心酔して全てを受容するというものではなく、水戸藩の党派争いを憂慮し、改革案も肥後藩に必要なものを受け入れるという距離を置いたものであったが、藩主徳川斉昭や東湖ら改革派藩士には大きな期待を寄せていた。

しかし、小楠は一八五五（安政二）年三月薩摩藩士鮫島正介から、ペリーが来航した時幕閣が斉昭の一言でアメリカとの和議に傾いたという情報を得ると、斉昭に深く失望し、斉昭を、徳川光圀以来の「節義」を忘れ、アメリカとの戦争に勝てるかどうかを気にかける「利害之私心」に陥っていると厳しく非難し始めた。[3]小楠の疑惑は同時に斉昭を育んだ水戸学自体にも向けられた。以来小楠は、肥後藩や柳川藩の親しい友人に対して繰り返し斉昭や水戸学に対する疑問や非難の言葉[4]を書き送っている。

一八五八（安政五）年六月十八日に肥後藩の同志（実学党の盟友）に出された書簡[5]でも、斉昭によってはもはや水戸藩は治まらない、水戸藩の「覆亡」の原因は水戸学の「学術之曲」にあると断言されている。当時小楠は、越前藩に藩校明倫館の教授として招かれていて、同じ書簡の中で越前藩士に対してもそのことだけを講習していると述べている。その約二ヶ月後に弟の永嶺仁十郎に宛てた書状[6]の中では、福井の寓居で越前藩士とともに熊沢蕃山の著書『集義和書』講学の会を始めたと報告している。この講学の目的は言及されていないが、ほぼ同じ時期に行われた小楠の水戸学批判と蕃山の『集義和書』講学とは関連がありそうである。本稿は、水戸学批判と蕃山講学の共時性を手掛りに、両者の関連を探り、小楠の水戸学批判の思想的根拠を明らかにしようとするものである。

まず一では、生涯にわたる小楠と水戸学の関わりを素描し、二では、小楠の水戸学批判と蕃山講学との関連を考察する。三では、前二章の議論を踏まえて小楠の水戸学批判の思想的根拠に迫り、結論としたい。

## 一　小楠における水戸学の受容と批判

徳川斉昭が藤田東湖や会沢正志斎ら改革派藩士に擁立されて、水戸藩主になったのは一八二九（文政十二）年である。以来斉昭は藩政改革を断行し、水戸藩の動向は全国の武士の注目するところとなった。小楠も実学党の盟友とともに水戸藩の改革に多大な関心を寄せていた。

一八四二（天保十三）年に書かれたと推定される小楠の論策として、肥後藩の改革を論じた「時務策[7]」がある。その内容は、水戸藩の士風を高く評価し、水戸藩の改革に習って節倹策や藩営の高利貸付制度の廃止などを提案したものである。小楠が当時水戸藩で行われていた改革から大きな影響を受けていたことがわかる。

小楠は、水戸藩の改革にのみ関心を持っていたわけではなく、『大日本史』や『皇朝史略』などの水戸学の文献[8]も読んでいた。一八三八（天保九）年に小楠が『大日本史』に触れた文章には徳川光圀に対する畏敬の念[9]が感じられる。しかし、その一方で小楠は、後白河法皇御所の法住寺殿を襲撃したとして源義仲（木曽義仲）を叛臣伝に入れた『大日本史』を批判し、義仲の質朴な忠義心を称賛した漢詩[10]を詠んでいる。

水戸学に対する小楠の態度には当初より醒めたところがあった。水戸藩の改革論についても、小楠が取り入れたのはその一部であった。後に越前藩に招かれると節倹策を捨てて、藩が商人と協力して殖産興業を推進し生産力を高める富国策を提唱し[11]、文武節倹の強制に走る水戸藩の政策を「弊政」として否定的に評価している[12]。

但し、著名な水戸学者でもあった藤田東湖や会沢正志斎には憧れも抱いていた。肥後藩から江戸遊学を命じられ、一八三九（天保十）年四月に江戸に到着した小楠は、早速五月には東湖に面会を申し込み、事実に即して冷静に物事を考えようとする東湖の態度と威丈夫振りに感銘を受け、今の世で東湖ほどの人物は少なかろうと述べている[13]。

江戸遊学中、小楠は水戸訪問を計画したが、過酒によって藩外の者と問題を起こしたことを理由に一八四〇（天保十一）年二月帰藩を命じられ、その願いはかなわなかった。

熊本に戻って謹慎し、藩政から遠ざけられた小楠にとって、東湖は日本の政治に直接影響を与えうるほとんど唯一のチャンネルだった。しかし、東湖は一八四四（弘化元）年斉昭が藩内の保守派の策動によって幕府に致仕謹慎を命じられたのに伴い、幕府から免職蟄居の処分を受けた。東湖が謹慎を解かれたのは五年後の一八四九（嘉永二）年である。そこで小楠は、翌年本稿の冒頭で言及した手紙を東湖に送り、通信を申し込んだのである。

一八五三（嘉永六）年六月ペリーが浦賀に来航すると、小楠は東湖に手紙を出し、斉昭と水戸藩に大きな期待を寄せて、攘夷に協力したいと申し入れた。しかし一八五五（安政二）年になって、斉昭がペリー来航時に幕閣に和議を進言したことを知ると、小楠は斉昭と水戸藩を厳しく批判した。

小楠の批判は、深く信頼していた柳川藩家老立花壱岐宛のいくつかの書簡の中で行われている。小楠はその中で斉昭を次のように批判した[14]。すなわち斉昭は「事の成否」つまりアメリカに対する攘夷が成功するかどうかという目前の結果に囚われて「義公（徳川光圀のこと――引用者注）以来の節義」を忘れ、和議を図った。筋を通さず恥を忍んで和を結んだ国が中興することはありえない。斉昭には一身の責任で事態を引き受ける覚悟がなく、事の成否を見る「利害之私心」に陥っているため、できる限り表舞台に出ないようにして陰で密かに智術を弄し、公明正大であるべき政治を行っていない。小楠はさらに斉昭やその家臣に見られる智術に傾く性向は、水戸学自体の「学術之曲」[15]に由来すると言う。

小楠は一八五五（安政二）年の夏、弟子の蘭方医内藤泰吉と漢文の世界地理書『海国図志』を講学し[16]、アメリカを「有道」の国とみなすようになり、開国の不可避と西洋文明の優れた点を知った。一八六〇（万延元）年には、越前藩のために『国是三論』[17]を口述し、『書経』に描かれた古代中国の理想政治のイメージに基づいて西洋文明の受容を主張し、幕政を徳川家による「便利私営」[18]と批判しつつ、開国、民間の生産力の発展を重んじる西洋的経済政策の導入、海軍創設、世界平和への貢献を提唱した。ここでは水戸学の「勧農抑商」的な政策は放棄されている。

小楠は、古代中国の政治理念を、時代から切り離して徹底的に抽象化し、豊かで平和な民衆の生活の実現と捉え、これを「三代之道」[19]と呼んでいる。この理念は小楠の政治論の指導的理念となった。

小楠の水戸学批判はその後も継続し、一八六〇年代になってもやまなかった。小楠は一部の水戸藩士（いわゆる天狗党）が朝廷尊崇のあまり幕府に叛旗を翻したことを咎め、水戸藩における神道の害[20]に言及している。

さて、小楠が言うところの水戸学における「学術之曲」とは一体何を意味しているのか。この問題の手掛かりは、彼が水戸学を批判していたのと同じ時期に、越前藩士を相手に熊沢蕃山『集義和書』を講学する会を開いていたことである。次章では、小楠の水戸学批判と蕃山講学との関連を考察し、彼が水戸学のどこに病根を見出したのかを探ってみよう。

## 水戸学批判と蕃山『集義和書』講学

小楠が池田光政に仕えた熊沢蕃山に私淑していたことは、熊本の私塾を訪ねてきた越前藩士村田氏寿に対して、唯一会ってみたい過去の人物は蕃山だと語っていること[21]からも分かる。蕃山の著作のうち小楠が重んじていたのは、一六七二（寛永十二）年刊行の『集義和書』である。この書物は、江戸前期に日本の風土の中で為政者たる武士がその社会的地位と精神的境位に応じて如何に生きるべきかを、儒教道徳の観点から説いたものである。小楠は、遅くとも二十代に『集義和書』に出会い、晩年にいたるまで読み続けている[22]。四十代、五十代には、越前藩士や熊本の塾生と一緒にこの書を講学した。

『集義和書』は、さまざまな事例を通じて武士がどのように儒教道徳を実践していくべきかを論じているが、その実践論の核心は「誠意」の工夫[23]であった。蕃山によれば、誠は天の道の中心であり、誠意（「意を誠にす」）は意を天の道に従わせることである。意を天の道に従わせるには、邪念を去り、自らを欺くことがないように常に注意しなければならない。このことは、「慎独」（「独りを慎む」）、つまり独りのときに、兆してくる邪念を振り払うことだとも言い表せる。このような意味での誠意、すなわち慎独は、蕃山にとって武士が自分の心を治める「心法」上の工夫の要だった。

蕃山によれば、誠意は「忠信を主とするの工夫」[24]でもある。「忠信を主とする」とは、「誠を思ふ心真実なれば、誠すなわち主となりて、思念をからずして存」していることであると説明されている。ここで、「忠信」の「忠」は、誠を思う心が真実であることを、また「信」はその結果その人の中で誠が主となっていることを意味する。

蕃山は、天の道の中心に誠を、天の道を範型とする理想的な人の道の中心に信を置く[25]。彼によれば、誠と信は対応しており、誠意は、心を天の道である誠に従わせ忠信を主とする状態に置くための工夫である。『大学』の八条目、すなわち格物、致知、誠意、正心、修身、斉家、治国、平天下のうち、誠意こそ実際に人が工夫すべき筆頭のものである[26]。結局のところ、蕃山にとって誠意は、儒教道徳を実践する上で最も重要な心法の工夫であった。

さて、小楠の場合、誠意は何を意味し、思想の中でどのような位置を与えられたのか。一八五三(嘉永六)年の書簡によれば、誠意の工夫は、学者が世間の旧習の惑いから脱却し、心を実にして学問の本領を立て、事物の理を極める格物致知の前提であった。小楠は、このような説明に続けて「誠意は論語にて申せば忠信を主とするの処、近思録にては学を為すの所、皆この学問の大本領の工夫なり[27]」と述べている。安政二(一八五五)年の書簡では、誠の意味が「何事に処し候ても我が了簡明白にこれ有りいささかも疑惑これなき筋に候へば我が心も能くその事に一途にはまり他念これなく候。そのはまり候心が即ち誠にて、この外に別に誠と申す心はこれなく候[28]」と解説されている。小楠にとって、誠はある物事に他念なく一途にはまっている状態であり、意を誠にする誠意の工夫は、儒教を実践し学問の本領を立てるために最も重要な心法上の工夫だった。

小楠はこのように誠意を理解し、水戸藩の君臣には誠意が成り立っていないと批判した[29]。すなわち、斉昭やその家臣は天下の先覚者と自認し、その自負を他に譲る気はない。そのため、己れの心を他念なく物事にはまっている誠の状態にすることができていない。これでは天下の経綸を為すための聡明は生まれようがなく、利害の心に引き落とされてしまう。

以上のように、誠意の意味に関する小楠の見解、水戸藩の君臣に対する小楠の批判を見ると、『集義和書』講学の意図が明らかになる。すなわち、小楠は蕃山講学を通じて、越前藩士に真の誠意の工夫を行わせて、学問の本領を立てさせ、藩士に浸透した水戸学の影響を消し去ろうとしたのである。彼は誠意の工夫によって初めて人は真の経綸を為すことができると考えていた。『集義和書』は藩士を導くのに格好の書物だったのである。

小楠が水戸学における「学術之曲」と呼んだのも、誠意と関連がありそうである。そこで誠意が水戸学においてどのような位置を占めているかを検証しておこう。

水戸学においても誠意は勧められなかったわけではない。斉昭は一八三三(天保四)年の『告志篇』の中で「正心誠意の学を本とし、恭敬の義を取失はず、武芸の義も表を飾るの意を止て、沈勇を尚び、篤実律義の士となり候よう心懸く可く候[30]」と、自己修養を尊ぶ正心誠意の学を本にすべきだと説いている。しかし、水戸学者の藤田幽谷、藤田東湖、会沢正志斎は、一心が治まれば国家が治まると唱える朱子学者に対して反感を示し、むしろ富国強兵のように国を治める「功利」にこそ武士は力を注ぐべきだと主張した[31]。誠意は水戸学においては必ずしも最も重要というわけではなかった。

小楠は、水戸藩の君臣に見られる「心術之曲」を生み出したのは水戸学の「学術之曲」だと指摘するに止まり、その内容については書き残していない。だが、水戸学における誠意の扱いを見れば、彼が「学術之曲」と見なしていたものは、水戸学が誠意の工夫よりも功利を重んじていることではないかと考えることができる。

郷里の弟に福井での『集義和書』講学の模様を知らせた小楠の手紙には「拙者宅にて熊沢集義和書の会相始め、執政諸有司その外も参り種々討論、何時も鶏鳴迄は咄合い申し候。憂愁中の楽事と何も悦び申し候[32]」と書かれている。努力の甲斐があったのか、小楠は一八六一（文久元）年には越前藩における水戸学の「弊害」はほぼ消失したと判断している[33]。

## 結論

小楠は当初水戸学の先見性を高く評価していたが、ペリー来航後、徳川斉昭の対アメリカ政策に失望し、一八五五（安政二）年以降、斉昭とその家臣の政治行動を批判すると共に、水戸学それ自体にも疑いを持つようになった。すなわち、水戸藩の君臣はアメリカとの戦争の勝敗にこだわる利害の一心に陥って、誠意の工夫ができなくなり、政治的智術を弄するだけで全面的な責任を取ろうとしていない。このような傾向は彼らの生来の性質だけでなく水戸学自体の「学術之曲」にも由来している。小楠が水戸学批判の根拠にしたのは、誠意の工夫により、他念なく心のうちから物事にはまることで初めて心の経綸を為すことが可能になるという考え方である。

水戸学批判を行っているのと同じ頃、小楠は福井で『集義和書』講学の会を開いていた。この書は、儒教道徳を実践する上で最も重要な心法上の工夫を、誠意に求めている。蕃山の『集義和書』講学を通じて、越前藩士に対して誠意の工夫を行わせ、彼らに浸透した水戸学の悪影響を除こうとしたのである。

誠意の工夫によって真の経綸を行うという考え方は、小楠が朱子や郷土の朱子学者大塚退野の研究を通じて獲得した修己治人の思想を実践する方法を明らかにしたものである[34]。

誠意の工夫が強調されたのと同じ時期、『書経』に基づいて「三代之道」の理念が提唱されている。この理念は、小楠が西洋文明に触れ、その衝撃に対処して日本の独立を維持しようと努力する中で形成された。その内容は、豊かで平和な民衆の生活を保障することが為政者の義務であるというものである。小楠はこの理念に従って西洋文明を取捨選択し、政策論に採り入れた。

誠意の工夫は、武士が修己知人を実践する場合の方法論であり、

「三代之道」論は修己治人の究極目的を明確にし、それを実現する政策を考え出すための理念だった。一八六七（慶応三）年、小楠はアメリカ留学中の二人の甥に宛てて、熊本でも『書経』と蕃山の著作（恐らく『集義和書』）のみを弟子と講学していると返事[35]を出しているが、彼の思想のエッセンスを伝えるにはその二つの書物で十分であったのである。

**注**

(1) 山崎正董編『横井小楠 下巻 遺稿篇』明治書院、一九三八年、一四三―一四四頁。なお、本稿は拙稿「横井小楠による水戸学批判と蕃山講読―誠意の工夫論を巡って」『横井小楠研究年報』第二号、二〇〇四年、一―二〇頁を大幅に改稿したものである。
(2) 前掲『横井小楠 下巻 遺稿篇』、二〇五頁。
(3) 同書、二二〇―二二一頁。
(4) 同書、二二七―二三〇、二六一―二六二、二七四頁。
(5) 同書、二六一頁。
(6) 同書、二七〇頁。
(7) 同書、六五―七九頁。
(8) 同書、七九四頁。
(9) 同書、六七六―六七八頁。
(10) 同書、八五八―八五九頁。
(11) 同書、三二―四一頁。
(12) 同書、二六二、二七四頁。
(13) 同書、八九九頁。
(14) 同書、二二一、二二七―二三〇頁。
(15) 同書、二六一頁。
(16) 同書、二二四、二四二―二四五頁。
(17) 同書、三三―四一、四四―四六頁。
(18) 同書、三九頁。
(19) 同書、二四二、二四五、二四六頁。
(20) 同書、九〇二、九一〇頁。
(21) 村田氏寿『関西巡回記』三秀舎、一九四〇年、三五頁。
(22) 前掲『横井小楠 下巻 遺稿篇』五〇八、八六三頁。
(23) 熊沢蕃山『集義和書』後藤陽一、友枝龍太郎校注『日本思想大系三〇 熊沢蕃山』岩波書店、一九七一年、一六三―一六四頁。
(24) 同書、七九、八六頁。
(25) 同書、一〇一―一〇四頁。
(26) 同書、一六三頁。
(27) 前掲『横井小楠 下巻 遺稿篇』一九四頁。小楠のテクストを引用する際、読みやすいように適宜送りがなを送り、漢字を平がなにし、書き下しにした。
(28) 同書、二三〇頁。
(29) 同書、二三〇頁。
(30) 徳川斉昭「告志篇」今井宇三郎、瀬谷義彦、尾藤正英校注『日本思想大系五三 水戸学』岩波書店、一九七三年、二一五頁。
(31) 同書、二七、二五六、三二三―三二四頁。
(32) 前掲『横井小楠 下巻 遺稿篇』二七〇頁。
(33) 同書、三五四頁。
(34) 同書、四頁。
(35) 同書、五〇八頁。

# IV　小楠の世界観
## ——「開国」をめぐって

熊本・横井小楠記念館周辺

小楠の公共の思想は開国論でどう展開したか

# 「開国」と「公共」との思想的関連

【『開国図志』を中心に】

源　了圓
Minamoto Ryoen

## 地理・国情・歴史を記した魏源『海国図志』

### 本書の完成経緯

小楠の「開国論と公共性」の関係について知ろうと思うならば、魏源（一七四九―一八五七）の著した『海国図志』はきわめて重要である。小楠を攘夷論者から開国論者に転回させたのも、さらに「体験としての公論意識の持主であった小楠を自覚的な「公論主義者」とし、「開国」と「公共」思想を統合的に捉える思想家として、日本の政治思想史上ゆるぎない地位を確保させたのもこの『海国図志』であった。

では『海国図志』とはどういう本だったのか。この本の編集をまず思い立ったのは、アヘン戦争の中国側の中心人物である林則徐（一七八五―一八五〇）である。彼は敗戦の原因の大半は、中国が夜郎自大になって世界の大勢を知らなかったことに起因すると考え、英国人ヒュー・マレイの原著 *Hugh Murray, An Encyclopedia of Complete Description of the Earth, Physical and Political*, London, 1834, 3 Vol. を、林則徐の広東総督在任中、袁徳輝などに命じて翻訳させ、『四洲史』と名づけたものが中心となっている。[1]この原著は一五〇〇頁を越す大著ということであるが、中国語訳はそれを二〇の一に要約した。彼はそのほか「澳文月稿」「奥東奏稿」ならびに彼が浙東にあった時に探し求めた船砲の模型図も加えた。

林則徐の編集の作業はまだ済んでいなかったが、彼は道光二十一（一八四二）年、アヘン戦争敗北の責任を問われ、新疆省に左遷されることになった。そこで彼は後事を魏源（一七九四―一八五七）に託して、集めた資料をすべて渡した。魏源は清国の経世の志ある官僚であると共に、多くの著書をあらわしている知識人でもあった。そして林則徐のアヘン戦争を始めた志に共感し、みずからも参戦した人であった。

それより先に彼は道光九（一八二九）年から『聖武記』（全十四巻）の執筆を始め、道光二十二（一八四二）年の新春にこれを完成している。そして林則徐の依頼があるとチームを作り、自らも執筆して、その年の暮には『海国図志』（五〇巻）を完成している。

まず『聖武記』から略述すると、この本は、清朝の初めから道光年間に至るまでの歴史を軍事を中心として叙述したもので、財政、軍政共に盛んだった在りしの中国を叙することを通じて衰尾しつつある国運を直視し、その回復の道を模索しようとするものであった。老中阿部正弘をはじめ、多くの幕閣たち、佐藤一斎、会沢正志斎、佐久間象山、橋本左内など多くの読者がいたが、小楠はその中にはいっていいない。

一八四二年の十二月三日に『海国図志』は完成した。内容的には地理中心の原書にそれぞれの国の歴史や詳しい国情を加えているので、万国の地理書であるとともに、世界事情の本であり、各国の歴史のアウトラインをしるした本である。さらに全体の巻末には造船、鋳砲、測量、砲台の築き方、火薬や攻船爆雷の製法等、西洋の機械の技術についての、当時の東アジア社会で最も望まれた情報が載せられていた（この有用かつ実用的な情報は、林則徐が長い間かかって私費を投じて集めたものであった）。

加うるに魏源は巻頭の二巻にみずから新しく書いた「籌海篇」を宛て、議守、議戦、講疑という防禦・戦闘・外交（交易）という西洋のインパクトへの対応についての魏源の基本的考えが示され、さらに「源案ずるに」「源曰く」というスタイルで、みずからの考えや本文への共感や批評を述べている。

この本は学術書ではない。拙速を尊んだ情報伝達の本である。地理上の知識や訳語の統一などで問題を残しており、その後二回改訂増補している。

初版　道光二二（一八四二）年　五〇巻本
第二版　道光二七（一八四八）年　六〇巻本
第三版　威豊二（一八五二）年　一〇〇巻本

日本では初版は輸入されず、道光二十七（一八四八・嘉永五）年に刊行された第二版の六〇巻が、嘉永七年九月になって初めて正式に輸入を許可され、七部を幕府で買いうけ、残り八部は一般の人に競売に付された。この時初めて『海国図志』は日本人の知的共有財産となり、原書ならびにやがて出るその翻刻書が幕末の日本をゆり動かすこととなる。

この幕府で買い取った七冊の本は、幕府の文庫に秘蔵されていた。当時勘定奉行をやっていた川路聖謨はそれにさっと眼を通してみると、「新説奇聞」が多く、少からず益があるように思えたので、老中の阿部伊勢守にその旨申上げると、そのような本を文庫中にとどめて置くのは道理に合わない、閣老たちに下附して熟読して貰う必要があると言って将軍に請うたら早速許可された。そのことを聞いた聖謨はこれは見事な裁断です、できたらなお一歩進めて余った一冊を翻刻して、公衆有志に見て貰ったら国家のためになることでしょうと聖謨は申出る。伊勢守はそれを許したので、川路聖謨は、儒者鹽谷宕陰、蘭学者箕作院甫に校訂の作業を頼み、私費を投じて浅草の須原屋仲八に翻刻、出版を依頼したのである。幕府の開明官僚川路聖謨の尽力によって『海国図志』は死蔵を免れ、しかも原典以上の正確なテキストとなって、多くの日本人に読まれることになった。この鹽谷・箕作の翻刻本は六〇巻本であった。

### 『海国図志』の日本受容の特色

ところでわが国の『海国図志』の受容の特色は何処にあるか。

第一の特色は、直ちに多くの翻刻本が出たことである。『鎖国時代の日本人の海外知識』によると、嘉永七年15、安政二年5、安政三年2、明治元年1となっていて、当初の三年間に集中的に出版されていることである。

第二の特色は、多くの種類の和訳文（書下し文）が出たことである。翻刻の形式は、(1)鹽谷・箕作の協力によってなされた原文の事実の誤りや、誤植を直し、その上で、訓点を施し、地名・人名に洋音のルビを施した「校訂本」4、(2)たんなる「訓点本」3、(3)書下し文にした和訳本16、の三種類がある。漢学者・洋学者の協力による原典以上の正確な校訂本の出版は、洋学者の伝統が絶えてしまっていた中国や、始めから育たなかった李氏朝鮮にはなかった特色だが、書き下し本が十六種類も出たということも、それに劣らぬ驚くべきことである。このことは漢文を自由に読めない一般民衆も、世界の大勢に強い関心をもち、この本を理解する力をもっていたことの証拠であり、これは清国や李氏朝鮮と比較した場合の最大の特色であろう。

第三の特色は、すべての巻を翻訳するのではなく、重要と思われる巻を重点的に翻刻していることである。その内容は、「籌海篇」2、「アメリカ篇」9、「ロシア篇」2、「イギリス篇」3、「夷情備守篇」2、『礮台・火薬・攻船水雷図説』に関するものの抄訳」1、「国地総論篇」1、である。これらの総計は二四となっていて、翻刻本の総数二三とは合わないが、それは頼三樹三郎(子春)が「インド篇」と「夷情備守篇」とを合わせて、一つの巻としたからでである。

翻刻が特定の巻に集中したことは、当時の人々が『海国図志』を緊急の役に立つ情報を提供するものとして求めていたことを示す。識者の最大の関心は「籌海篇」に示された魏源の、西洋のインパクトへの対応にあったろうが、実務家や一般の人々にとっては、黒船に象徴される未知の国で、しかも新しく最も関係の深い異国となった米国への関心が最も強かったことがよく分かる。このような重点集中型の翻刻は、当面の必要に応ずるという点では好都合であったが、その反面、魏源という一知識人がこの著作の全体を通して何をめざしていたかを知ることは、中国版の読者以外には日本では不可能という結果をひきおこしていることを見落してはならない。

ところでわれわれは、この翻刻の仕方から当時『海国図志』を読んだ人々が、あながち開明論者たちだけではなかったことを知ることができる。たとえば服部子遠によって翻刻された「礮台・火薬・攻船水雷図説」の巻などは、攘夷論者も利用できる。事実、『海国図志』の翻刻者の一人頼三樹三郎は尊王攘夷運動家の一人であり、安政の大獄で刑死した人であった。開明論者から攘夷論者までを含めた多種多様の人々を、この翻刻の作業に引き入れ、又読者に引っ張りこんだのは、彼らに共通する西洋のインパクトに抗して日本の国家としての独立をいかにして守るかという一念であった。

『海国図志』はそれまで模範として仰いだ中国の、アヘン戦争における敗北という衝撃的事件に出会って、取るべき針路に迷っていた日本人に、その人なりの仕方で西洋のインパクトに対する対応の道を教え、あるいは示唆した。とくに魏源がアヘン戦争で戦った経験を基にしてこの本を編集しているだけに、日本の読者に訴える力は強かったように思われる。

## 受容の三類型

ところでこの本の受容の仕方は次の三つに類型化できる。第一の最大にして基本的なものは、「夷の長技を師として夷を制する」という魏源の考えに触発されて、西欧の科学技術を採用して日本の独立を全うしようとするものである。このタイプの人々は、トインビーのいわゆる「ヘロデ主義者」**Herodians** の典型ともみなしてよい。

この「ヘロデ主義者」ということばは、アーノルド・トインビーの“**Civilization on Trial**”における「巨大文明」と「小文明」の遭遇の際の小文明側の二つの類型的対応、即ち **Zealots**（狂信徒）と **Herodians**（ヘロデ主義者）から抽出した。「狂信徒」というのは、自己のアイデンティを守るために、いかなる意味においてもペルシャ文明を受け入れず、自国の宗教的伝統を守りつづけようとした一派であって、平田派の「青山半蔵」（島崎藤村『夜明け前』の主人公）的生き方をした人々や、明治初頭の玉松操や熊本の神風連がそれに当る。
ヘロデ主義者は、古代ユダヤにおけるヘロデ大王のように、ペルシャ文明の卓越性を学び、これを取り入れて、その上でペルシャ帝国に反撃しようとする立場の人々を言う。佐久間象山を始めとして吉田松陰やその弟子たちがこれに当たる。小楠はこのようなタイプの人々を「横行主義者」として批判している。小楠の考え方が近代日本でいかに受け容れがたいものであったかということがよく判る。

ところでこの「ヘロデ主義者」の立場はさらに二つに細分化される。第一は西洋の科学技術の卓越性はよく分るが、西洋から巨艦巨砲を求めればそれで足りるとするもの（この立場は基本的には消極的海防論ないしは攘夷論につながる。『聖武記』時代の魏源がそうであったが、わが国では『海国図志』の翻訳者の一人鹽谷岩陰も、『新論』の執筆者会沢正斎もこのタイプに含まれる。）第二は大砲・巨艦を求めるだけでなく、わが国でもこれをつくるところまでいかねばならないとするもの、その代表的人物は島津斉彬、佐久間象山、等の「洋務派」である。

第二の変法派に属する勝海舟、横井小楠、橋本左内、坂本龍馬も、こと国防問題に関しては、この立場と重なるところが多い。

この変法派の人々は『海国図志』を読むことによって攘夷論から開国論に転ずるとともに、文明受容において一つの飛躍をなしとげた人々である。彼等は第一のグループの人々のように西洋から科学技術を採用して強国日本になるだけに満足せず、西洋の政治・法律・経済・社会のしくみ、福利厚生のあり方等についても大いに学ばねばならないと考えていた。貿易についてもやむを得ず外国と取り引きをするのではなく、積極的にその意味を認めて交易するという考え方がとられる。橋本左内のように、物の交易だけでなく、「智識の交易」をしたいという人も出てくる。そして彼らは日本の政治、経済、社会のあり方の変容することも志向する。

しかしそれは完全な西欧化を志向するのではない。逆に近代西欧に対する深い意味での批判者という性格をその思想はもっている。その中で横井小楠の思想は東西文明の創造的出会いという可能性をもっている。現実の社会勢力としては、ヘロデ主義者にくらべると微力であった。しかし私はこの横井の思想は、伝統と創造、ないしは歴史的研究と現代の文明論との結合という二つの観点から捉え直す必要があると考えている。

このほか第三のタイプがある。それは『海国図志』は読んだけれども、西洋文明を受容することは一切拒否するという考えである。この立場をとった儒者の安井息軒（『管子』の研究家）は、森鷗外の小説でよく知られた人だが、彼自身の儒学思想はどういうもので、どういう根拠で西欧文明を一切拒否したのかよく分らない。

最後に一言しておきたいのは、現代中国の研究者侯外蘆が魏源の思想をどのように評価しているかということである。彼は魏源の思想を「最も早い『変法』と『維新』の思想である」としているが、魏源がそういう面をもっていることは否定できないが、日本での『海国図志』の多様な受容な仕方を見ても明らかなように、「変法」論者だけでなく、「洋務」論者にも、「攘夷」論者にも受け容れられるような多面性をもっていることは否定できない。魏源の思想史的位置はそのように、儒者として西欧文明を受容すべきことを唱えた最初の人として、まだ変法・洋務・攘夷と分化する以前の、カオス的要素をもっていた人ではなかったろうか。

## 小楠は『海国図志』から何を学んだか

彼が『海国図志』から学んだ最大の事柄は三つある。第一は、この本を読んだことによって「攘夷論者」であることを止め、「開国論者」となったことである。第二は、『海国図志』の「墨利加篇」（アメリカ篇）を読んで米国の国家形成の基本理念を示す三つの「国是」というものがあることを知ったこと、そして第三は、そのことが小楠が自己の「国家観」をつくるのに大きなヒントを与えたこと（万延元年の『国是三論』も、その時点での小楠の国家観を形にしたものであって、それは「アメリカ篇」からヒントを得たものであり、第三は、小楠の徳川幕府・徳川社会批判の根拠となっている思想的視座であり、小楠はこれを、この「アメリカ篇」に展開されている「公」の思想から得たと思われる）。

このうち、第一の問題は、学界での共有的見解となっているが、「兵学的観点からの開国」の「兵学」の内容がまだはっきりしない。第二は、最近小楠研究が進んで、かなりの人々の共通的見解になってきているように思う。第三の点に関しては、まだほとんど研究されていないというのが現状である。小楠は「アメリカ篇」を精読することによって、米国社会の隅々にまで「公」的思想が浸透している、ということを知った。この「アメリカ篇」との出会いがなければ、「夷虜應接大意」に示された「公共」も単発的なものに終わってしまったかもしれないし、彼の思想形成の出発点ともいうべき熊本実学派の人々との講習討論の会で彼が直観的に捉えた「体験としての公論思想」も、亦「公論」という概念に結晶することもなく、さらには「交易」の世界に普遍的概念として結晶した「公共」という概念も、たんに経済の世界のみに終わって、「公議・公論」ということを前提とする「公共の政」という概念になって、政治・経済・倫理にまたがる「公共思想」ないし「公共哲学」も形成されなかったかもしれない。

私はさきに魏源の著作である『聖武記』という著作を、幕末の時期に活躍した人々の中で唯一人読んでいなかったことに注目した。それにも拘らず、小楠が幕末の最高の変法的思想家として活躍することができたのは、彼が『海国図志』「アメリカ」編を深く読むことによってはじめて可能だったと思う。彼の「夷虜応接大意」において形成した「公共思想」を広い思想的文脈の中に生かすことによって『聖武記』を読まなかったダメージを充当に補うことができた、と私は理解している。

以下、小楠が『海国図志』から学んだことの中で最も深く小楠独自の思想形成に役立った「アメリカ篇」と小楠の思想形成との関係を詳しく検討してみたい。

## 横井小楠と『海国図志』「アメリカ篇」

### 三代規模

小楠は『海国図志』アメリカ篇から多くのことを学んだが、その最たるものは「三大規模」の問題であろう。『国是三論』「富国篇」には次のように記されている。

墨利堅に於ては華盛頓以来三大規模を立て、一は、天地間の惨事殺戮に超たるはなき故天意に則て宇内の戦争を息《やむ》るを以て務とし、一は全国の大統領の権柄賢に譲て子に伝へず、君臣の義を排して一向公共和平を以て務とし政治治術其他百般の技芸器械等に至るまで凡そ地球上美美と称する者は悉く取りて吾有となし大に好生の仁風を掲げ……（三九―四〇頁）

これを要約すると、第一、平和主義、しかも二国間の戦争だけでなく、「宇内の戦争」をやめさせることを自国の任務としている。第二、智識を万国から摂取して自国の治教を裨益すること、第三、全国の大統領の権力を最も賢明な人に伝えて、自分の子には伝えない（世襲主義の否定）。そして「君臣の義」を廃してひたすら公共和平を実現することを自己の務としている。この三大規模に立脚して、それに基づいて大いに「好生の仁風を掲げ」ているのがアメリカの現状である。

この三大規模として書かれている事柄は、小楠が「アメリカ篇」をざっと読んで、自分の印象を記したのではなく、「アメリカ篇」の中で、それぞれに記載されている事柄に即して彼が要約したものである。そのいずれも経世家としての小楠が、自分の課題と考えつづけてきた問題である。たとえば第一の問題については、彼はこう言っている。

道は天下の道なり、我国の、外国のと云事はない。道の有所は外夷といへ共中国なり。無道に成ならば、我国、支那といへ共即ち夷なり。初より中国と云、夷と云事ではない。……爰では日本に仁義の大道を起さには（にやぁ）ならず（ネバナラヌの意）。強国と為るではならぬ。此道を明にして世界の世話やきに為《な》らには（にやぁ）ならぬ。一発に壱万も弐万も戦死すると云様成（いうような）事は止めさせには（ネバ）ならぬ。そこで我日本は印度になるか（「植民地になるか」の意）、世界第一等の仁義の国になるか、頓と此二筋之内、此外には更にはない。（村田氏壽『関西巡回記』の中の「横井氏の談論」）

「四海兄弟」（沼山対話）の平和世界を実現することが、彼の究極の理想であった。

第二の問題については、民のための政治、民を豊かにすることは、彼の生涯の政治課題であった。天保十二年に書いた「時務策」もそのことをめざした政策が展開されているが、その時は、「倹約策」によって問題を解決しようとする消極的政策であった。しかし『海国図志』を読んだ後の『国是三論』の「富国論」では積極的な交易策による問題の解決策へと変わっている。その前年、福井藩における産業奨励にもとづく生糸の海外貿易によって、藩が見事に経済的窮境を乗り越えた経験に基づく政策の転換である。

第三は、賢明でもなく有徳でもない人が、自分の血筋によって高位について、その地位に伴なう政治的・社会的責任を果し得ない状況を不條理なこととして、小楠は苦々しく、また腹立しく思っていたことであろう。また彼の奉ずる尭舜三代の政でも、帝王は自分の地位を自分の子どもに譲るのではなく、最も賢明で有徳な人に譲るということになっていた。小楠はこの問題は何とかしなければ日本は駄目になってしまうと考えていた。そういう彼が「アメリカ篇」においてワシントンが大統領の地位を、自分の子どもではなく、アダムスに譲ったという記事を読んで、これこそまさに「尭舜の治」だとよろこび、当時、次のような詩をつくっている。

人君何天職　人君何ぞ天職なる
代天治百姓　天に代はりて百姓を治むればなり
自非天徳人　天徳の人に非ざるよりは
何以愜天命　何を以てか天命に愜《かな》はん
所以尭巽舜　尭の舜に巽《ゆづ》る
是真為大聖　是れ真に大聖たる所以なり
迂儒暗此理　迂儒此の理に暗く
以之聖人病　之を以て聖人の病《へい》となす
嗟乎血統論　ああ血統論
是豈天理順　是れ豈に天理に順ふものならんや

この詩をつくった小楠は、「人君」という語によって、当時の最高の権力者たる将軍を念頭に置いたものであろう。彼の書いたものや行動の記録を見ると、彼は開国論者となり幕政の改革に協力した時でも、終始尊皇論者であった。それにも拘らずこの詩のもつ論理は、天皇にまで及ぶ。そこから廃帝論者としての非難まで受ける。恐らく天皇まで含めて考えるべきかどうか、ということについては、安政二年から慶應元年に至るまでの間は、揺れ動いていたと考える。しかし元治元年から慶応元年秋までの間に、小楠の内面に何かが起って、慶応元年には彼の気持は定まっていて、日本の場合、日本の天皇は有徳者であるとか賢者であるとかいうことは問題とならない、支配者の世襲否定論は天皇には及ばないという考えが彼の心にはきっぱり定まっていたと考えられる。

## 米国における「公」

「三大規模」の問題のほかに、「アメリカ篇」には米国社会に生きている「公」の観念があって、それは小楠の議会制や三権分立の思想、小楠の暗殺後、熊本藩の藩政改革に際して、小楠の豪農出身の門下生、徳富淇水（一敬、蘇峰の父）、ならびに竹崎茶堂の小楠の死後二人が相談したプランに、熊本藩に二院制の地方議会設立の構想がある。それは中央での議会構想がヨーロッパ系の中央政府の議会設立の構想だけで地方の問題が考えられていないのに、二人の案には、二院制の地方議会の構想があり、しかも二人の案には政治と宗教との分離の構想もあり、それは恐らく小楠が生前沼山津で二人に聞いたセミナーで教えたことであろう。

以下の話は煩わしくなるが、米国社会における「公」をめぐる種々の概念である。

「アメリカ篇」で気づくのは、「公」という語に必要な漢字を一字をつけて造った熟語が多いことである。たとえば日本ではあまり使わないことばである「公挙」ということばが頻出することに気がつく。たとえば「公挙一大酋總摂之匪（大統領の意）」「（大統領）の事後公挙賢者」「公挙文武各員」等の用例は挙げる暇がないくらいである。これと似たことばに「公撰」という語があり、「公撰議レ事者。或十余人。或数十人無レ定」という用例があり、「公撰公挙之権」という用例があるところを見ると「公挙」と「公撰」とはほとんど同義であろうが、なぜか「公挙」の用例が圧倒的に多い。日本では「公選」ということばの用例が圧倒的に多い。この用例の多少の関係は、『海国図志』「アメリカ篇の基になっている『墨利加国史』の中国語訳者と日本人との文字に対する好みの違いによるものであろう。訳語の基になる英語は何であったかはよく分からない。

「公挙」についで頻出するのは「公議」という語であり、「先由二王択定一再采二公議一」、「某月某所、公議二行事一」、「公議議事」、「征二収銭糧税餉一。通二酌国中経費一。公議不レ得二多数一」等々の用例に見られるように「公議」をなして何事かを決定するというような意味で使われている。「公挙」と並んで「公議」の語がとりわけ多いということは、両者がアメリカ社会における「公」観念の中核的位置を占めていることを推察させる。この「公議」という語に類するものとして「公同」という語があるが、これは恐らく公議をした上で、相異なる集団が協力して同一の行動をとるということを意味するものであろう。更に、公的業務にたずさわる人々が集まって公議をする場所を「公堂」とか「公会所」としるしている用例もある。また公堂や公会所で開かれる公的な会議を「公会」、「公的会議」と言っている。またこのほかに「公堂」

「公会所」の在るところ、その他公的機関の所有に係る土地を「公地」としている用例もある。この「場」の問題を考えると、「公」は当然「公共」という意味をもつことがわかる。

この「公議」のグループで不思議なのは、「公論」という語が、中国語の原典にも、原典に訓点を附して日本で出版された中山版にも見当らないということである。しかし幕末や明治の日本では「公議」と共に「公論」という語が多く用いられ、小楠の場合も亦そうである。このことについては後で私の見解をしるすことにしよう。

「公」という語で単一にしるされている用例としては、魏源のしるした総叙の中に「公挙一大酋総摂之匪。惟々不二世及一。且不二四載一。一二変古今家之局一。而人心翕然。可レ不レ謂レ公平」というような用例がある。そのほか本文中に「如察院審判不レ公。総領亦更正レ之」という用例もある。これらから「公」「不公」の「公」が、公正、公平という意味で使われていることがわかる。

これまでいろいろのタイプの「公」をめぐる用例を検討したが、米国の政治が「公」ということ、つまり公共・公平・公正を原理とし、衆人によって選ばれた（公挙・公撰）人々の「公堂」「公所」において「公議」をへて政策が決定されることがおのずからわかる。しかも大統領府の国務長官以下の官制、州政府の官制、国会（上院・下院）や州議会（上院・下院）のしくみ、ならびに「察院」と称する司法機関のしくみ、更には「会議制令」ということを旨とする立法府、「論レ衆恪遵」させることを旨とする行政府、「究二問其不遵者一」することを旨とする司法府の三者のしくみをみれば、その公的原理から具体的に政治の場で、どのように機能しているかということも判然とする。

さらに合衆国憲法の箇条を示した上で、「所レ有条例統領必先自遵行如レ例。所レ禁統領亦断不二敢犯一レ之。無レ異二於庶民一。而後能為二庶民所レ服一」という法に対して大統領の取るべき態度があるが、法はあっても国王や皇帝は法の被適用者とはならなかった中国やそれに従った日本の法体系しか知らなかった小楠には、大きな文化的衝撃であったに相違ない。また「公撰公挙之権、不レ問レ上而由レ下」ということばに接した時、政府は民への惻怛の情から発すると言い、「民のための政」ということを政治信条としてきた小楠は、「アメリカ篇」に展開するもろもろの「公」の観念の核心部分に触れた思いがしたのではないだろうか。

遽カニ富強ノ国ト成レリ　此ニ因テ国家ノ興ルハ人ノ精勤ニ由ルヲ見ルニ足レリ　故ニ国王ヲ立テスト雖モ僅カニ総領（大統領のこと）ノ官ヲ設ケ政様ヲ操リ衆人ノ言フ所ハ必ス施シ行フ　若シ人民ニ害アレハ必ス上聞ス

総テ政事ハ簡単ニシテ止ム事聖賢君主ノ行フ所ニ異ナル事ナシ　此レ諸侯ヲ封建シ或ハ天下ヲ郡県ニシ或堯舜ノ如ク天下ヲ賢人ニ禅《ユズ》リ三代ノ如ク子孫ニ伝フ古格ヲ変格シテ別ニ自

ラ一世界ヲ成ス者ナリ（広瀬達がこの「公論」を何から得たかということは、小楠研究者にとって気になる問題である）。

この問題について一つの答を提供するのは、広瀬達の和訳『通俗海国図志』巻二である。そこには「凡ソ人ヲ択ヒ用ルノ権ハ上官ノ意ニ由ラス、下民ノ公論ニ由リ用ルナリ」（墨利洲郡二、続亜米利加総記巻一、一一丁）という一文がある。この部分の原文は、さきに引用した「凡公撰公挙之権、不レ由レ上而由レ下」（墨利加洲巻一）であり、そこには「公論」ノ文字はない。「公論」の語は広瀬達によって新たに加えられたものである）。

このような用例はもう一つあって、米国の独立の際、志士たちのつくった檄文の第四条は「旧例本拠理刑官、成先衿者選挙。或先由王択定、再采公議。茲英吉利王専不令衿著預聞」とある一文を、広瀬訳では「旧例ニ刑政ヲ処置スル役々ハ或ハ国中父老ノ択ヒテ任用シ又ハ王先ツ択ヒテ、後チ再ヒ父老ニ相談致シ公論ヲ取リ任用スルナリ　近来ハ然ラス　英吉利王独断ニテ父老ニハ曽テ預リ聞カシメス」となっている。

これらの例に見られるように、広瀬は二度も原文にない「公論」の語を使っている。もしかしたら小楠は「アメリカ篇」を広瀬訳で読んだのかも知れない。もちろんその確証はない。ところで私としては小楠は広瀬訳で読んだのではないかと思わせる一文がある。それは次の一文である。

近来ニ至テ育奈士迭《ユナイテドダム》（Unitedom, United States の音訳）『通俗海国図志』巻三、三〇丁

この原中国文は次の如くである。

数百年来。育奈士迭遽成富強之国。足見国家之勃起。全由部分之勤奮。故雖不立国王。僅設總領。而国政操之。与論所言。必施行。有害。事簡政速。令行禁止。与賢辟所治無異。此又変封建官家之局。而自成世界。（墨利堅総記下　成文出版社、二三〇一頁。）

両者を比較してみると広瀬訳はまさに思いきった意訳と言わねばならない。米国における大統領の施政は、尭舜三代の治のように、従来の世襲政治の古格を廃して別におのずから一世界を成すものであるという広瀬の挿入した米国の大統領と尭舜三代の治との同一化は、儒教の教養のある読者にとっては、米国の大統領制の理解を容易ならしめる格好の譬喩であった。

訳者の広瀬達については詳しいことは分からないが、本名を広瀬達太郎と言い、稲葉長門守の家臣（吉川弘文館『国史大辞典』に拠る）で、また広瀬訳の『通俗海国図志』に藤森天山の序文のあるところを見ると、その門弟、ないしは天山と関係のある若い儒者であろう。「通俗」と題名とは違って、内容は決して通俗では

なく、一つの見識ある儒者の、今日で言う「現代語訳」というべき本であろう。『鎖国時代の日本人の海外知識』昭和二十八年、乾元社、によれば、達は竹庵と号し、著者の一人鮎沢信太郎は、竹庵の業績を、「漢学者たちは幕末の国家多難の折に『海国図志』国訳本によって、漸く国事に馳せ参ずることができたかの観がある」と評している。この訳本は好評だったらしく、明治三年に『西洋列国史略』(四冊)と書名を改めて出版されている。

もし小楠が広瀬訳を読んだのであれば、彼は膝を叩いて共感したことであろう。おそらく小楠は、広瀬訳を読まなくても、広瀬と同じく「尭舜三代」のイメージをいだいたであろうが、「公論」との重なりを見ると、広瀬訳を読んだのではなかろうか、という私の確信はますます強くなってくる。

## 「封建にして鎖国」なる徳川日本の発見

『海国図志』の「アメリカ篇」をどう読み解くかという基礎作業は終わった。小楠の理解によれば、米国の社会は「公的原理」の支配している国であった。その眼で「徳川日本」を見るとどういうことになるか。

それは「封建にして鎖国」という原理によって支配された国であった。幕府の成立以後、幕府は「御公儀」と呼ばれ、他の機関はすべてその前では「私的機関」となる。一見するとそれはよって統一された国と言える。

このような徳川社会の性格を捉える時、(a)人民のための政治、小楠流に言えば政と教とが根源的に一致して悉く人民のためになる支配が行われているか、(b)米国は「公選公挙之権、不ㇾ由ㇾ上而由ㇾ下」

という人民による社会であり、「公的」原理が社会の隅々まで浸透している国である。

(2)の件の実現は早急には無理であっても、少くとも(1)の「人民のための政治」は、儒教原理からしても直ちに実現されるべき問題であった。この観点から幕府を見直すとどういうことになるか。

小楠は言う、本多佐州(佐渡守正信)を初帷幄参謀の名臣悉皆徳川御一家の基業盛大国家に心志を尽くして曽て天下生霊を以て念とすることがない社会であった。そのような気風は幕府が創業された戦国時代に由来する。それは生民をまるで「草芥」のようにみなす時代で、「韜鈐(兵学)」に長ずる者が「明主」であり、「謀略」に巧みな者が名臣と称された時代である。このような気風の中で幕府は徳川家だけの繁栄を図る。諸侯もまたそれに倣って自国の便宜繁栄のみをはかり、隣国を「壑」(谷間)とみなすような気習が生じ、幕府を始め諸国の名臣良史と称する人傑もみな「鎖国」の套を免れない(この場合の「鎖国」というのは、国内部の各藩の各藩に対する鎖国の意)。日本全国の形勢がこのように区々分裂して統一の制度がないから、癸丑(嘉永七年)の初め、米使ペリーが日本のことを「無政事の国」とみなしたのは活眼洞察というべきである。

このような見方に立って、小楠は幕府の政策を次のように批判する。

当今忌諱を犯して論ずる時は、幕府の諸の諸侯を待つ国初の制度其兵力を殺《そが》ん事を欲するに由りて参勤交代を初大れに随て造営の功・両山其他の火防・関門の守衛目近年に至っては辺警の防守是最労役を極めて各国の病弊民庶に被る事を顧ず、又金銀貨幣の事より諸藩の制度天下に布告施行する所覇府の権柄により　徳川御一家の便利私營にして絶て天下を安んじ庶民を子とするの政教あることなし

この批判は徳川幕府の統治の本質を最も適確に示したことばであろう。それは権力の維持という観点からいうと、実によく考え抜かれた制度であった。「徳川の平和」（Pax Tokugawana）もそれによってもたらされた。しかし産業革命を達成した西洋諸国がナショナル・インタレストの政治理念に基いて、大砲を具えた蒸気船に乗って、開国を強要する時代になると、それが却って新しい現象への対応を困難にした。

小楠はこの徳川中心主義に立脚する「私営」の政治体制を「封建にして鎖国」する体制と呼んだ。この体制の内包する問題は、国軍の大小によって差があったが、何事も組織の枠の中で事を済まさざるを得ない点において同じあった。その中で善い者は自分が倹約して事を足す。善くない者は下の者を虐げて自分の当座の役を足す。こうした社会状況が続く中では、自分の国は豊饒で、他国は凶作であることを祈るような気習が育つから、「明君」と言われるような人があっても、僅かに民を虐げないことを仁政とするまでのことで、仁君の名前に価することはできない。「良臣」と呼ばれる人であっても、藩の倉を一杯にすることを自分の務とするまでのことで、孟子のいわゆる「古の民賊」であることを免れない。（『孟子』〔「告子の下」〕「今之所謂良臣。古之所謂民賊也」に拠る。）

この小楠的見解に立つ時、開国は世界中の諸外国との交易関係をもつことであると共に、国中に見えない障壁として存在した壁を全面的に壊して、外に向かっても内に向っても国を開くことを意味する。この観点に立つ時、「鎖国」は歴史的な概念であるだけでなく、譬喩的概念でもあった。

### 「公議・公論」に基づく「公共の政」

公論には「衆論」を公論と呼ぶ場合と、徹底的に討議（公議）・討論を重ねて、それによって形成された結論がはじめて「公論」と言うにふさわしいと言う場合がある。

第一の公論は、日本社会でも珍しいものではなかった。よく知られた例は、ペリー提督が浦賀に来航した時、老中阿部正弘が全

国の大名の意見を問うた如きがそれである。尾藤正英氏によれば、阿部はそのような心得をそれ以前に徳川斉昭に教えられていたという（尾藤正英「明治維新と武士――公論の理念と維新像再構成の試み――」、『思想』一九八五年九月号、四―五頁、岩波書店。なおこの論文は、氏の『江戸時代とは何か』一九九二年、岩波書店、に収録されている）。

第二のタイプの「公論」も中世では稀ではない。公論ということばはなかったが、「惣」の中で事を決める場合に、一同の討論の結果得られた見解に従うという慣行になっていたようだし、性格は違うが、蓮如教団では「講」の成員が信仰問題について徹底的に議論をすることが求められた。この場合には判定者がいたが、彼らが一揆に参加する場合は、恐らく「惣」の場合と同じであったろう。しかし江戸時代になると、そのように公開の場合で徹底的に議論し合うことは堅く禁ぜられ、討論・公論によって事を決める慣行は幕末になるまでなくなっていた。

ところで小楠は安政三年の暮に、「講学・講習・討論」を通しての「公論」の形成、それも「一国の公論」と言うことに思い至った（安政三年十二月二十一日附の越前藩士村田氏寿（巳三郎への手紙））。それ以後もこの「学問・教育を通じての公論の形成」というのが公論形成という問題についての彼の最も基本的考え方であった。だが相手や状況によっては、じっくり「講学・講習・討論」の過程をとることが出来ない場合も当然あり得る。その時は、「講学・講習抜きの徹底した討論が、公論形成の基本的条件となる。思いもかけず小楠には自分を試す機会が訪れた。文久二（一八六二）年の夏、松平春嶽は幕府の政事総裁職を命ぜられた。当時福井藩に賓師として招かれていた小楠は、尻込みしてなかなか決断のつかない春嶽に是非その職を引き受けるよう勧め、そしておのずから政治総裁職松平春嶽のブレーンとなる。そしてその結果が「文久の改革」となるのだが、彼は幕府・徳川慶喜をはじめ、老中板倉勝静《きよ》、御側御用取次の大久保忠寛《ひろ》（一翁）、大目付の岡部長常、その他の幕閣たちと個別的に必死の議論を闘わして予備的会談で各自を説得し、最終的には会議を開いて、彼らを説得し納得させて幕府の見解をまとめ、ここに一国の「公論」が形成された。

これは真摯な公議の下に公論が形成された日本で最初の例であるが、第二回は慶応三年に五箇条の御誓文が形成される過程である。この過程で公議の主導力となったのは、慶応三年六月十五日に坂本龍馬によって書かれた「船中八策」の第一条で「上下議政局ヲ設ケ、議員ヲ置キテ万機ヲ参賛セシメ、万機宜シク公議ニ決スベキ事」となっている。龍馬は土佐の人だが、勝海舟と横井小楠の影響を受けた人である。不幸にして維新の前夜に倒れ、王政復古の姿を見ることが出来なかったが、「船中八策」は明治五年三月の五箇條の御誓文の成立に関わった人々に大きな影響を与えた。まず小楠の弟子で、龍馬の友人でもあった由利公正の最初の草案第五条では「万機公論に決し私に論ずるなかれ」という文言、それを修正した土佐藩の福岡孝悌案は「列侯会議を起し万機公論に決すべし」（会盟五箇条の第一条）と最後の木戸案に近くなるが、「列侯会議を起し」は余りに土佐藩の改革案に引寄せられ過ぎている。最終の木戸案は「広ク会議ヲ起シ」ともってきたことによって施政の基本方針が堂々と示されることになって、「万機公論に決」するという理念の生かされるようになり、明治新政府の国是の第一条たるものにふさわしいものとなった。しかもこれら四つの案のいずれを見ても「公議」「公論」などの文字やそれに当ることば（たとえば「広ク会議ヲ起シ」「公議」が見えて、「公議・公論」の思想が政治的世論となったことを認めざるを得ないであろう。「公共の政」を実現することは容易ではない。そのことをよく知る小楠は、「公共の政」という用語を用いるのにきわめて慎重であった。彼は幕府が最高権力者である時は、文久の改革の折（文久二年七月）に初めて成功した。そしてその後五年たって新政府が樹立され初めて明治の新政府による「公共の政」は実現した。

## 結び　小楠の「公共」思想の特色と「開国」の問題

### 小楠の「公共」思想の特色

1、小楠における「公」の観念は、「公私」観を主とする日本の一般の考え方と違って、「公共」思想を主として、「公私」思想は、公共の思想を現実化しようとする実践の場で形成される。

2、小楠の公観念は、日本の土着の公《おおやけ》思想とは全く無縁で、純粋に儒学の立場からの発想であることをその特色とする。そしてそのことによって、小楠も、民族共同体の首長を「おおやけ」とし、これを絶対化する考えから自由になった。

3、しかもその儒学的立場は、普遍的立場に立つ。彼は若い時水戸藩の藤田東湖と共鳴したが、会沢正志斉に由来する天を「天祖」とする天観に同調しなかった。彼にとっては天地の大道」が「公」であった。

4、武士であった小楠にとっては、藩の公共性も重要であったが、当時の日本の置かれた国際的状況の下では、日本国が公共的存在となり、かつ独立を保つことが、当面の重要な課題であった。

しかし彼の国家尊重はそれを絶対化して国民に「滅私奉公」を強いるようなものではない。彼の考えでは国は「民」のため、民の安寧のために存在する。平和が実現し、民の勤労が「豊かさ」という形で報いられるような政事をするのが為政者の役割である、そしてそのためには、国家を「公共」的存在となるようつとめることも自己の課題とせねばならぬと考えていた。

そのような国家観をもつ彼は、もし国家が国家的エゴイズム——元治元（一八六四）年以後「割拠見」ということばで表現している――におちいった場合――それは「国家の私」であるとしてそれを批判し、否定する普遍的思想をもち、それを「天地公共の実理」とか「公共の道」と呼んでいた。国際的世界の「公共性」を尊重し、一国だけの平和ではなく、世界の平和の実現を希求するという点で、小楠の思想はカントの『永遠平和のために』の思想に一脈相通ずる面をもっていた。

6、国際的世界の公共性の思想は、まずは日本における「開国」問題の勃発と共に嘉永六（一八五三）年に小楠は「夷虜応接大意」という一文を書き、「天地公共の実理」という考えを形成しそれを基にして万延元年・一八六〇年に「国際経済の世界の公共思想」として展開した（『国是三論』）。

「交易」という問題が「公共」という角度から考えられ始めたのは、恐らく日本では横井小楠を以て嚆矢とする。なお彼は交易の当事者たちが相互に利益を上げ、相互に豊かになっていく共生（交互為生）の経済を考え、交易の網の目を濃密にしていくことを通じて世界平和が実現するという道を考えている。

なお「惻隠の誠」を基礎として経済の問題を捉える小楠の経済思想と、「共感」sympathy に基いて経済の問題を捉えるアダム・スミスとの比較は、今後の重要な研究課題となろう。（横井小楠の道徳哲学とアダム・スミスのそれとの比較することを通じて試みに挑戦した著作としては山﨑益吉『横井小楠と道徳哲学――総合大観の行方――』（高文堂出版社、平成一五年）がある。）

7、小楠の「公共の政」を現実化する際に要求されたのが、彼の「公私」の思想である。小楠の「公私思想の特色は、公的存在としての「為政者」自身が、純粋な公的存在になりきることを徹底的に追究したところにある。為政者のこのようなあり方、生き方は、西欧社会の noblesse oblige と通ずるところがある。小楠の公私論が公的立場についてない一般の人々に「滅私奉公」を要求した近代日本の公私論とはまったく異質のものであることを銘記する必要がある。

8、小楠の公共思想は右に述べたような性格のものであるから、自己の「人権」を主張する思想を含まない。しかし他者の「人権」を否定するものでは絶対にない。

9、小楠の「為政者意識」はその言葉から連想されるような上から命令するものではない。すでに示したように「新民」の解釈が上位から操作して民を新たにするのではなく、みずからを新たにし得る自主の民の自己形成を助ける意であり、最初の頃は「天下の民のために」という意識から出発した彼の経世論は、晩年になると「天下の民と共に」という考えに深まっている。垂直線から地平軸への転換があり、為政者と民との距離は零に近いものとなっている。

10、しかし為政者意識からの公共思想と市民の立場からの発想の公共思想との違いは消すことができない。後者であれば、自己の利己心と公共意識との両立をどうすればいいか、という問題となるであろうが、前者ではあくまで自己の公共生活における「己我の念」を消失させることがその公共思想の課題となる。

では小楠の立場は不要か。私はそうは思わない。現代の公共思想の最大の問題点は、民主社会のリーダーの役割を果す人の公共思想はどうあったらいいのかという問題意識がまったく欠落していることにある。小楠の地平軸から発想された「公共思想」はこの問題を考えるのにすぐれたヒントを与えるように思える。

## 「公共」の思想と二つの「開国」と「鎖国」

これまで私たちは、横井小楠においては、「公共」という思想と、「開国」という観念とが予想以上に深い関係をもっていることをその折々に見てきた。今これを振り返ってみよう。

（1） 小楠においては公共の思想は、彼が攘夷から開国へと方向を転じ始めようとする時、すなわち現実にはまだ攘夷論者でありながら、理念的にはすでに「開国」を否定しないという彼の思想状況において初めて成立した。「凡我国の外夷に処するの国是たるや、有道の国は通信を許し無道の国は拒絶するの二つ也。有道無道を分たず一切拒絶するは天理公共の実理に暗して、遂に信義を万国に失ふに至るとの必然の理也」（「夷虜応接大意」一一頁。嘉永六年・一八五二）というのがそれである。

（2） 次の彼の「公共」の思想は、日本と諸外国との間に「交易」という新しい国際関係が成立した状況の中で、国際経済の領域において成立した。この時の彼は、「交易」には「鎖国の見」を以てする交易と、開かれた真正の交易とがあり、後者のみが「公共の道」に叶うものであるという交易の質を問う深さに到達している。日本では「攘夷の見」を以てする交易観が支配的であった時代に、小楠はすでに当時の開国論者たちの間で独自の地位を占めていた。

小楠が「開国」に転じたのは、安政二（一八五五）年に『海国図志』を読むことによってである。この転回の理由は、小楠の転回に立会った医者でありつつ小楠の思想的弟子でもあった内藤泰吉によって「兵法的観点」からの転回とされている。私はこの「兵法的」ということばの内容を、①軍事的、②経済的、③政治倫理的、という三つの層を含む、という仮説を立てて解釈している。中国における兵法の性格を考えることによってである（「横井小楠における攘夷論から開国論への転回」〔『アジア文化研究』26号、二〇〇〇年〕）。

（3） ところで小楠は『海国図志』「アメリカ篇」を読むことによって、米国では公的原理が社会の隅々にまで浸透しており、そして更に公共の理念が、具体的にそして巧みに制度化され運用されていることを知って、大きな文化的衝撃を受けたであろうということは、私がこの「アメリカ篇」を何回も読み、小楠の遺稿篇に示された言説を繰返し読み、さらに両者を対照することによって得た確信であり、これもまた私の仮説である。そしてその後の四年のあいだ、この米国認識と文化衝撃とは彼の精神の内面に沈殿し、彼の中に血肉化すると共に、万延元（一八六〇）年に、彼の徳川社会を鋭く認識し、かつ批判する視座となって、徳川幕府の政治は、徳川一家の存続のみを計る「私営」の政であり、徳川社会は「封建にして鎖国」ということを構造原理とする社会であるという洞察力を小楠に与えた。この場合、「封建而鎖国」という語は、国内の「封建体制」と対外的な「鎖国」の複合語としての「封建・鎖国ではない。封建はわれわれの今日理解する通りであるが、「鎖国」は歴史用語としての鎖国ではなく、徳川時代に各藩が相互に閉じた関係、すなわち相互の自由な交通を禁ぜられただけではなく、徳川時代において各藩が相互に閉じた関係、すなわち自由な交通を禁ぜられ、飢饉であっても相互に助け合うことさえできない閉鎖された状態をも言う。この政策は幕府の支配関係を鞏固にするためのものであったが、小楠がわざわざ「封建にして鎖国」というのは、日本の鎖国は対外的鎖国だけでなく、対内的鎖国も含めた二重の意味の鎖国を守っている国であるから、日本の開国も国際的に開かれてそこで公共の原理を展開するだけでなく、国内的にも開かれた公共的原理の支配する国とならなければならない、ということである。

ここに見られるように小楠の心に描く「開国」がただ単に外国と友好関係をもつということだけでなく、国内における「鎖国」、即ち「私営の制」を廃止して、「公論」に基づく「公共の政」を布くこと、さらに対外的には「攘夷」の精神によって開国するのではなく、世界における平和的関係の永続、即ち世界的に張りめぐらされた相互利益・相互信頼のネットワークの持続を願っての「開国」と裏表の関係になっているのである。

**附記**

本稿は平成十五年三月三十一日に刊行された『日本学士院紀要』第五十七巻第三号に掲載された四〇〇字詰で二三〇枚の論攷を、藤原良雄氏の求めに応じていくらか修正し、約五〇枚に要約したものである。

国際社会での日本の前途を模索

# 「公共の政」による交易

【小楠の政治改革構想】

森藤一史

Morito Kazuya

もりとう・かずや　一九四八年岡山県生。一九七六年名古屋大学大学院法学研究科博士課程単位取得退学。大阪大学大学院教授。著書として『概説日本政治思想史』（共著、ミネルヴァ書房）『グローバリゼーションとアメリカ・アジア太平洋地域』（共著、大学教育出版）など。

## 欧米諸国の実情を研究

嘉永六（一八五三）年六月ペリーが浦賀に来航した。続いて七月にはロシアのプチャーチンが長崎に入港した。同年秋、横井小楠は、ロシアの応接担当となった川路聖謨のために『夷虜応接大意』を書いた。そこで小楠は、「天地公共の実理」という普遍的原理のもと、日本の外交原則を次のように整理した。「凡我国の外夷に処するの国是たるや、有道の国は通信を許し、無道の国は拒絶するの二ツ也。」その証拠にオランダと中国には既に「交易」を許してきた、と小楠はいう。

このように「有道の国・無道の国」論を提起した小楠は、「交易」を求めて続々と日本にやって来る国のうち、どの国が「有道の国」で、どの国が「無道の国」か、自ら判断しなければならなくなった。

それ以降小楠は、精力的に欧米諸国の実情を研究することとなった。安政二年弟子の内藤泰吉と「討論」しながら読んだ魏源『海国図志』によって、小楠の欧米諸国認識は一変した。それまで、欧米諸国は「夷狄」で「無道の国」だと考えてきたが、実情はそうではない。欧米諸国ではキリスト教による「政教一致」の優れた政治が行われ、「富国」と「強兵」が実現されている。小楠が理想の政治と考える「堯舜三代の道」に照らして、小楠は、欧米諸国の政治を「殆三代の治教に符合するに至る」（『国是三論』）とまで評価するようになった。

　このような欧米諸国の優れた政治と比較して、日本の政治はどうか。小楠によれば、日本には神道・仏教・儒教の三教があるが、いずれも人心を一致させて「治教」を施すものではなくなっている。日本には政治の基本となるべき教えがない、と小楠には考えられた。

　小楠は、『夷虜応接大意』で何の疑いもなく、「我国の万国に勝れ世界にて君子国とも称せらるゝは、天地の心を体し仁義を重んずるを以て也」と書いたけれども、この認識は改められなければならない。小楠は、「終に支那と我国とは愚な国に成たり。西洋には大に劣れり。」と来熊した村田氏寿に語った、と伝えられている（村田氏寿「横井氏説話」）。ここに「華夷」関係は逆転し、日本は「夷」すなわち「無道の国」と成り下がった、と小楠には考えられた。このような認識は、小楠の危機意識の強さの反映であった。

　こうして小楠は、「天地公共の実理」という普遍的原理のもと、「堯舜三代の道」を実現するための政治改革を構想することになった。

## 小楠の政治改革構想

　小楠が最初に構想した政治改革は、「安政江戸地震」（安政二年十月）の復興策であった。そこで小楠は、「廟議必竟江戸一府之事に心有レ之、天下列藩に懸りあまねく治平を求める心無レ之」と徳川幕府を批判し、その改革策として、「天下之人才」を江戸に集めて幕府の政策決定過程に参加させ尊卑を超えて「講習」することを提案した。そうすれば、幕府は「天下之人才」を採用し「天下之人心」に叶った「天下之政事」を実行する組織に組み替えることができる、と小楠はいう。その上で、小楠は、具体策として、地震で倒壊した大名屋敷を再建することなく「一切破却」して大名の妻子や家臣を国元に帰し、大名は「出陣之格」で「一年百日之在府」をすることを提案した。「江戸一府之事」しか考えていない「参勤交代」を廃止する提案である（以上は安政二（一八五五）年十一月三日「立花壱岐宛書簡」。詳しくは拙稿「横井小楠の政治改革構想」『近代熊本』第二十四号を参照）。

　安政五（一八五八）年二月小楠は越前福井藩に招聘され、彼が構想した政治改革を藩レベルで実行する機会を得た。小楠は、福井藩のために「富国論」「強兵論」「士道論」から成る『国是三論』（万延元（一八六〇）年）を執筆したが、それは、「一国」（＝藩）レベルに留まるものではなく、「天下」（＝日本全体）に及ぶべきものであった。「公共の道に有て天下国家を分つべきにあらねど、先づ一国上に就て説き起すべけれ共、拡充せば天下に及ぶべきを知るべし。」(『国是三論』)

では、「公共の道を以て天下を経綸」するとは、どういうことであろうか。小楠によれば、「外国を目的として信を守り義を固して、通商の利を興し財用を通」ずることによって「富国」を実現することであった。こうした「交易の道」は、小楠によれば、「堯舜の天下を治るも此の他に出でず」(同)であった。

小楠によれば、この「交易の道」は「富国の道」であり、「公共の道」そのものであるから、「私営の政」では行うことができない。ここで小楠は、徳川幕府の政治が「徳川御一家の便利私営」に他ならないと批判し、「絶て天下を安んじ庶民を子とするの政教あることなし」(同)と断じた。そこには、参勤交代を初めとする徳川幕府の諸政策が徳川権力を維持・強化するためだけの政策に過ぎない、という小楠の評価があった。

かつて小楠が「安政江戸地震」復興策で提起した徳川幕府批判は、「公共の道」という観点から「私営の政」と概念化され、一層鮮明になった。「公共の道」を「天下」に拡充する時、徳川幕府の「私営の政」は「公共の政」に改革されなければならない。

文久二(一八六二)年七月、前福井藩主松平慶永(春嶽)が幕府の「政事総裁職」に就任するのに伴って、小楠は江戸に出て春嶽のブレーンとして幕政改革に関与することになった。とうとう小楠は、彼の政治改革構想を「天下」(=日本全体)に実現する機会を得たのであった。

## 「私営の政」から「公共の政」へ

小楠は自らの政治改革構想を「国是七条」に箇条書きして、春嶽に提出した。


「大将軍上洛して列世の無礼を謝せ。」

「諸侯参勤を止め述職を為せ。」

「諸侯室家を帰せ。」

「外藩譜代に限らず賢を撰びて政官と為せ。」

「大いに言路を開き天下と公共の政を為せ。」

「海軍を興し兵威を強めよ。」

「相対交易を止め官交易と為せ。」


小楠は、大名の妻子を江戸に居住させ参勤交代を強いる制度を「徳川御一家の便利私営」の最たるものと考えた。第三条で大名の妻子を帰国させることを、第二条で参勤交代を廃止して「述職」とすることを、提案した。「述職」とは、小楠によれば、「百日計も在府日々登城国政向等申談候」(『再夢紀事』)ことである。この「述職」によって、小楠は諸大名の財政的負担を軽減させるばかりでなく、幕政に自藩の政治向きを反映する機会をも与えようとしたのかも知れない。このことは、第四条と第五条に連携する。「譜代」

のみならず、それまで幕政から排除されていた「外藩」＝外様をも「賢を撰びて政官と為せ」と求め、「天下」の優秀な人材を幕政に参画させて「大いに言路を開き」「公共の政」を実現することを求めた。こうして小楠は、幕府を「私営の政」の機関から「公共の政」のそれへと組み替えようとした。そうなって初めて、第六条の「海軍」創設が可能となる（ちなみに『国是三論』の「強兵論」はイギリスを範とする海軍の創設論であった）。そして第七条は、「公共の政」を実現するための財政的基盤の確立の問題であった（交易論は福井藩における「交易の道」の実績に裏打ちされている）。

このような「公共の政」を徳川幕府をして実現するためには、第一条「大将軍上洛して列世の無礼を謝」する必要がある、と小楠は考えた。小楠は、天皇の「臣」である徳川将軍に「臣」としての自覚がいつの間にか希薄となり、「所ㇾ謂不知不覚之私」（文久二（一八六二）年十月二十三日「嘉悦市之進宛書簡」）に陥った、と見ていた。だから、「幕府是迄の私を御去り天下公共之正理に御順ひ被ㇾ成候様」（同）になるためには、徳川将軍が上洛して直接天皇にこれまでの「無礼」を謝る必要がある。徳川将軍がこれまでの「私」を去って天皇を「尊奉」し源「頼朝公以前の君臣に復し」「君令臣行之実事」が行われるようになれば「天下之人心」は一致するであろう（同）、と小楠は考えた。

小楠は、「国是七条」によって「私営の政」を去って「公共の政」を実現しようとしたけれども、文久二（一八六二）年十二月に刺客に襲われる事件があって、幕政改革から手を引かざるをえなかった。明確な政治改革構想を持った人物が退場したこともあって、徳川将軍が「公共の政」を実現することはなかった。

その後、徳川将軍は大政を奉還し、天皇を中心とする新政府が発足した。この維新政府に小楠は出仕することになった。明治元（一八六八）年三月のことである。翌年一月に暗殺されるまでの約十ヶ月の間、小楠は、徳川将軍に代わって若い明治天皇に「公共の政」の実現を託そうとした（詳しくは、拙稿「横井小楠における儒教的理想主義と天皇制」岩間一雄編『近代とは何であったか』大学教育出版、を参照）。

維新政府には全国から優秀な人材が結集して、若い天皇を補佐する体制が出来つつある。その中で、天皇が「私」（＝「利害心」）を去り「良心」＝「誠」を磨いて有徳な君主になるように育てなければならない。天皇にはそれに応えるだけの「非常之御聡明」（明治元（一八六八）年九月二十一日「弥富千左衛門・矢野大玄宛書簡」）がある、と小楠には思われた。この聡明さを活かすためにも、古い宮廷制度の改革を小楠は求めた。

このように小楠は、徳川将軍であれ、明治天皇であれ、一貫して「公共の政」の実現を求めて、政治改革を構想した。それは、小楠にとって、欧米諸国中心の国際社会に組み込まれても日本が生き残っていくための途であった。

近代国家間システムを超越する思想

# 世界的眼孔

## 【松陰と小楠の国際社会認識】

**桐原健真** Kirihara Kenshin

きりはら・けんしん　一九七五年茨城県生。二〇〇四年東北大学大学院文学研究科博士課程後期修了、博士(文学)。現在、同研究科助教。主著『吉田松陰の思想と行動』(東北大学出版会)『東アジアにおける公益思想の変容』(日本経済評論社・共編著)等。

### 徳富蘇峰と松陰・小楠

明治を代表するジャーナリストである徳富蘇峰は、三人の幕末思想家を挙げて次のように評している。

> 宇内《うだい》の大勢に至りては、横井〔小楠〕は世界的眼孔を以てこれを悟り、佐久間〔象山〕は日本的眼孔を以てこれを察し、藤田〔東湖〕に至りては、水戸的眼孔を以て、僅《わず》かにこれを覘《うかが》いたるのみ。(1)

小楠・象山・東湖の三者は、いずれも強い思想的影響力を有した人物である。小楠が世界規模の視座から時代を捉えていたのに対し、象山は世界における具体的単位としての日本国家の視座から、そして東湖に至ってはさらに細分化された藩のレベルからわずかにこれを捉えることが出来たに過ぎない――蘇峰はこのように喝破する。この評価は、三者の本質を良く衝《つ》いており、人物評に卓越した蘇峰の面目躍如と言ってよい。

蘇峰がこのように小楠を高く評価した背景には、彼の父である一敬が小楠の一番弟子であったことも無関係ではないだろう。しかし彼がこの評を書き記した著作は小楠にではなく、幕末の志士で象山の弟子である吉田松陰に捧げられたものであった。「第二の維新」を標榜した蘇峰は、松陰に「局面打破」すなわち時代の突破力を見出したのである。

東湖の手腕用ゆる所なく、佐久間の経綸《けいりん》施す所なく、小楠の活眼行う所なく、智勇交《こもご》も困《くるし》むの極所に際し、かえって暴虎馮河《ぼうこひょうが》、死して悔《くい》なき破壊的作用のために、天荒を破りて革新の明光を捧げ来るものあり。その人は誰ぞ、踏海《とうかい》の失敗者、野山の囚奴、松下村塾の魄鬼大将、贈正四位、松陰神社、吉田松陰なり。[2]

**吉田松陰** (1830–1859)

尊攘派を形成させた東湖の組織力、東西の学問を修めた象山の学識、そして世界規模の視座を持つ小楠の洞察力――これらが発揮できないような閉塞状況に際してこそ、「蹉跌《さてつ》」や「失敗」を繰り返しつつも、ひたむきに時代にみずからを投げ込んだ松陰のような人物が求められるのだ、と若き蘇峰は「第二の吉田松陰」が現れるべきことを力強く説いたのである。

この蘇峰が著した『吉田松陰』の巻頭には、松陰から小楠に宛てられた書簡が石摺《いしずり》で掲げられている。蘇峰がその序文において触れているように、この書簡は、一八五三(嘉永六)年、ロシア・プチャーチン艦隊への密航のために長崎に向かったもののこれを果たせなかった松陰が、その帰路において小楠に送ったものである。松陰は、この長崎行において熊本に立ち寄っており、その際、小楠と親しく交流している。

この書簡で目を引くのは「弊藩」すなわち長州藩における有為の人物の列挙であろう。松陰は小楠にこれら「有志の士」を紹介することで、藩を越えた全国的な志士たちのネットワークを模索したのである。そこには、小楠が松陰の構想するネットワークの一つの核《コア》となるであろうという確信を看取することが出来よう。

## 開国論への転回

熊本で交流した二人は尊攘論で一致していたが、やがていずれも開国論へと転回する。だが、その論理は一致するものではなかった。

松陰の開国論は西洋列強と対等の存在としての日本の独立という兵学者としての課題から導き出された。すなわちそこでは、日本国家の存在を前提とし、その固有性が他の固有性とともに相互承認されていくという国際関係の樹立が構想されている。

> 大抵五大洲公共の道あり、各一洲公共の道あり、皇国・漢土・諸属国〈朝鮮・安南・琉球・台湾の類〉公共の道あり、六十六国公共の道あり、皆所謂同なり。其の独に至りては一家の道、隣家に異《ことな》り、一村一郡の道、隣村隣郡に異り、一国の道、隣国に異るものあり。故に一家にては庭訓《ていきん》を守り、一村一郡にては村郡の古風を存し、一国に居りては国法を奉じ、皇国に居りては皇国の体を仰ぐ。然る後漢土聖人の道〔儒学〕をも学ぶべし。天竺釈氏の教〔仏教〕をも問うべし(3)

「一家」「一村」に始まり「皇国の体」に至る「独」（固有性）は「同」（普遍性）を形作るものであって、このみずからの固有性を手放してはならないと松陰は主張する。なぜならば、もしこの固有性を喪失してしまえば、日本はもはや日本である根拠を失うことになるからである。

仮に日本がアメリカになれば、たしかに一つの普遍の実現であるが、それはあくまで一方が他方を呑み込む形での「普遍」あるいは「平準化」であって（アメリカナイズ！）、本来備わっていた固有性は消滅してしまう。このみずからの固有性の危機に対する処方箋こそ松陰にとっての尊王攘夷さらには尊王開国であった(4)。そして、このような諸国家における固有性の相互承認を主張することで、近代日本は、普遍としての欧米列強を中心とする「国際社会」へと参画していったのである。

一方、同じく開国論に逢着《ほうちゃく》した小楠であったが、松陰のように西洋列強と対等の独立国家の樹立を最終目的とするものではなかった。彼は日本の固有性ではなく、地球規模の世界における普遍性から開国論を唱える。

魏源の『海国図志』から世界の大勢を理解した小楠は、「火輪船出来《しゅったい》し、天涯此れ比隣の如く」なった時代では、もはや鎖国は「理」と「勢」に適《かな》わないと考えるに至った(5)。この小楠の世界規模の視座からすれば、日本の固有性に基づく対等や独立といったものがその究極目的となるものではなかったことは言うまでもない。むしろ彼はそのような国家の在り方を「割拠見《かっきょけん》」と断じ、諸国家がその固有性を追求しようとすること自体を否定する。

各国に於いて各々の割拠見の気習を抱き、自利するの心外にて至誠・惻怛《そくだつ》〔誠実で他者の痛みに共感する心〕の根元之《こ》れ無き候故、何分《なにぶん》天を以て心として至公・至平の天理に法《のっと》り候こと能《あた》わざるものに候(6)。

諸国家が自己本位の態度を捨て、人間の本性に発する他者を思いやる心に基づくことで、公平無私の「天理」に基づいた国家形成は初めて可能になるのだ——と小楠は言う。

独立諸国家の固有性を相互承認することによって成立していた近代国際社会は、「わたしはわたしである」という自己意識——根拠を明示出来ない事実としての自己同一性——から出発している。この自己意識こそ小楠の言う「割拠見」なのだが、近代日本が国際社会を前提とし、列強と対等な存在となろうとする限りにおいてそれは不可避的であった。

日本が日本として在ることを欲する限り抜きがたく存在することの「割拠見」を、小楠は「二千年来之鎖国」(7)ということばで表現している。それゆえ彼における「開国」とは鎖国以前に帰り「富国強兵」することで完了するものではない。松陰が目指した地点も、小楠の「活眼」にかかれば「西洋之治道」であって「第二等之事」でしかなかった(8)。彼は「日本一国の私《わたくし》」(9)のある開国は鎖国同然であると断じ、「二千年来之鎖国」を「一時に開」くべきであると主張する。それは、国家そのものの在り方を根本から改めることであり、畢竟《ひっきょう》「一国の私」・「割拠見」からの脱却であった。

## 現代国際社会と世界的眼孔

松陰が発見し、その後継者たちが受容した近代国家間システムは、独立国家相互の固有性を認めるものであっても、いまだ独立が実現されていない国や地域に対してまでこれを認めるものではなかった。だがこの弱肉強食を許容する論理の受け入れを拒否した小楠は、自己意識の本能としての「割拠見」を判断停止する一方で、「至誠・惻怛」といった人間の本性に基づく諸国家の平等という自他認識を提示したのである。

もとより十九世紀中葉の東アジア国際環境を考えれば、みずからの固有性を確保し、他者との対等を確立することは、近代日本の至上命題であった。しかしその後の近代日本が、勢力均衡《バランス・オブ・パワー》の名の下に、「普通の国」への道をひた走り続けたこともまた一つの事実である。

他者と対等の存在となることを欲する人間の本能に基づいて諸国家の固有性を相互承認すべきことを主張した松陰、そして他者を思いやる人間の本性に発する「天理」の存在を確信し、これに立脚することで「割拠見」を排し「真之治道」を実現しようとした小楠——両者とも開国を唱えたが、その目指すところは異なっ

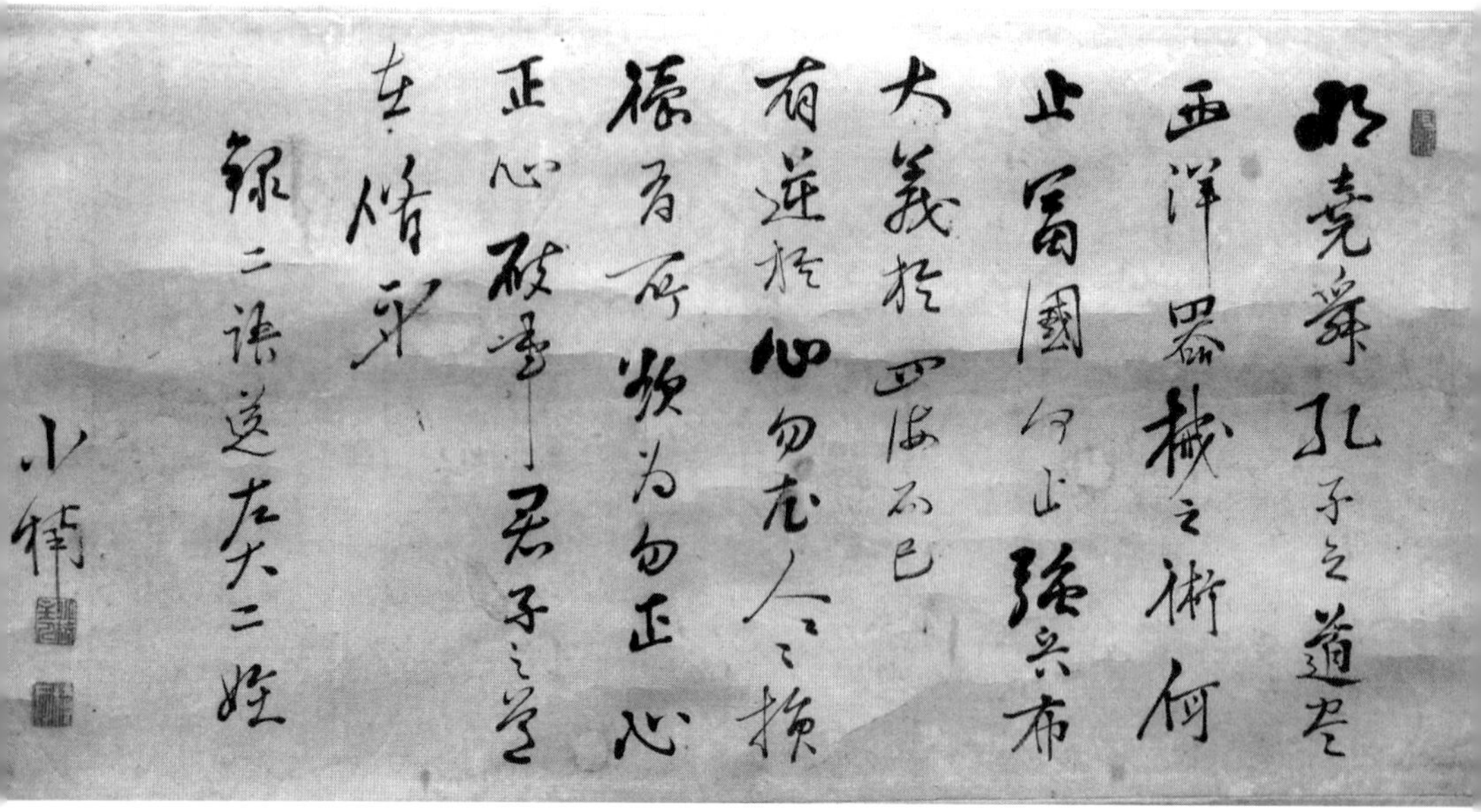

**漢詩「堯舜孔子之道」（横井小楠筆）**

（横井和子氏蔵　横井小楠記念館寄託）

ていた。冒頭の蘇峰のことばを借りれば、松陰が「日本的眼孔」を有していたのに対し、小楠は「世界的眼孔」を有していたのである。

主権国家は、かつて「人倫の最高形態」とも言われた。しかし、これを超える秩序が不完全ながらも模索されつつある現代において、自己の固有性を自然法的に前提し、国益のみに汲々とすることが、はたしてどれほど今日の「理」と「勢」とに適っているかは疑問である。小楠は近代日本においては早すぎる思想家だったのかも知れない。しかし、否、だからこそ彼は現代においてまさに生かされるべき思想家なのである。

**注**

（1）徳富蘇峰『吉田松陰』（一八九三年）岩波文庫、一九八一年、九四頁。
（2）同右、一七三頁。
（3）吉田松陰『講孟余話』一八五六（安政三）年、大衆版『吉田松陰全集』大和書房、一九七二〜一九七四年、三巻四一二頁。
（4）松陰におけるこのような普遍と固有に関する思想については、拙著『吉田松陰の思想と行動――幕末日本における自他認識の転回』（東北大学出版会、二〇〇九年）参照。
（5）横井小楠「沼山対話」一八六四（元治元）年秋、山崎正董編『横井小楠遺稿』（一九三八年）マツノ書店二〇〇六年、九〇七頁。
（6）同右、九〇六頁。
（7）小楠「北越土産」一八五九（安政六）年カ、同右、九一八頁。
（8）小楠「甥左平太・大平へ」一八六七（慶応三）年、同右、五〇六頁。
（9）小楠「国是三論」一八六〇（万延元）年、同右、三二頁。

日本のあるべき姿とは？　古くて新しい課題

# 大義を四海に

## 【未完の明治維新】

石津達也
Ishizu Tatsuya

いしづ・たつや　一九六〇年東京都生。一九八四年東京大学法学部卒業。日本思想史。著作に『大義を世界に』（東洋出版、一九九八年）論文に「日本と中国における改革思想と伝統的権威」『季刊　日本思想史』（六〇号。ぺりかん社、二〇〇二年）他。

### 日本発の理想

横井小楠の思想において「大義を四海に（＝世界）に」という概念は彼の「天」「公共」の思想の究極の到達点であり、日本という国がかくあれという叫びでもある。未だ世界の中でいかなる立場を占めるかに苦悩する現代の日本に対する厳粛なメッセージでもあるということからも、この言葉を探究する価値は大きい。

「大義」という定義の難しい語は何回かにわたって小楠に用いられているが、「大義を四海に」という用語は慶応二（一八六六）年アメリカ留学に向かう二人の甥、横井左平太・大平兄弟に対して贈った漢文「左・大二姪ノ洋行ヲ送ル　堯舜孔子ノ道ヲ明ラカニシ　西洋器械ノ術を尽サバ　何ゾ富国ニ止マラン　何ゾ強兵ニ止マラン　大義ヲ四海ニ布カンノミ」[1]（以下略。原漢文を書き下し）の中で用いたものである。

この用例は「四海＝世界に」という限定がなされているので、他の用例よりは意味の確定が容易である。すなわち名宛人の左平太・大平をはじめとする日本人の個人および、この詩に先行して述べられている富国・強兵の主体である日本国家の双方が世界に向かって発信する日本発の理想、世界観、国際関係観であると定義できる。
　もっとも、小楠の思想はいきなり世界に飛ぶわけではない。人間個人・人間集団の各段階で展開されていて、その帰結として、世界（そして究極的には天）に及んでいるのである。それは次の箇所に現れている。

「万国を該談するの器量ありて始て日本国を治むべく、日本国を統摂する器量ありて始めて一国を治むべく、一国を管轄する器量ありて一職を治むべきは道理の当然なり。公共の道に有て天下を分つべきにあらねど、先ず仮に一国上に就て説き起こすべけれ共拡充せば天下に及ぶべきを知るべし」（「国是三論」(2)）

## 積極的に平和を創造する存在に

　小楠思想は幕末の西欧列強からの軍事的脅威にさらされた日本が、どうやって独立を守って植民地となるのを防ぐかという、その当時の思想家が共通に有した問題意識がその発想の動機となった。小楠はその具体的な方法をまず「一職・一国」の段階で論じる。越前福井藩の賓師として福井藩の政策として『国是三論』（万延元年＝一八六〇）の中で展開、富国・強兵・士道の三部に渡って展開している。国是三論をはじめとするこれら具体的な政策提案は彼の門人である福井藩主松平慶永（春嶽）・彼の福井に於ける門人である由利公正をはじめとする福井藩当局によって採用され、福井藩は大きく国力を増す大成功を収め、次いで日本国レベルの採用を見て幕府政事総裁職になった松平慶永による文久の幕政改革（＝参勤交代の実質的廃止等）をはじめとする諸政策に結実するのである。
　次のレベル、日本国を国際社会の中でどういう存在にするかについて掲げたのが、「大義を四海に」で言う大義であり、小楠は大義の内容を、彼に関する記録、著作の中でより具体的に敷衍して述べている。それはおよそ次に掲げる三箇所である。

「我邦一視同仁明らかに天地の大道を以て深く彼等の説を説破し、万国自ら安全の道を示すべき也」（「海外の形勢を説き併せて国防を論ず」安政二年＝一八五五頃(3)）
「所詮宇内に乗り出すには公共の天理を以て彼らが紛難をも解くと申うす丈の規模之なく候ては相成りまじく、徒に威力を張るの見に出でなば後来禍患を招くに至るべく候」（『沼山対話』元治元年＝一八六四(4)）
「ここで日本に仁義の大道を起さに《ママ》ばならぬ。強国になるに《ママ》ばならぬ。強あればかならず弱がある。この道を明かにして世界の世話焼きにならに《ママ》ばならぬ。一発で一万も二万も戦死するというようなことは必ず止めさせに《ママ》ばならぬ。そこで我日本はインドのような植民地になるか、世界第一等の仁義の国になるか、とんとこの二筋のうち、このほかは更にない」（村田巳三郎『関西巡回記』中の小楠の言説の記録[5]）

これらの箇所では、富国強兵によって独立をゆるぎないものにした日本のあるべき姿、理想、国際社会観が端的に述べられている。それは日本が積極的、能動的な調停者・仲介者となって世界の平和の創造、戦争防止に尽力する存在でなければならないというものである。

小楠の人間個人・人間集団の各段階での思想展開の底流には一貫した座標軸ともいえる概念がある。それは右の引用箇所で出てくる「公共の道」「公共の天理」などの用語中の「公」という概念である。この「公」の概念は常に彼の著作・言行の中に「私」と対比される形で頻繁に用いられている。大義の語の源泉は、彼の日本に限らない国家、国際社会、種々のレベルの人間社会一般に対する天を視座とした超越的な視点が反映していることは看過すべきではないだろう。

## 独特の「公」と「私」の対比

彼の超越的な視点は次の箇所で「私」と対比させて述べられている。

天地の気運と万国の形勢は人為を以て私することを得ざれば、日本一国の私を以て鎖閉することは勿論、たとひ交易を開きても鎖国の見を以て開く故、開閉共に形のごとき弊害ありて長久の安全を得がたし。されば天地の気運に乗じ万国の事情に随ひ、公共の道を以て天下を経綸せば万方無碍にて、今日の憂る所は忽て憂るに足らざるに至るべきなり。（「国是三論」[6]）

すなわち対外政策を立案するには「人為」「日本一国」でも私でありうるとし、これを超えた「天地の気運」「公共の道」の視点に立たねばならぬということである。この視点が国際社会のみならず、人間個人・人間集団の各段階で人間社会の各レベルに応用されて小楠のその他の具体的政策となって結実したのだ。こうみて行くとかれの「大義を四海に」という国際社会観は彼の福井藩・幕府・明治の新政府等に対するさまざまな政策提案とその底流に流れる世界観・宇宙観においては同一であると見ることができる。たとえば、彼の「日本国内」のレベルで見た徳川幕府観は次の通りである。

当今忌諱を犯して論ずる時は、幕府の諸侯を待つ国初の制度其兵力を殺ん事を欲するによりて参勤交代を初大小に随ひて造営の助功、両山其他の火防、関門の守衛、且近年に至っては辺警の防守等最労役を極めて、各国の疲弊民庶に被る事を顧みず。……幕府の権柄にて徳川御一家の便利私営にして、絶て天下を安んじ庶民を子とするの政教あることなし。
（「国是三論」[7]）

すなわち、西欧列強により独立の危機に瀕している日本は、諸藩・幕府一丸となって国力を増進して脅威に対抗してゆかねばならぬのに、幕府は自らの支配を安泰ならせるがために諸藩に非合理な負担を強いて日本の国力を減殺、結局は幕府もなくなる植民地化につながってしまう。これが便利私営という日本国内のレベルにおける「私」である。

では、日本一国がその構成員である国際社会における「私」は何か、それは慶応元（一八六五）年の「沼山対話」の中で次のように展開されている。

イギリスはイギリスの割拠見、ロシヤはロシヤの割拠見にて各の一国々々の議論主張致候故追々惨憺の戦争引起し候……全体割拠見と申す者免れがたきものにて、後世は小にて一官一職の割拠見、大にしては国の割拠見皆免ざることに候。真実公平の心にて天理を法り此は近年にてはアメリカワシントン一人なるべし。ワシントンのことは諸書に見え候通国を賢に譲り宇内の戦争を息《やむ》るなど三個条の国是を立て言行相違なく是を事実に践行ひ、一つも指摘すべきことは無之候。[8]

ここでは一官のレベル、一職のレベルと対比されているので、意味はより明確である。すなわち、ここで「私」と同じ意味で使われているのは「割拠見」であり、その反対の「公」に相当するのが「公」の語を含む「真実公平の心」と「天理」である。私を体現する国家の行為は侵略戦争を含む「惨憺の戦争」であり、西欧列強がアジア・アフリカ諸国を侵略して植民地支配をしたことも当然「私」である。日本の明治以降の歩みのある部分も、若し小楠がその時代に生きていれば間違いなく小楠の批判にさらされたであろう。

こう考えてくると、小楠の視点は当然人類社会の幸福と繁栄という視点も含む。こういう視点の思想家がそれまでの日本に現れたであろうか。この考えを徹底すれば、天の視座からの他の生物も含めた地球社会での人類の「私」、宇宙における地球の「私」というレベルまで発展できるだろう。

## 「天」の概念

では彼の宇宙観はいかなるものだろうか。ここで掲げた「沼山対話」では「天理」という語でその一端が垣間見られる「天」の概念を見ることによってわかる。それは同じく慶応元年の「沼山閑話」中に体系的に述べられている。

　人は三段階有ると知る可し。総ては往古来今不易の一天なり。人は天中の一小天にて、我より以上の前人、我以後の後人と此三段の人を合せて一天の全体を為すなり。故に我より前人は我前生の天工を亮けて我に譲れり。我之を継で我後人に譲る。後人之を継で其又後人に譲れり。前生・今生・後生の三段あれども皆我天中の子にして此三人有りて天帝の命を任課するなり。仲尼祖述堯舜継前聖開来学、是孔のみに限らず。人と生まれては人々皆天に事ふる職分なり身形は我一生の仮託、身形は変々生々して此道は往古来今一致なり。
　故に天に事ふるよりの外何ぞ利害禍福栄辱死生の欲に迷ふことあらん乎。(9)

　ここにおいて天は人間個人を内包しながらも現在・過去・未来にわたって存在する超越する存在である。そして人間個人は現在・過去・未来にわたってこの天に事え（仕え）、そのはたらきを助けなければいけない。天の視点で下界を見たとき、望ましい観点がさまざまなレベルの「公」「公共」「天理」「公共の天理」（「沼山対話」）である。人間は各レベルでそれらを判断基準にして為すべき行為・政策を決め、天帝（中国では上帝とともにGODの訳語として使われる一神教人格神の色彩の強い語）のはたらきを助けなければならないということだ。

　「大義を四海に」ということばの背景には、この小楠の宗教的とも言える宇宙観が存在することを忘れてはならないだろう。
　小楠が取り組んだ、日本を「公」「天」の視点でのあるべき姿にしようという明治維新に向けての努力はまだ完結したとはとてもいえない。その意味で明治維新は明治百五十年を迎えようとする現代もまだ進行中といえるだろう。今こそ、小楠の言葉を思い起こし、明治維新を完結させねばならないのではないだろうか。

**注**

（1）山崎正董編『横井小楠遺稿』七二六頁、日新書院、一九四二年。以下、遺稿と略。
（2）同右、三三二頁。
（3）同右、九八頁。
（4）同右、九一一頁。
（5）村田氏寿『関西巡回記』三五頁、永井環編、三秀舎、一九四〇年。
（6）『遺稿』三三一頁。
（7）同右、三九頁。
（8）同右、九〇八―九頁。
（9）同右、九二四頁。

# V　小楠の晩年
## ――幕政改革と明治維新

熊本・横井小楠記念館

小楠の「誤認」は明確な意図に基づいていた

# 福井辞去をめぐる思想と政治

松浦 玲
Matsuura Rei

まつうら・れい　一九三一年広島県生。歴史学者。幕末明治期の政治史・思想史。著書に『勝海舟』（中公新書）『勝海舟と幕末明治』（講談社）『横井小楠』（朝日選書）『明治の海舟とアジア』（岩波書店）『坂本龍馬』（岩波新書）など。

## 積極的誤認

文久三年（一八六三）六月、福井滞在中の横井小楠は、在熊本の嘉悦氏房や安場保和に宛てた十五日付書簡で「将軍様も去る十三日大坂より御船にて御帰城と申参候。関東之事情は将軍様御帰城之上は全く大権御さし上、関東御保守被ㇾ成候幕議と被ㇾ存候」と書いた。十五日の福井で将軍十三日大坂出帆についてここまで書けるか疑問があるのだが、いまそれを言うと横道に逸れて面倒な話になるので、しばらく無視して先に進む。

小楠は続けて六月十七日付で、熊本郊外沼山津の自宅宛に手紙を書き「将軍様去る十三日大坂より御船にて御帰城に相成申候。是は江戸御役方一致いたし是非々々関東御帰り其上にて大権を御さし上、関八州御保守被ㇾ成候事情に相違有ニ御座《ござ》一間敷《あるまじく》候」と断定した。

十五日付で「全く大権御さし上、関東御保守」、十七日付で「大権を御さし上、関八州御保守」これは将軍が政権を返上し、幕府は関東だけを保有するローカルな権力に留まると見ているのである。十七日付書簡は更に「京師関東御手切に相成り、扨々《さてさて》笑止千万に奉ㇾ存候」と続く。

もちろんこの判断は誤っている。将軍に政権返上のつもりは無いし、幕府にも諸大名を上から束ねる全国政権の地位を放棄するつもりは無い。将軍は京都を離れるに際して天皇に対し攘夷実行を固く約束した。代理者（将軍後見職の一橋慶喜を含む）を帰らせても攘夷が実行できなかったので、こんどは将軍自身が帰り必ず実行いたしますと確約した。だから「御手切」でもない。

小楠の判断は誤っている。私がこの誤りに気づいたのは遅くとも四十年前の一九六九年である。中央公論社の日本の名著『佐久間象山・横井小楠』（一九七〇年）のため山崎正董編著『横井小楠』下巻『遺稿篇』に入っている書簡は全部精読した。先に中公新書で『勝海舟』（一九六八年）を書いたので将軍を迎えた江戸の様子は心得ていた。将軍の攘夷確約の取扱を巡って「江戸御役方」の内紛があるけれども「大権を御さし上、関八州御保守」とは、どのグループも主張しない。「一致」は「是非々関東御帰り」と願うところまでで、江戸を拠点に全国支配を続けるつもりなのだった。

**嘉悦氏房**（1833–1908）

四十年前の私は、小楠の誤りに気づいたところで思考が停止した。小楠の判断にこのような誤りがあるのでは、福井の運動は成功しないと見たのである。一九七〇年刊行の日本の名著『佐久間象山・横井小楠』では巻頭の解説で「この策は、将軍が京都にいないと効果が半減するので、たちまち藩内に慎重論が起こり、分裂紛糾した」と荒っぽい記述をしており、将軍が江戸に帰ったことと七月下旬の小楠派幹部解任、八月の小楠福井辞去とを結びつけて済ませていた。一九七六年の朝日評伝選『横井小楠』では、もう少し丁寧に、将軍帰府後の京都情勢を探るために派遣された青山小三郎・村田氏寿らの動き、また岡部豊後・三岡八郎らの九州派遣について述べている。しかし将軍が京都を去ったことが蹉跌の始りだという大きな捉えかたは変っていない。そうして二〇〇〇年に朝日選書で出した同書増補版の長い「補論」でも、この問題についての訂正追加は行なわなかった。

思想史的に意味のある誤認、「積極的誤認」とでも言うべきものだと気づいたのはごく最近である。二〇〇八年十一月刊の小著『坂本龍馬』（岩波新書）で、このときの越前福井藩の事情について軽く触れた（四四頁）。次いで同年十二月の福井での講演「松平春嶽の人物とその生涯」では、春嶽の話の中だけれども小楠の名前を出して少しだけ丁寧に喋った（講演録十頁）。また私の酷い夏風邪のせいで校正段階以後の作業が非常に遅れて刊行が来年（二〇一〇年）になってしまった分厚い拙著『勝海舟』（筑摩書房）でも、福井の講演と同程度には書込んである。ただし春嶽や海舟をテーマとした話の中だから、これは小楠についての私の新見解だということを手順を踏んで提示するという作業にはなっていなかった。本稿ではまずそれをやって置きたい。この時の横井小楠と越前福井藩について詳しくない方々にも読んでいただけるよう、研究者にとっては周知のことがらをも、あえて幾つか挟むことにする。

松平春嶽（1828–1890）

## 幕府抜きの共和一致

小楠は前年末の江戸で暗殺団に襲われて逃げた「士道忘却事件」で安全のため福井に送られた。それからずっと福井にいる。

ブレイン小楠を伴うことができないまま文久三年正月江戸発で海路上京した春嶽は、尊攘激派に包囲された在京幕府幹部中でただ一人、攘夷不可能論と政権返上論（幕府は天皇に攘夷は不可能だと正直に申上げ、それが容れられなければ将軍は辞表を出し政権を返上するという論）を主張し続けて孤立し、政事総裁職の辞任を承認されないまま職務放棄で福井へ戻った。福井着は三月二十五日である。

春嶽を迎えた福井の小楠には、昨年の江戸で考えた京都での大会議構想と、夷狄と将軍以下を同座させる着想とがある。昨年のは条約締結諸国の駐日外交官を江戸城に呼び、東下中の攘夷督促勅使三条実美・姉小路公知と、将軍や在府諸侯が出席し、幕府が不用意に結んだ現行条約の破棄を通告するというものだった。今年のは夷狄代表を京都に呼び、将軍・関白以下歴々みな列座、議論を尽そうという方向へ発展する。これに上京中の将軍が江戸に帰るかもしれないという問題が絡んで来たのである。

小楠の書簡に将軍の帰府問題が出るのは五月二十四日付の熊本社中宛である。「幕庭即今の事情は唯々御帰城のみの主意にて、外に何も無レ之、誠に笑止千万に御座候」と冷笑する。これに続けて「尤御帰城の上は大権をも御差上可レ被レ成御内議とも相聞申候」と書いているのだが、これは伝聞と推測だから、誤認ではない。この手紙で熊本社中に向けて初めて披露される挙藩上京構想（春嶽と当主茂昭の上京に一藩挙げて御供し朝廷・幕府に必死に言上という構想）では「在留の夷人を京師に御呼寄、将軍様・関白殿下を初め歴々之御方御列座にて談判被ニ仰付一……」と将軍の滞京を百％前提としていた。

幕府が将軍を江戸に帰らせたがっていることを冷笑するけれども、京都大会議構想では将軍の滞京出席が百％の前提である。これが五月二十四日の手紙だった。これを発送しないうちに京都と福井の状況が変ったので二十六日付で「追啓極密」を書いた。非常に重要なものである。

二十四日付では将軍を帰らせたい一心だと書いた幕府について、二十六日の追啓では帰るためには生麦事件の償金を払ってしまった幕吏を誅伐し将軍の指揮で攘夷を実行すると約束しなければならず、帰ってもその約束を果すことができなければ政権返上ということになる。朝廷はそこまで見抜いているらしく京都に留まる方が安全かという議論が浮上し、しかし帰府願いを執拗に繰返した後なので尾張老公にでも周旋を願って滞京を続けることができるようにするとの策があるらしいが見通しは不明。それで越前福井藩の方針は「此節は、天朝、幕府の御間柄御周旋抔と申事にては一切無レ之」「天下に大義理を御立とほし被レ成候御趣意」だと小楠は報じた。

「此許一昨日来君臣大評定と相成」だから一昨日すなわち二十四日付書簡を書いた直後ぐらいから大評定となり、春嶽と当主茂昭が、重役以下の全家臣と家臣軍団だけでなく農兵精練を選び、精兵「四千余」を率いて上京のつもりという。

この五月二十四日から二十六日にかけての大評議に「一藩中一人も異議申者無レ之」と小楠は強調する。家老では本多飛騨・松平主馬・狛山城ら、役人では長谷部甚平・三岡八郎・村田氏寿と、特に熱心な人物名が挙げられているけれども、同時に挙藩一致が繰り返されており、小楠の手紙の上では春嶽および春嶽側近との亀裂は認められない。

高木不二『横井小楠と松平春嶽』（二〇〇五年・吉川弘文館）では、小楠がリーダーの「文久改革派」と、春嶽当人および側近との亀裂が、早い時期に設定される。私は高木氏の設定に異を唱えるほどの原史料を押えているわけではなく、越前福井藩の藩政については高木氏の分析に教えられるところが極めて大きい。しかしここは小楠の心の動きを追うのが本筋なので、彼が手紙に書いていることを材料として押して行く。

小楠は五月二十六日付「追啓極密」で挙藩一致を強調する。亀裂に気付かないのか、少しは気付いていても熊本の同志に伝えるまでの必要は無いと思ったのか、ともかく熊本の同志宛書簡では、福井は挙藩一致だった。また将軍の滞京は、二十六日付「追啓極密」を書いた小楠の気持の上ではもう百%の前提ではない。「天下に大義理を御立とほし被レ成候御趣意」は二十四日付書簡の通りだと書いているけれども、二十六日に改めてそれを強調したときの小楠当人には、その「大義理」の中心から幕府や将軍が外れても已むを得ないという気分が萌した。そうして今回は小楠自身も「勿論上京致し、此節は皇国之御為存分之尽力、死て止耳《やむのみ》」との覚悟だった。

五月晦日（大の月で三十日）中根靱負《ゆきえ》が京都から帰着した。中根は将軍の帰府願が許可されるとの見通しを持って帰福したのだが、その反応はすぐには現われない。史籍協会叢書『続再夢紀事』によれば翌六月一日に藩士一同を城中に集め、春嶽と当主茂昭が臨席、酒肴を賜った。横井小楠書簡に示されたような挙藩上京の決意を確認したのである。『続再夢紀事』は藩議の実況だとして、わざわざ二十四日付小楠書簡と二十六日付追啓極密の主要部分を引用掲載した。またこのときの藩議を解説して、将軍と幕吏が無力なので「今後は朝廷に於て裁断の権を主宰せられ、賢明諸侯をして機務に参与せしめ、又諸有司撰挙方も幕下の士のみに限らず、列藩中よりも広く当器の士を撰抜ある事に定められ然るべし、是今日の要務なりとの趣旨なりき」を加えた。

六月一日には中根靱負の反対意見は効果を現わしていない。しかし五月三十日に帰った中根が「深く其挙を危ぶみ」、「両公之上京未だ其機にあらず且藩中の人心に於けるも尚異議を懐く輩なきにあらざる由なれば篤と御熟議ありて然るべき旨」を「執政及び小楠へ陳述したりしが」、ようやく六月四日に到り反応が生じた。この日の会議で小楠が、両公御上京は既に決定されたことだが「御発途の期日は今一応人を京師に出し、投ずべきの機を認められし上決せられ然るべきか」と発言し、両公これを嘉納、執政始め一同も同意という展開となった。そこで六月四日当日に牧野主殿介と青山小三郎が、なか一日おいて六月六日には村田氏寿が京都へ向けて出発した。『続再夢紀事』は、この状況展開への説明として六月六日付で熊本社中に宛てた小楠書簡を引用掲載する。

この六月六日付書簡は、相手が五月二十四日付書簡および同二十六日付追啓極密を既に読んでくれたものとして書かれており、前書簡で述べたことは修正されていない。しかし「過挙」が有ってはならないと慎重を期して牧野・青山・村田を上京させ、その調査報告により挙藩上京か、両公への供人数を少し増やすくらいで良いか、また日限をどうするかなどを決めようというのだった。「議論紛々と相成り昨今は大抵鎮静」というのが気になる表現だが、鎮静したのは「必竟執政諸有司一致いたし居候故にて有之候」と書いており、これでは少なくとも中根靱負は強硬に反対（高木前掲書によれば既に家老の本多修理と側向頭取の大井弥十郎が上京計画に反対して罷免）ということが匿されているが、どの程度に意図的な表現かこれだけでは判断し難い。

続けて同書簡で「大樹公今日京師御発途之御模様と申参り甚以残念之次第に御座候」というのは誤報である。しかし五月三十日に中根靱負が持帰ったのよりも新しい情報が届いているわけだ。老中格小笠原長行率兵上京事件（五月三十日大坂上陸、六月四日淀に到達）はまだ知らないのか、手紙の文面には現われていない。

六月六日付で「今日京師御発途」は間違いだけれども、将軍の離京帰府はもう避けられない。小楠の将軍抜きの構想は更に進む。六日付書簡では「於二朝廷一黜陟進退被レ遊、列侯方にて有名之御方御挙用に成度、諸有司之撰挙は必しも幕士に限り不レ申列藩有名之士は御用、朝廷にて御惣裁被レ成度、左候へば政出二朝廷一、日本国中共和一致の御政事と相成り終に治平に帰し可レ申候事」と書くのである。「日本国中共和一致の御政事」が素晴しい。小楠思想の精髄である。

将軍の予定が公布されたのは六月七日で、いったん大坂城に入り、それから陸路東海道を東下帰府するというのだった。陸路帰府なのに方角違いの大坂城に入るのは、淀に滞留中の小笠原長行の軍を大坂まで下らせるためである。この将軍予定の布達により先ず淀の小笠原軍が大坂に下り、それを追って将軍家茂が六月九日に大坂城に入った。小笠原長行と密談、次いでその小笠原の老中格を罷免して大坂城代に預けた。小笠原軍に参加した町奉行井上清直、元外国奉行水野忠徳、目付向山栄五郎についても、その罪を咎めて差控え、大坂城代預けとした。

その次が問題である。大坂で海路案が浮上した。軍艦奉行並の勝麟太郎が、その指揮下の順動丸で将軍を江戸へ運べと指示されたのは、彼の日記によれば六月十二日で、明日十三日に出帆という急な話だった。この突然の将軍海路は麟太郎にとって本意、不本意が入交じるのだが、小楠論を混乱させることになるので言及を避ける。いまは十三日海路が急に決ったことだと強調するに留める。

この将軍十三日大坂発を、福井の小楠が十五日に知るのは無理だと冒頭で軽く指摘しておいた。おそらく手紙の十五日という日付が誤りで十六日に書いたのだと思われる。江口純三郎（高廉、熊本の弟子で親族）の福井着を十五日付書簡で「昨日」、十七日付書簡では「一昨夜」と書いているので、両書簡の差は一日と考えるのが辻褄が合う。手紙の日付を誤記するのはよくあることで常にその可能性を想定して置かなければならないのだが、いまの議論ではこの日付の誤りは大きな問題とはならない。六月十七日には、将軍十三日海路大坂発の確報が福井に届いており、小楠の「積極的誤認」が確定した。幕府は関東だけのローカルな権力となる。小楠の「日本国中共和一致の御政事」は幕府抜きで押進められなければならない。むろんローカルな権力となった徳川宗家を諸侯の一つとしてどのように組込むか、あるいは当面無視するかという問題が生じるのだが。

## 君側大破

熊本郊外沼山津の自宅に宛てた六月十七日付書簡では最後に「当月末迄には私も上京と覚悟いたし罷在候」と書いていた。五月二十六日の決死上京の決意を再確認し、今度は期限まで切った。京都に「日本国中共和一致」の新政権を樹立するためには、小楠自身の上京が必要である。

この上京は実現しない。六月二十四日付の手紙で肥後藩と薩摩藩に使者が送られることを報じ、両公の御上京も「御使者帰国之上」だと修正された。そうして使者が目的地に着く前に福井では政変が起り、小楠派の重役が処分されるのだ。その方向への動きを整理するため「積極的誤認」書簡（六月十七日）以前の「君側大破」に触れて置かなければならない。

この表現を小楠が使ったのは六月十四日付の村田氏寿と青山小三郎宛の書簡である。村田と青山は前記したように、将軍離京後の情勢を探るため京都に滞在中である。手紙は短いもので冒頭の挨拶の途中が「此許不㆓相替㆒と申内、君側大破に相成り笑止之至に御座候」と変化するのである。「然し此乱は遂には大破におよぶことにて今更驚事には無㆑之、雨降りて地堅まりの方に御座候」「右一乱にて弥以御上京は堅まりの方と被㆑存大慶仕候」と続けて直ぐに文末の挨拶となる。君側大破の一乱があったけれども春嶽と当主茂昭の上京方針は更に固まったと見ており、さればこそ十七日付の熊本宛では自分も今月中には上京との覚悟を示したのだった。

小楠が十四日付の村田・青山宛で「君側大破」の中身を書かないのは詳しい情報は他のものが書くと決っているからである。「い才は所々より申越候事にて略仕候」である。しかし我々のところには何も届かないので、これから書かなければならない。

『続再夢紀事』は六月十四日を「〇十四日中根靱負に譴責を命ぜらる」と始め、異例に複雑で長い記述の中ほどで「重き御役柄相勤、度々内外を阻隔し人心を害ひ候段不届ニ付、蟄居被㆓仰付㆒」と譴責の中身が「蟄居」処分であったことを明らかにする。中根は八日以来は家に籠っていたところ十四日にいたり罪状を突付けられて蟄居処分を受けた。なぜ八日以来は家に籠ったのか、七日に特に激論に及び、中根は小楠派が多数を占める藩幹部の中で孤立したというのである。何を激論したのか？『続再夢紀事』にはここで当主茂昭の参府（江戸行き）問題が登場する。

このあたり『続再夢紀事』の典拠は「枢密備忘」すなわち中根靱負の備忘録である。蟄居処分に到る経緯を、当の中根自身が書いているわけだ。正確に表現すれば『続再夢紀事』の編者が中根の「枢密備忘」を丸ごと借用したのである。そのままでは非常に分りにくいので、主観的な主語の中根靱負を、できるだけ客観的な主語に置き換えて書き直してみる。中根靱負が持帰った将軍離京帰府の可能性大という情報が六月一日の藩議にはまだ響かず四日に到り反応が出たことは前記した通りである。それとは別に、それと並行して福井では、当主茂昭の参府が問題になっていた。中根はこの件をいきなり「本年七月は少将公（越前守で左近衛府少将の茂昭）参府せらるべき期日なりけれども」と始める。

これが私には呑込めない。当主茂昭は前年の文久二年五月三日江戸発、同十六日福井着で在国年を過ごしたのだから、「七月」は不審だけれども参勤交代制が普通に続いていれば今年文久三年には江戸へ向わなければならない。しかし文久二年閏八月の政事総裁職松平春嶽主導の幕政改革で、参勤交代制は廃止に近い大幅緩和となった。緩和された新制度で、たまたま越前福井松平家は文久三年七月参府を割当てられたのか？　そういう説明は何も無くて、七月の期日が迫るので六月の中旬には出発しなければならないという議論が藩内に起こったと、いきなり中根靱負は書くのである。中根自身がその説（茂昭は江戸へ行くべきだという説）なのである。しかし松平主馬、本多飛騨、長谷部甚平、三岡八郎らは行く必要は無いという意見で横井小楠もそれに同意した。幕府は大権を抛棄したのだから京都朝廷に於て政権を掌握されなければならないという小楠書簡に出る見解が、藩幹部多数の共通認識として反対派の中根靱負により記述される。中根はこの見解に反対、春嶽・茂昭両公の上京に反対、茂昭は参府すべきだと主張し続け、六月十四日に到り「蟄居」処分となったわけである。これは公的な処分だから、内心はともかく表向きは春嶽・茂昭両公が同意し決定したのである。「君側大破」だけれども雨降って地固まるだと小楠は喜んだ。

茂昭参府の件がどう推移するのか。「枢密備忘」から離れ気味になるけれども少しだけ先回りして書いて置きたい。

参府する必要なしとの多数意見に従い茂昭は病気を理由とした参府延引の届けを出す。届書福井発の日は不明だが、江戸で「其筋」へ提出したのは六月二十八日だと『続再夢紀事』は書く。中根靱負が蟄居処分となった十四日の少し後で福井を発したのであろう。

この届書と行違いで六月十六日の老中連署の奉書（全文が引用されていないので果して「奉書」か不明だが）の出府命令が江戸で発せられた。「参府時節にも有レ之」、ほどなく帰府の将軍が「御相談之筋も被レ為レ在」、早々出府せよというのである。十六日は十三日に大坂を順動丸で出た将軍家茂が品川に着き帰城した日なのだから「無レ程公方様御帰府」は微妙な表現だが、「参府時節にも有レ之」と前提した上で、ほどなく帰府する将軍から相談の筋があるというのだから、幕府には政権を返上して関東だけのローカルな権力になるつもりは毛頭無いのである。前年の参勤交代制縮小の幕政改革は無視するつもりなのか？

これが何日に福井に着いたか不明だけれども、この十六日の「連署奉書」に対する返書は六月二十六日付で、先に届けた通り（行違いになっている）病気なので直ぐには行けない、全快次第に出発するというものだった。福井では老中連署状が届いた時点で幕府に政権返上のつもりが無いことは分った筈だが、それには触れず病気で通した。

六月十六日の命令への反応が未だ来ない、タイミングとして無理なのが分っている時点の六月二十四日には、このほど還御されたので「可成丈仕度指急、早々出府候様可ㇾ被ㇾ致」との老中の督促が発せられた。幕府は十六日＝ほどなく還御、二十四日＝このほど還御で押すと決めたのだろう。これが福井に着いた日も不明だが、病気がまだ治らない、快次第に出発するとの茂昭の届書は七月四日付だった。権力の問題にも参府要求が妥当かという問題にも触れず、病気で通した。

この姿勢に変化が見られるのは七月十八日である。行く必要が無いという議論が組立てられる。それは後で改めて取上げる。いまは当主越前守左少将茂昭は参府すべきだと主張した中根靫負が六月十四日に処分されたこと。そのあとへ江戸十六日と二十四日の参府催促が来る（到着日不明）ので福井では幕府が全国政権を拋棄したつもりが無いことが明瞭になるのだけれども、幕府への六月二十六日付と七月四日付の返書では、その問題に触れず病気で押し通したことを確認するに留める。

## 肥後と薩摩への使者

六月十七日付の「積極的誤認」書簡では、「当月末迄には私も上京と覚悟」と書いていた。それが「御使者帰国之上」と変更されるのは六月二十四日付書簡だと、先ほど軽く予告した。六月二十四日だと、六月十六日の老中連署の参府督促が福井に着いたかどうか（返書は前記したように二十六日付）微妙になるのだが、使者派遣のことは、これから述べるように遅くとも十九日には決っているので、幕府の参府命令到着が動機ではない。しかし途中からは深刻に影響してくる。

肥後と薩摩への使節派遣のことは『続再夢紀事』が典拠「癸亥要録」で六月二十一日、上京中の村田氏寿が薩摩の吉井友実を、牧野主殿介が肥後の沼田勘解由を訪れて、それぞれの国許へ使者を派遣するので領内通行に支障ないようにと申入れたと書く。この申入れを『肥後藩国事史料』も六月二十一日で記録するけれども典拠は『続再夢紀事』である。二十一日の京都で申入れるには、福井で遅くとも十九日には決っていなければなるまい。すなわち幕府の江戸十六日の参府命令が福井に届くよりも前である。

次いで肥後藩京都留守居元田永孚の手記（『肥後藩国事史料』）で判断すると、二十三日に重ねて申入れがあったらしく、そこで使節団が家老岡部豊後を頭とする大型のものであること、また使者を送るとの福井の意志が強烈だと感じとれた。京都で抗弁しても間に合わないと判断した肥後の京都藩邸は二十四日、急ぎ元田永孚を帰国させると決定した。元田は二十五日に訪れた村田氏寿の話を聞いた上で二十六日京都発、二十七日大坂から乗船、船中で長文の記録を認めた。二十八日付である。管見の限り、福井の方針が京都でどのように説明されたか、この二十八日付の元田の記録が最も詳しい。ただし二十八日から遡り記憶をたどって書いているため「六月初旬より二十三日迄度々之話合」「猶二十五日村田已三郎参談之赴」が、厳密に日を追っての記録とはなっていない。それを私の推測を交えながら整理すると左のようになる。

島津久光（1817-1887）

　村田氏寿や牧野主殿介らは、初めのうちは越前福井藩の挙藩上京構想について打診を重ねた。肥後藩邸の沼田勘解由や元田永孚は、京都大会議構想には異存がないけれども、それを越前藩が強行するのは無理だという判断だった。春嶽の職務拋棄帰国が響いて京都での越前藩の評判はよろしくない。また肥後藩への協力の求めかたでも、肥後藩と京都朝廷の間に生じている事情に目が届いておらず、分析が荒っぽすぎると批判した。村田や牧野は、その批判を福井へ報告する。そうするうちに突然、六月二十一日にいたり、国許へ使者を送るという話が持込まれるのである。

　福井では六月十七日の小楠の「積極的誤認」書簡までは、越前藩挙藩上京、小楠自身も決死の上京という覚悟だった。しかし京都から届く報告により方針を変更し、肥後や薩摩の国許へ使者を送り各藩主（薩摩では特に藩主の実父島津久光）の上京を求めることにしたのである。遅くとも十九日には使節派遣を決めて京都に伝え、次いで大型使節団であることや日程などを続報した。京都で二十三日の話を聞いた時点で元田の急遽帰国が決り（二十四日決定）、更に二十五日の話を聞いた上で二十六日に出発する。

　元田が出発前の二十五日に村田氏寿から聞いた話、それと小楠の家族宛二十四日付書簡とが、時間的にほぼ重なる。二十四日の福井だと幕府の参府命令が届いたかどうか微妙なところだが、小楠書簡はそれには全く触れない。十七日の家族宛、二十四日の家族宛の中間に、熊本の社中宛が何通か発せられたと推定できる。しかし残存が確認できない。

六月二十四日の家族宛書簡は挨拶に続けて直ぐに「然ば此度御家老岡部豊後・側御用人酒井十之允・御奉行三岡八郎、御使者として蒸気船より熊本・薩州に御遣……」と主要問題に入る。いまの予定では七夕ごろに熊本着か。使命は三岡から社中へ詳しく話すとあって手紙には書かれない。熊本から鹿児島に廻り沼山津に行く余裕はないので家族が熊本に出て三岡に会い福井の様子を聞けと指示している。一つ前の手紙では六月末までには自分も決死の覚悟で上京と書いていたのだが、この手紙では両公の御上京も御使者帰国の上と修正された。

御使者が七夕ごろに熊本に着くというのは、京都で元田永孚が聞いた話とも一致する。元田はそれより先に熊本に帰り着こうと急いだ。

七夕ごろには熊本着という予定は変更になる。我々が読むことのできる次の小楠書簡は七月四日付で嘉悦氏房と安場保和とに宛てたものだが、それには岡部豊後らは明日（七月五日）出発と書かれた。敦賀より蒸気船というのは前便の通りである。遅れた理由は書かれていない。しかし「先月初比より追々書状さし出申候」とあるので我々が読むことのできないものも混じるのかもしれないが「何も事情様々うち替り誠に風雲変態にて御座候」と書くのは気になる。先に出した一連の手紙、また三岡が熊本に行って話すことも、社中から外へは洩れないように気を付けてくれと、秘密厳守を注文するのである。

七月四日は、幕府の督促に対し、まだ病気が治らないので待ってくれと返事した日である。最初の命令に対する返事が六月二十六日、遅くともこの日には、幕府は政権を返上して関東だけのローカルな権力になるつもりは無く、依然として全国政権のつもりであると、福井では気付いたに違いない。それでどうするか、幕命が届く以前に「君側大破」があったのだから、届いてからの春嶽や側近の動揺が大きかったことは容易に想像できる。しかし小楠と小楠派は、幕府の現状は政権を拋棄したも同然ではないかと押切ったのだろう。そう押切って、しかし幕府への七月四日の返事は病気で通し、同時に九州への使節を出発させることが最終決定となったのではないか。肥後藩主、薩摩藩主宛の春嶽・茂昭連名書簡は七月五日付である。それを携行して岡部豊後らは五日福井発、蒸気船黒龍丸で敦賀を出帆したのは八日である。

新規購入の蒸気船なのに、この航海が意外に手間取り、長崎着は十九日である。第一目的地である熊本には三岡と酒井が二十五日、岡部豊後は二十六日に入った。そのときにはもう福井で政変が起こっていた。

## 参府拒否通告の回収と政変

幕府に政権返上のつもりが無いと判明した後も、福井の小楠および小楠派は、政権を拋棄したも同然ではないかという理屈で押し通したと先ほど推定して置いた。春嶽は大きく動揺しながらも暫くはその線で我慢した。その我慢の延長上に七月十八日の毛受《めんじゅ》鹿之助（寛洪）江戸派遣があり、出発させたものの直ぐに呼返すという事件となる。春嶽の我慢の糸がプッツリと切れたのである。

毛受は「松平越前守」名の長文の参勤拒絶状を携行した。これまでは病気を理由に参府延期を願っていたのを切替えて、上京することが優先的課題なので江戸には行かないと断るものである。現在の幕府が進退両難に陥っているのは攘夷を約束したからで、それは自業自得、そこまではつきあえないというのだった。幕府には自分を呼びつける資格が無いのだと暗に指摘している。毛受はそれを幕府に伝達する役目だった。

春嶽は毛受を送る漢文を与えた。優れた使者と伝えられる村越直吉の故事を挙げ、論語子路篇の「使ニ於四方一不レ辱ニ君命一可レ謂レ士矣」を引き、難しい使者を勤める毛受を労った。

しかし『続再夢紀事』によれば、毛受出発直後に方針が変った。毛受は今庄に一泊しただけで翌十九日には福井へ引返した。参府拒否の書面は回収された。春嶽が背伸びすることをやめたのであろう。春嶽は幕府が（将軍が）自発的に政権を返上することには賛成だが、まだ返上していない幕府には逆らえないのである。いったんは小楠派に同調して当主茂昭の参府拒否に踏切った春嶽だが、迷いの方が大きくなり毛受を呼返す。

次いで『続再夢紀事』七月二十三日では家老の本多飛騨、同松平主馬、寺社町奉行長谷部甚平、目付千本藤左衛門が罷免された。政変である。八月一日には目付の村田氏寿を側物頭に転じ、同三日には七月二十三日に罷免した長谷部甚平に蟄居処分を加えた。春嶽は長谷部甚平と三岡八郎を特に憎んだ。三岡は九州から戻った八月二十九日に蟄居処分となる。その前に小楠が福井を辞去した。

春嶽と茂昭は連名で肥後藩主に宛て横井小楠を返却する旨の書面を用意した。八月七日付である。この書面には「参勤順年にも御座候故（中略）近々国許発途東行之積に御座候」と書かれた。当主越前守茂昭が幕府の参勤交代制に従って江戸に向かうと明記されたのである。岡部豊後や三岡八郎が御使者として運んだ七月五日付連名書簡は取消された。福井では「両公御上京」の大方針が消滅したのだ。茂昭は八月十七日福井発で江戸へ向う。

小楠はその前に、十一日福井発で帰国の途についた。榊原幸八と平瀬儀作が八月七日付の親書を携えて同行した。茂昭東行のところを先に引いてしまったが、親書は帰国する小楠への処罰（いわゆる士道忘却事件への処罰）が苛酷にならぬよう配慮を求めて「師弟之情実深断腸之心地に御座候」と書込んだ。小楠が師、春嶽と茂昭が弟子という関係を崩していない。しかし功績を讃えて、また借りるときはよろしくというのは挨拶に過ぎないだろう。また借りるつもりは毛頭無かった。

小楠派の処分は続く。八月二十九日の三岡八郎蟄居処分に続き、九月十一日には京都から戻った牧野主殿介が罷免された。それだけではない。翌年の二月十四日に到り、政変時には罷免のみだった家老の松平主馬と本多飛騨が加増没収蟄居の追加厳重処分を受けた。牧野主殿介も改めて隠居逼塞の追加処分である。九州から戻っても処分保留だった家老の岡部豊後も、この日に罷免された。二月四日付で春嶽が小楠を厳しく批判する書面を茂昭に渡し、それを受けて帰福した茂昭が十四日の追加処分を強行したのである。四日付の茂昭宛で春嶽は四ヶ条に亘って小楠を咎め、その第一が「君臣の紀綱紊乱之端緒を開けり」というのだった。第四番目には、皇国のため盡すのであれば国力（越前藩の力）は尽きても構わないと小楠は主張したが、その通りに実行すれば大方の笑いを招くというのだった。

春嶽は八月十七日に茂昭が江戸に向ったあと、福井で留守をしていたのだが、追加処分の姿勢を確立することができないまま十月に京都に出た。そのことを翌年二月四日になって猛烈に反省し、江戸から京都に廻り帰福することになった茂昭に告げたという次第だった。そこで文久三年十月の春嶽上京を、小楠と絡めながら記述して置かなければならない。

## 薩英戦争と参豫会議

文久三年十月の春嶽上京を、熊本郊外沼山津に落着いた小楠（八月十一日福井発で同二十五日熊本着）は何時知ったか。遅くとも十一月三日には聞いていた。それを同日付の勝麟太郎宛書簡で読むことができる。「越老公も御上洛とは承り申候。黜斥之有志再用之処恐くは出来申間敷、二三之人物を差置其他は凡輩のみにて誠に絶二言語一候。御知己之藩にて何分御心配被レ成レ下奉レ希候」というのだった。上京はしたけれども、政変で罷免した人材を再登用はしていないだろうと小楠は推測する。逸材はみな斥けられ、残っているのは二、三の例外があるだけでみな凡輩だ。貴君は越前藩と親しいのだから助言してやってくれという。実は麟太郎は不審を感じて春嶽に手紙や直接の面会で真相を訪ねたのだが、家中の内紛だと弁解するばかりで要領を得なかったのである。この小楠の手紙で事情が呑込めた。

小楠が福井で尽力した挙藩上京「両公御上京」とは違う状況で春嶽は上京した。小楠は去り、小楠派は処分されたままだった。茂昭は江戸である。春嶽を京都に呼んだのは島津久光で、その久光の上京は、小楠主導期の七月五日付の春嶽書簡に呼応するものだったから皮肉である。福井政変が無ければ小楠主導で「日本国共和一致の御政事」となるべき局面、それが久光主導に変形した。春嶽は久光主導の場面に引出された。

小楠主導期の七月五日付親書を携行した岡部豊後や三岡八郎らの大型使節団は、七月十九日に長崎に着き、そこで初めて七月二日の薩英戦争のことを知る。しかし薩摩は喜んで越前福井の使節団を受入れた。岡部らは順序として先に熊本に行き、次いで鹿児島に廻る。

熊本に入ったときには既に福井の政変が起っていたのだが、それは直ぐには熊本では分らない。ただし八月二十五日に小楠が熊本に戻り、八月十一日付の、七月五日付の内容を取消す親書が前記した榊原幸八らによりもたらされるので、遅くともこの時には福井の事情が分った。それだけが原因ではなく肥後藩独自の事情が絡んでのことだが、藩主細川慶順は上京せず、弟の長岡澄之助と良之助を上京させた。良之助は英明だとの評判が高い公子で、澄之助（明治三年に藩知事となる）も悪くはないのだけれども、弟二人の上京では後述する参豫会議に加わることはできない。

小楠主導期七月五日付の薩摩宛親書は、春嶽茂昭連名の久光忠義（久光の実子で藩主）両人宛と、春嶽単独で久光に宛てたものの二通だった。返書も連名と単独とがある。八月十四日付の春嶽宛単独書簡で久光は「目前之国難も有レ之候得共、皇国之御為東西一時に上京、抛二身命一周旋仕度含ニ御座候」と応じた。これに先立ち家老の小松帯刀が越前の家老で使者の岡部豊後に船を借りる交渉をした。薩英戦争で手持ちの船を失ったので久光上京に使える船が無いのである。岡部は快諾した。その約束は果された。

久光の鹿児島発は九月十二日だった。もっと早く出たかったのだが、「目前之困難」薩英戦争の傷は大きく、再び襲われることへの警戒もゆるがせにはできない。それでも「東西一時に」ではなく西の久光が先になったのだから、福井政変の罪は大きいのである。

ここは京都の八月十八日の政変を挟まなければならないところだけれども、それを略す。八・一八と薩摩の関わりについて研究者の間に意見の違いがあるのだが、いまは踏込まない。いまは小楠主導期の七月五日付春嶽書簡に、八月十四日付で久光が応じ、九月十二日に鹿児島を発したと、押切ることにする。熊本には七月五日付親書を取消す八月七日付親書が小楠帰熊のとき届いたけれども、鹿児島には届かないのである。

久光は一千七百余の藩兵を引連れて陸路を鶴崎を経て佐賀関、そこで幕府の鯉魚門に乗る。九月二十七日出帆である。他に幕府の順動丸、越前の黒龍丸、筑前の大鵬丸などが借用されて藩兵を運んだ。鯉魚門と順動丸の兵庫着は二十九日、久光の京都着は十月三日だった。「東西一時に上京」と久光は春嶽に返事したのだが、薩英戦争の余波で不本意に遅くなった久光の方が先に着き、春嶽は福井である。福井の事情が激変したことはもう繰返さない。加えて春嶽には、春の職務抛棄帰国で幕府と朝廷の双方から咎められ、幕府は早く免じたけれども朝廷は赦していないという問題があった。入京した久光が直ぐに手を打ち十月六日に朝廷が赦免し七日には上京を命じた。もちろん久光も書面で上京を促す。主客逆転である。春嶽は十月十三日福井発で上京し十八日に京都に着いた。

この春嶽上京について熊本郊外沼山津の小楠が勝麟太郎に宛てて十一月三日付で批評したことを前記した。政変で罷免された有志の再登用はしていないだろうから引連れたのは凡輩ばかりで言後に絶するというのだった。その推測通り再登用はない。鹿児島から戻った三岡八郎は厳罰に処された。岡部豊後は処分保留で、久光に先発上京した小松帯刀との間で家老同士の書簡遣り取りを続けるけれども、自分は京都に行くことができないと謝った（十月一日付）。春嶽上京の供はできず翌年二月十四日に罷免された。

岡部豊後と三岡八郎、特に三岡は完全な小楠派である。「積極的誤認」を共有し、幕府が依然として全国的政権のつもりだと判明した後も、政権を抛棄したも同然ではないかと押切った。小楠の「日本国共和一致の御政事」には、関東のローカルな権力となった旧幕府を参加させるか、当面は無視するかという問題があるのみ。

ところが七月二十三日福井政変後の春嶽はもちろんだが、薩英戦争を経た久光にも、幕府が全国的政権であることを否認するつもりが無かった。ただし久光は、京都朝廷と幕府の攘夷方針（将軍の天皇に対する攘夷確約）を改めさせようと決意した。無謀攘夷は日本国を亡ぼすのである。

久光は有志諸侯（薩摩藩主の実父久光自身、越前福井の隠居松平春嶽、土佐の隠居山内容堂、伊予宇和島の隠居伊達宗城）に朝議参豫の資格を持たせることに成功した。しかし純然たる幕府人である将軍後見職一橋慶喜と京都守護職松平容保をも参豫に加えたのだから、参豫会議が反幕府的ということはない。将軍家茂が海路で二度目の上京をすると、春嶽は早く二条城の御用部屋入りを命ぜられ（小楠非難書面と小楠派追加処罰はその後である）、次いで他の諸侯参豫も御用部屋入りが可能となった。

しかし将軍と幕府は諸侯参豫の幕政に対する発言権を嫌った。諸侯参豫が朝議を攘夷抑制に向わせたのを覆えす。幕府は天皇と公卿の攘夷志向に迎合し、横浜鎖港の線で幕府への全面委任をもくろんだ。幕府人参豫（特に一橋慶喜）と諸侯参豫（特に島津久光）は厳しく対立、参豫会議は崩壊した。春嶽は独自の役割を果すことができず、怒って辞任帰国する参豫の一人となった。

## 海軍問答書

参豫会議が解体する前の文久四年＝元治元年二月五日、勝麟太郎は長崎出張の命令を受けた。二条城で参豫閣老同席の場で一橋慶喜から命じられたと麟太郎の日記は記す。同行する目付の能勢金之助は、同日老中水野和泉守から命令を受けた（『杉浦梅潭目付日記』）。

軍艦奉行並なのに軍艦で長崎に直行するのではなかった。長州が事実上の敵国で関門海峡を通ることができない。長崎出張の用件もそれに関わりがあって、仏・蘭・英・米の四国が下関を攻撃する計画があるのを阻止せよというのだった。それで長崎へ行くのはいささか方角違いだけれども、用件はもう一つあって、対馬に渡り朝鮮を探れというのだった。以酊庵《いていあん》に通知したから遠慮なく使えという老中の書面が長崎に届く。以酊庵というのは朝鮮との往復文書を管理するために対馬に置かれた幕府機関で、京五山の高僧が常駐する習わしだった。

麟太郎は豊後鶴崎から九州を横断し熊本に着くと、郊外沼山津に閑居する小楠のところへ坂本龍馬を派遣した。龍馬は、前年麟太郎が神戸海軍操練所設立許可を取付け、併行して神戸に私塾を作ることを認められたとき、私塾の費用について援助を求めるため福井に派遣された。いかほど要るのかと龍馬から聞取り、長谷部甚平と三岡八郎に取次いだのが小楠である。一千両と龍馬は答えた。そういう事情もあり小楠は、いま建設途上の神戸海軍操練所と、既に完成して塾生が勉学中の神戸勝海軍塾のことを熟知していた。

この元治元年二月の龍馬来訪で更に刺激を受けた小楠は「海軍問答書」を執筆して長崎の麟太郎に贈った。麟太郎の日記によれば受取ったのは三月二十三日である。参豫会議崩壊の報は長崎に届かず、「海軍問答書」執筆時の小楠も知らない。

参豫会議は、福井での小楠構想とは異なる。しかし無縁ではない。小楠は不満と期待とが半ばするというところだろうか。「海軍問答書」には、自身元来の政権構想、幕府の神戸海軍操練所についての知識、参豫会議への不満と期待などが入交り、この時期(福井辞去後約半年)の小楠思想を示す貴重なデータだと私は思う。

いま海軍が必要だという議論が冒頭にある。それは略す。次いで海軍を起こす方法が論じられて「今幸に天朝幕府兵庫に於て海軍を起すの命令を出されたり」と書く。

これは事実に反する。神戸に建設中の海軍操練所は勝麟太郎の直談判を将軍家茂が許可した。麟太郎にはこれを東アジア同盟の根幹にしようとの構想があるけれども、それは彼の内面のこと、公式には幕府が先に江戸に建設した軍艦操練所に加えて、もう一つの操練所を神戸に作るのだった。「天朝」は関係ない。坂本龍馬が神戸海軍の総督を朝廷が任命する案を着想し、麟太郎がそれを日記に書留めるという経緯があったけれども、この案は実現への動きが見られないまま消えた。いま神戸で進められているのは幕府の海軍操練所建設であり、現に麟太郎はその運用についての意見書を在京の幕府幹部に提出しておいて長崎に向ったのである。

しかし小楠は、設置の命令について「天朝」を上位に出すだけでなく、更にまた「維新の令」を発して左の件々の大綱を天下に布告せよという。その第一条は「総督官に海軍一切の全権を命じ、厳に有司文法の牽制を禁ず」だった。「有司文法」は幕府の役人と幕府の規則だろう。「維新の令」を発しても「有司文法」を一掃はできないかもしれないが、海軍総督官の全権には干渉させないというのである。この総督官は京都朝廷の任命でなければなるまい。

箇条の第四番目が「総督官諸生を率いて長崎に出張し、洋人を呼迎へ三年を期し伝習せしむ」で、これは麟太郎の意表を突いたに違いない。彼の神戸海軍は、これから三年も長崎で伝習することを想定していない。この問題は後で述べる。先に小楠の福井構想を補足するところを見ておきたい。

小楠は彼の構想する海軍の政治的位置付けについて「夫れ京師は天下の根本、至尊の在ます所、礼楽征伐の出る所なれば、兵庫の海軍即是れ一大親軍なり」と規定する。直ぐに続けて「此海軍強勢なれば天下海軍一に帰し（中略）天下の人情通、天下の人傑を挙て天下の衆智を尽、正大公共の王道を行せ玉はんに、内地は云に不及、海外の各国まで自然に王化に従はざることを得ず、何ぞ唯に区々として一国を守るのみならんや」である。どこまで行っても幕府は出て来ない。

いや全く出ないわけではない。費用のところで出る。小楠が「海軍問答書」で説く海軍は莫大な費用がかかる。それを小楠は非常の事業を起こすことで解決しようと算段する。事業を起こすには資金が要る。資金を確保すれば、その運用には強烈な自信があるようだ。

そこで資金は「幕府列藩均く課金を出されざることを得ず、試に高一万石に年々百両の金を課すれば総計大凡二十四、五万両内外なり、此の課金を以て元とし左の件々の事業を起さんと欲す」。事業の元となる課金、それは幕府列藩平等に一万石当り百両を課すのである。幕府は全国的政権ではなくて諸藩と対等平等に課金を負担するローカルな権力に過ぎないのである。

現実がそうでないことは小楠も承知しているのに違いない。しかしここは久光や春嶽が上京して参豫会議が成立した状況を、自分が福井で構想した「日本国共和一致の御政事」に精一杯近づけた上で、その京都政権の「親軍」として理想的海軍を構想したのである。幕府は諸藩と平等に課金を負担するだけの存在、政事の全体に対しても海軍に対しても、特別な発言権を持たない。完全な無視ではなくて、諸藩と同じく一万石に百両の課金を負担する存在として認められたのである。小楠主導の福井構想においても、とりあえずは無視するかもしれないが、最終的にはここまで（諸藩と対等の存在として）認める用意はあったのだろう。熊本と鹿児島に使者として赴いた岡部と三岡、少なくとも三岡はこれを説いたに違いない。しかし繰返しになるが、帰ると直ちに厳罰に処された。

ここまでは「海軍問答書」を小楠の福井構想の補足として利用したのである。「積極的誤認」が小楠の中でどのように生き続けるかを追跡した。しかし「海軍問答書」には先に保留しておいたように、これから三年も長崎に洋人を招いて伝習という問題がある。小楠は海軍の軍事技術的水準を飛躍的に高めなければならないと思っているのだ。

いまの幕府海軍は実は輸送船団に過ぎず、麟太郎はそれに甘んじているところがある。幕府高官や将軍が船で移動するようになったのは彼の功績だった。彼の次の狙いは対馬経由で朝鮮や清国と交易、交易を通して東アジア三国同盟を結ぼうというのだった。今回の長崎行きにも、実はその狙いがある（京都から中止命令が届き彼は後々まで残念がるのだが）。

しかし小楠は戦争ができる海軍を作ろうと構想する。そのために海軍の幹部は全て、これから長崎で三年の伝習する「諸生」から選ばなければならない。全国から身分を問わず志あるものを募って修行させ、幹部は全てこの「諸生」から選ぶ。外からの身分秩序は持込ませない。「別に将校を用ることを禁じ、総て此の諸生をして軍艦の諸役を命じ（中略）匹夫たり共一艦一軍の将にも挙げ用ひ、貴族たり共所長なければ用ひず」とするのである。少なくとも海軍の中では武士身分を全廃しなければならない。武家支配体制廃止の突破口である。

費用はたっぷり使えるので（これについての小楠の算段はいま省略せざるをえないのだが）軍艦が十艘にも達したら順番に海外に出し世界を見て廻り、軍事的にも構成員の政治的識見の点でも、欧米の海軍を上回る強力な集団を作るのである。

この「海軍問答書」に対する麟太郎の反応を読むことができない。しかし彼は長崎からの帰路で、熊本から龍馬を再び沼山津に派遣して小楠の甥二人（兄の遺児）を預る。これから発足する神戸海軍操練所に入れる予定だった。

ところが戻ってみると参豫会議は崩壊していた。小楠の福井構想や海軍問答書よりも遥かに幕府を敬重していた参豫会議、それさえも崩壊し、小楠流の拡張解釈を生かす場は失われた。神戸操練所は発足するけれども、入学資格は幕臣とその子弟、および諸家家来までで、一般庶民は入れなかった。発足に際して正規の軍艦奉行に昇進し安房守と改称する麟太郎は、資格を持たない（士分でない）小楠の甥たちを「勝安房守家来」で押込むけれども、その勝安房は江戸に召還されて軍艦奉行を罷免され、次いで神戸海軍操練所が廃止されてしまうのである。小楠は神戸から戻って来た甥たちをアメリカに送ることになる。

**追記**

これは第Ⅰ部の鼎談「いま、なぜ小楠か」で小楠の事実誤認の思想的意味について発言したこと（「文久三年の小楠」という見出しの部分）を文章化したものである。もっとあとの時期の事実誤認をも扱うつもりだったが、酷い夏風邪に苦しみ別の大きな仕事が遅れているという重圧下での作業となったため、福井での「積極的誤認」と、その余韻が続く「海軍問答書」までで、打切ることにした。細かい日付にはみな意味があるのだが、それを面白く読んでいただけるように仕上げる体力と気力と時間的余裕が無く、読みづらいものになったことを御詫びする。

# 坂本龍馬と小楠

## 【「成行を御覧あるべし」】

小美濃清明

おみの・きよはる　一九四三年東京生。一九六八年早稲田大学文学部卒業。幕末史研究家。『坂本龍馬と刀剣』『坂本龍馬・青春時代』『坂本龍馬と竹島開拓』（以上新人物往来社）等。

『坂本龍馬全集』（光風社出版）は宮地佐一郎によって遍述された。坂本龍馬（一八三五―一八六七）関係の書簡、関係文書、詠草などが集められている。

　この全集のダイジェスト版が『龍馬の手紙』（講談社学術文庫）である。

　龍馬の手紙が一三九通、収録されている。その中に文久三（一八六三）年六月二十九日、姉・乙女にあてた手紙がある。

　私事も、此せつハよほどめ（芽）をいだし、一大藩《ひとつのをゝきな大名》によく〳〵心中見込て、たのみにせられ、今何事かでき候得バ、二三百人斗ハ私し預候得バ、人数きまゝにつかひ申候よふ相成、金子などハ少し入よふ（用）なれバ、十、廿両の事は誠に心やすくでき申候。

私もこの頃、余程、幸運に恵まれて、一大藩に見込まれて、頼りにされ、今、何か事か起きれば二、三百人ばかりをお預りして、自分の思うように指図するようにまでなり、金が少し必要なら、十両、二十両ぐらいは、簡単に作ることができます。

　龍馬が土佐藩を脱藩したのは前年の三月であり、一年三カ月ほど経過していた。龍馬は心配していた姉にこの手紙で近況を報告したのである。

　一大藩に「ひとつのをゝきな大名」とルビを振り、姉に理解しやすいように気配りをしている。この一大藩とは越前福井藩であり、この手紙を書く一カ月前、勝海舟の使者として、龍馬は福井を訪れていた。

　文久三年五月十六日、勝海舟は『日記』に次のように記している。

　龍馬子を越前へ遣《つか》わす。村田生へ一書を附す。これは、神戸へ土着被レ命、海軍教授の事に付、費用不レ供、助力乞はむ為也。

　龍馬を越前へ派遣した。村田（巳三郎）への書状を持たせた。この旅は神戸へ着任を命ぜられて、海軍を教えることになり、その費用がないので、援助を求める為であった。

　神戸に海軍塾を開くために必要な資金を借りる旅であった。龍馬が福井を訪れた時、横井小楠を中心として、「挙藩上洛計画」が実施に向い議論されている最中だった。偶然である。龍馬は三十三年という短い人生の中で何度も偶然を体験している。十九歳で初めて江戸へ剣術修行に出た時、ペリー来航に遭遇した。その時、土佐藩の命令で佐久間象山塾に入塾することになる。塾では長岡藩の小林

## 姉宛の手紙に見る挙藩上洛計画

坂本龍馬（1835–1867）

虎三郎が塾頭をしており、象山の妻は海舟の妹・お順だった。

塾の先輩になる吉田松陰が帰国して行くペリー艦隊へ乗り込み、渡米しようと試みるが失敗に終った。象山も投獄され、象山塾は師を欠くことになった。龍馬は習いたかった西洋砲術も学ぶことができなくなった。

偶然の連続である。龍馬は否応無く幕末史の中心へと吸い込まれていく。

福井訪問も村田巳三郎との面会から、横井小楠、三岡八郎（由利公正）との会談へとつづいた。

福井滞在中、ある夜、龍馬は横井小楠と共に小舟で足羽川を渡り、三岡八郎を訪ねている。明治になってその時の様子を三岡が回想している。『由利実話』には、

> 小楠の邸宅は私の家と足羽川を隔て対《むか》い合って居た。ある日、親戚の招宴でおそく帰った処、夜半に大声で戸を叩く者がある。出て見ると、小楠が坂本と一緒に小舟に棹《さお》して来た。そこで三人が炉を抱へて飲み始めたが、坂本が愉快極って――君がため捨つる命は惜しまねど心にかかる国の行末――という歌を謡ったが、その声調が頗《すこぶ》る妙《たえ》であった。

とある。

この夜、横井小楠が坂本龍馬に何を話したか、記録はない。姉・乙女にあてた手紙に〈今何事かでき候得バ、二三百人斗ハ私し預候〉と書いたのは「挙藩上洛計画」が実行されれば、二、三百人の福井藩士を指揮して京都に入るという意味である。

福井藩は一番手・本多飛騨（家老）、二番手・松本主馬《しゅめ》（家老）、三番手・当侯（松平茂昭）、四番手・老侯（松平春嶽）、五番手・岡部左膳（家老）と酒井十之丞（側用人）がそれぞれ八百人の兵士を指揮することになっていた。合計四千人が福井から京都へと一気に上洛する計画である。しかし、この計画は実行されなかった。

龍馬はこれに大きな期待をよせていた。姉・乙女にあてた手紙には、引用した文章の後に〈日本《ニッポン》を今一度せんたくいたし申候事ニいたすべく〉という有名な文言が書かれている。

小楠の「挙藩上洛計画」は挫折した。そして小楠は八月、熊本に戻って沼山津に閑居することになる。

慶応元（一八六五）年五月十九日、龍馬は鹿児島訪問の帰路、熊本の小楠を訪ねている。その時の様子を徳富蘇峰の父である徳富一敬が同席していてその様子を伝えていた。

龍馬は小楠に語っている。

> 「今日の事、先生に一々明言せず。
> 成行を御覧あるべし。」

着々と〝日本のせんたく〟に向って行動していく龍馬は小楠に、詳細は語らず見守っていて下さいと話したのである。

「横井の眼は専ら人に注ぎ、佐久間の眼は専ら物に注ぐ」

# 佐久間象山と小楠

【幕政改革をめぐる理論知と実践知】

源　了圓
Minamoto Ryoen

## 象山と小楠——理論知と実践知

幕末維新の政局を担う二人の思想家は、小楠が象山に二年早く生まれ、五年後に亡くなっているので、約七年間小楠が長生きし、約五四年間激動の時代を共有したことになる。

『宋名臣言行録』には、危機に臨んで必要とされる能力を三つのタイプに分けている。

能く見る、一なり。
見て行なう、二なり。
当《まさ》に行なうべくんば必ず果決す、三なり。

松本健一氏は、このことばを日本の幕末の思想状況に当てはめて、第一の「能く見る人」に当嵌まる人は佐久間象山と横井小楠であるとし、彼らは共に「思想家」の類型に該当する。第二の「見て行なう」人とは「見者にして実行家」のことであり、「勝海舟、高杉晋作、坂本龍馬」などがこれに該当する。そして「当に行なうべくんば必ず果決す」とは当に読んで字の如くであって、西郷隆盛、大久保利通などがこれに該当するという（『評伝佐久間象山』

（上巻、四四—四五、中央公論新社）。
　では象山と小楠は「考える人」として一応同じ類型に属する人と言うことできようが、彼らはいずれも考える類型の人でありつつ、また違うタイプの人である。象山は「理論知」を追究する人であり、小楠は「実践知」を追究した人である。象山の場合、「理論知」の追究を主とする人とはいえ、スピノザのようにレンズを磨きながら思索一途の一生を送ったのではなく、自分の考えを実現せねばならないと考える人であるから、純粋の理論知とは言えないが、一応この分類は有効である。勝海舟の場合象山を尊敬していることは松本氏の言うように否定できないが、勝海舟が自分は怖るべき人を二人見た、それは横井小楠と西郷隆盛であり、小楠の考えを西郷が実践したら幕府としては困ると言ったように、小楠と勝の二人は実践知の人であった。それは二人ともある状況の下に政治的に判断し、決断する人であり、そのたぐいのことが下手な象山とは違う。われわれは「象山対勝・横井」というタイプの対立があったことを閑却すべきではないと私は考える。

**佐久間象山**（1811-1864）

　二人がお互いのことを意識し始めたのは案外遅く、小楠が文久二（一八六二）年、自分が顧問をしている松平春嶽が政治総裁職に就いて、幕府の「国是」を次の七条にまとめた時である。それは次の七箇条（『国是七条』）から成る。

大将軍上洛謝㆓列世之無礼㆒。
止㆓諸侯参勤㆒爲㆓述職㆒。
帰㆓諸侯室家㆒。
不㆑限㆓外藩譜代㆒撰爲㆓政官㆒。
大開㆓言路㆒與㆓天下㆒爲㆓公共之政㆒。
興㆓海軍㆒強㆓兵威㆒。
止㆓相対交易㆒爲㆓官交易㆒。

大将軍上洛して列世の無礼を謝せ。
諸侯の参勤を止めて述職となせ。
諸侯の室家を帰せ。
外様・譜代にかぎらず賢をえらびて政官となせ。

大いに言路をひらき天下とともに公共の政をなせ。
海軍をおこし兵威を強くせよ。
相対交易をやめ官交易となせ。

なお第四条に「述職」とあるのは、諸侯が天子（ここでは将軍）に自分の職務について報告すること（もと『孟子』（梁恵王篇）に拠る）で、諸侯の将軍に対する責務は、それ以前とは比較にならないほど軽くなったということである。

## 佐久間象山による小楠の幕政改革への批判

「象山・小楠」関係上最も注目すべきことは、象山が小楠の提唱によって成立した文久二年の幕政改革に異を唱えている部分である。二人は年齢も近く、儒教を基盤にしてそれを読み変え、幕末の変動期において思想家としてそれぞれ指導的役割を果し、そしていずれも暗殺された点において共通性をもっているが、思想の性格やパーソナリティはまったく違う類型に属する。

この両者の差異をジャーナリストらしい筆致で巧みに描写しているのは、徳富蘇峰である。

人心作用の微妙を察し、談笑して天下の紛乱を解くは横井或は之を能くせむ。事物先後の経綸を定め、解剖学者が刀痕の解る所、人体自《おのづ》から解剖せるが如きに至りては、是れ佐久間の勝場と謂はざる可らず……横井の胸襟は光風の如く、佐久間の頭脳は精鉄の如し……横井の眼は専《もっぱら》人に注ぎ、佐久間の眼は専ら物に注ぐ。其空言を賤んで事実を重《おもし》とするは、則ち其趣を同ふせずんばあらず（『吉田松陰』初版）。

象山は文久二年の幕政改革の何が気に入らなかったのか。それはこの改革が「小さい政府」の創設をめざすものであったからである。象山のような、政治権力の維持には支配者と被支配者との間に「一定の距離」が必要だと考える人からすれば、この「小さい政府」の案は、とんでもない思い違いにほかならなかった。吉田松陰の渡航事件に連坐して当時松代に蟄居していた象山は、近来の大改革（文久二年）で、諸大名のお供連れの人数がことの外に減って、老中方のご登城の折もわずか三騎か五騎のお伴で、槍道具も持っていない、ということを聞いて、最初はまちがったニュースだろうと思っていたが、再三同様の声を聞くので、やはりこれは本当らしい、という書出しで、「おのづから上下尊卑の等級と申すもの」があるから、老中が平士同様のことをやることは絶対にやめて欲しい、このような改革案は、アメリカやヨーロッパの大統領や執政、日本にやってきた公使などのやることを見聞し、それに示唆を受けてやったものだろうが、「皇国と外蕃とは御国体（国柄）」が違う。西欧では、農工・商賈《しょうこ》・舟子・漁師・

獣医・傭夫（人夫）の子であっても、その才能・学術がひときわすぐれている場合には、ミニストル（国務大臣）にも、執政にも、大統領にもなれる。しかしその職をやめると、出身地の庶民の生活に復する。その職にいる時のお伴はみなその国の下級官吏で、家事を整える奴隷はごく僅かである。だから私用の外出には、そのごく僅かの奴隷のうちからいくらかを選んで、彼等を召し連れていくことになる。これは西欧諸国の国体・政体の然らしめるところでやむを得ない。

それに対して、「皇国当今の御形勢は、全く漢土三代封建の制」と同様であって、政治を執る人は諸侯であり、諸侯には石高《こく》にふさわしい家来、規定通りの軍役もあり、これを務めるのは政治を執る人の本分である。このような日本の国体にふさわしいように政体を正して欲しい。彼はこう言って、「貴賤尊卑の差は、天地自然、礼の大経に有レ之」と断定する。そしてこのような考えに基づいて、服飾の制度を正し、官僚の役名を典雅なものに改めるべきことを提案する。

象山には徳川幕藩体制や封建制についての疑いはまったくなかった。それは「漢土三代封建の制と同様」の理想的体制である。象山にはこの上書を書くことによって、幕藩体制を強化し、その体制の下で科学技術の振興に基づく富国・強兵の道を歩くことによって、日本国の独立を守り、更には世界の覇者としたいという抱負があった。

その背景には、普遍的な道理を根底において、それに基いて世界に通用する実理を追求する道を進んで行けば、日本はやがて世界の覇者となるだろう、否そうしなければならないという抱負があった。

ここで象山と小楠の理想とした人物、ならびにその背景にある二人の国家観ならびにそれを支える思想を検討しよう。

象山の場合はピョートル大帝、ならびにアレクサンダー大王とかナポレオン——すなわち「英雄・豪傑」とみなされる人物であった。小楠の場合はジョージ・ワシントンが理想的人物で、彼は英雄・豪傑ではなく、徳義ある人物であるが故に尊敬された。

象山の理想的人物観を支えたのは、意外にも中国の兵法であり、その一つは孫子であり、更には「司馬法」であった。「孫子」からは、「敵を知り、己れを知るものは百戦殆《あやふ》からず」という「孫子」の基本的考えを受けいれ、「司馬法」からは「故人の用る所の物を見附けては、これと侔《ひと》しからんと思う」という両之の術を学んだ。

## 象山と小楠の『海国図志』の受けとめ方

佐久間象山と横井小楠の思想とを本格的に比較しようと思うならば、一冊の本、もし論文にしようと思うならば一大雄篇が必要であろう。今回は紙幅の都合上、二人が魏源の『海国図志』をどのように受けとったか、ということを比較することによって務めを果すことにする。その際、象山は『海国図志』の前に著した『聖武記』についての感想もしるしているので、併せしるすことにする。

象山はその著『省諐録』の中で次のように書いている。

予時に感慨し、上書して策を述べしは、実に天保壬寅十一月也。後清の魏源の『聖武記』を観るに、亦時事に感慨し之に著わす所なり。而して其の書の序は、又是の歳の七月に作られたれば、則ち予が上書に先立つこと僅かに四月なり。而して其の論ずる所、往往約せずして同じき者有り。あゝ、予と魏とは、各々異域に生れ姓名を相ひ識らずして、時に応じ言を著すは、同じくこの歳に在り。而て其の見る所も、亦闇合する者有るは、一に何の奇ぞや。真に海外の同志と謂ふべし。

さらに彼は「其の江都に在るや、始めて魏氏の書を獲て之を読む。本内地に学を設け、専ら夷書夷史を訳して、敵情を瞭失し、以て馭《ぎょ》に補せんとなす。是れ又其の見の予と相符する者なり」とする。この後に引用したのは『海国図志』を読んだ時の共感である。

魏源が『聖武記』を書いたのと、自分の『海防八策』を書いたのがわずかに四カ月の相違しかなく、しかもその論ずる所に不思議な暗合がある。彼はそう言って「真に海外の同志」と言っている。『海国図志』の場合は、その編集の方針――内地に学校を設け、もっぱら西洋の本、西洋の歴史書を翻訳し、敵情を知り、これを馭するという考えの点で、自分の考えと符節を合すると言っている。

併し彼は自分の方がすぐれている面があることも発見する。それは『海国図志』の巻末に付せられた「銃礮《ほう》（砲）の説」である。象山は言う。

魏氏の海国図識《（ママ）》中、銃礮之説を輯《あつ》めたるは、類は皆粗漏無稽にして、児童戯嬉《ぎき》の為《しわざ》の如し。能く其の要領を得る者之れ無し。魏の才識を以てして、是をこれ察せず。今の世に当りて、身に礮学なく、此の謬妄を貽《のこ》し、反って後生を誤える。吾れ魏のために深く之を惜しむ（『象山全集』巻一、「省諐録」一二・一三頁」原漢文）

ここに酷評されている部分は魏源が書いた部分ではなく、林則徐が私費を投じて買い集め、之を巻末に附録として附けるよう頼んだ部分であり、その後李氏朝鮮ではこの巻末の記事の指示通り造って実戦に使い米国の船を沈めたと言われているところである。それにもかかわらず、オランダ語を学び、それをマスターし、オランダ語に訳した砲術の本を使って、優秀な砲を造った象山の眼からすれば児戯に類するものであったろう。

横井小楠の場合、『海国図志』は象山以上に重要で、いわば「運命的」な本だった。小楠を攘夷論から開国論に転回させたのもこの本だったし、さらに「体験としての公論意識」の持主に過ぎなかった小楠を「公議・公論」主義者たらしめたのもこの本であった。そしてその際、「アメリカ篇」との出会いが、小楠を「公共哲学」の形成者たらしめた。即ち米の国家形成の基本原理たる三つの「国是」というものがあることを教え、そして小楠の徳川幕府、徳川社会の批判の根拠となっている思想的視座を小楠に教えたのである。

そしてそれは小楠がこれまで潜在的に求めていた「自己の発見」であった。彼は当時の日本が切実に求めていた政治思想家となったのである（この問題については本書拙稿「小楠の開国論における公共の思想」を参照されたい）。

象山は『海国図志』との出会いによって、西欧の「科学技術文明」と出会った。これも亦、日本が避けて通ることが許されない一つの関門であった。象山と小楠の幕末を代表する二人の思想家は、時代の要求する課題に自己のいのちを賭して立ち向った。彼等の提起した問題は、一方では歴史的問題であり、他方ではまだ充分に解けない現代的課題である。

小楠から受け継いだ思想の到達点

# 立花壱岐と小楠

【最後の会見と「第一等論」】

河村哲夫

Kawamura Tetsuo

かわむら・てつお　一九四七年福岡県生。一九七一年九州大学法学部卒業。福岡県文化団体連合会専務理事。日本ペンクラブ会員。主著に『志は、天下』（海鳥社）『柳川城炎上』（角川書店）『西日本古代紀行』（西日本新聞社）等。

## 最後の会見

柳川藩家老・立花壱岐のもとへ、明治新政府から徴士刑法局判事の辞令が発せられたのは、明治元（一八六八）年六月六日のことであった。

立花壱岐は天保二（一八三一）年五月十五日生まれであるから、この当時三十八歳。七年ぶりに柳川藩の「全権」に復帰し、藩政改革と兵制改革を断行して、新たに編成した「英隊」と「断隊」を奥羽に派遣したのち、苦心惨憺して藩の運営を取り仕切っているところであった。

しかしながら、立花壱岐は若いころから慢性的な疾患を患っており、激務に追われて体調が悪化していた。

――新政府で働くだけの体力は残されていない。

立花壱岐は長崎におもむき、オランダ人医師マンスフェルトと長与専斎の診察を受け、診断書を書いてもらったうえで、九月五日に柳川を出発し、九月十八日に長崎から汽船に乗って大坂に向かった。そして、九月二十二日に大坂に到着し、中之島常安橋のたもとにあった柳川藩の蔵屋敷に入った。

その翌日、会計官判事の池辺藤左衛門が訪ねてきた。柳川藩の下級藩士であったが、若いころから横井小楠に学んだ秀才で、「肥後学派」の同志であった。この当時五十歳。大久保一蔵（利通）に随行して東京へ向かうために大坂で汽船を待っていた。池辺藤左衛門は、越前出身の三岡八郎（由利公正）とともに新政府の財政政策・貨幣政策に携わっていた。

池辺藤左衛門は、立花壱岐に上京するよう勧めた。京都には、横井小楠が滞在しているという。

「刑法局判事を辞す前に会って、ご相談されたらいかがですか」

池辺藤左衛門の勧めに従って、立花壱岐は、九月二十九日に大坂を出発し、その日の夜、京都に到着した。宿は、鞍馬口の上善寺である。

体調が回復するまで数日間宿で休んだ後、十月四日になって横井小楠に書状を送った。

横井小楠は「士道没却事件」以来熊本の沼山津に逼塞していたが、この年の四月に召し出されて新政府の参与となっていた。すでに六十歳になっていた横井小楠は、京都に上ったものの、持病の悪化のため五月以来欠勤がちとなり、一時は重体となるほどであった。その後小康を得、九月はじめには近くを散歩できるまでに回復し、立花壱岐の手紙を受け取ったころには、試験的に出仕していたころであった。手紙を受け取った横井小楠は、

「先日信人君（十時信人、立花壱岐の実弟）から、大坂にお着きになったことを聞いておりました。お体が依然回復なされず、熱のため引きこもられているとのことで心配いたしております。近日中にお会いし、色々とお話しいたしたいものです。小生も近ごろ出勤いたしておりますが、なかなか全快にはいたりません」

という返事を書いた。

二人が会ったのは、二日後の十月六日のことである。場所は、横井小楠の寄宿先――高倉通り丸太町南の屋敷であった。

このときの問答は、柳川の郷土史家岡茂政氏によって『立花壱岐』（福岡日日新聞・明治四十四年）のなかに記録されている。その元になったのは、立花壱岐が明治元年十月から明治二年六月にかけて書いた『徴士日記』十六冊であるが、残念なことに柳川古文書館にわずかな断片が残されるのみで、ほとんどが散逸している。岡茂政氏によると、立花壱岐と会った横井小楠は、

「今日当路の三職以下を見るに、いずれも目前のことに処するだけで、『治道の本源』に志ある者を聞きません。ただ顧みて思うのは、上聖上陛下（明治天皇）のご英明と岩倉輔相のみであります。当今貴殿が論じて倦まないのは、この卿お一人でございましょう。惜しいかな、いま天皇に供奉されて東上しておられますので、いずれご帰京の後お会いになったら、きっと面白いお話もあろうかと存じます」

と、岩倉具視と会うことを勧めたという。

数日後、二人はもう一度会っている。このときもまた横井小楠は、

「当今の人物を見るに、一官一事の任に当たる小粒者ばかりで、『治道の本源』を究めようとする者はいない。池辺なども会計官判事となってからは、そのことばかりに執着して、もはやそれがしなどとは話が合わぬ。これでは数十年来の親交も水の泡でござる。貴殿も一日も早くご全快のうえ、『治道の基礎確立』について十分ご尽力願いたい」

と、「治道の本源」あるいは「治道の基礎確立」というような言葉をもちいて、新政府の役人たちを批判し、長年の弟子である池辺藤左衛門に対しても同様の批判をおこなった。それを聞いた立花壱岐は、

「いま申された治道の本源とは、どのようなことでござるか」

と尋ねると、横井小楠は、

「恐れ多くも陛下におかれては諸藩にご巡幸あって、諸侯を召され、勅命によりお指図あれば一挙に治道の基礎はできようかと存ずる」

と答えた。それに対し、立花壱岐は激烈な口調で異議を唱えた。

「当今の急務は、朝廷の政体を改正し、わが国の政体を創立すべき時である。いま朝廷においては、王政維新以来諸藩の名君、すぐれた国老藩士などを召されて三官九職に登用され、その実績が日増しに上がっているというのに、諸藩は旧来のままで、政令は天下に波及していない。すると、王政とはいっても京都付近のみで、わが国全体には及んでいない。徴士に漏れて居残る諸侯国老は、愚人ばかり多く、よしやご巡幸あっても、そういう愚人どもと政治を議し給うたからといって、何の益にもならぬ。経国の基本は、わが国の政体を創立するにあって、治道の基礎というのは、制度の確立にあると考える。しかる後にご巡幸というのが、物の順序でござろう」

立花壱岐は、明治維新の本質を、単なる王政復古としてではなく、神武天皇の創業に匹敵するほどの新しい国家の創設と新しい制度の確立――すなわち、「国家体制の一新」ととらえていた。旧態依然とした藩制度の見直しと、抜本的な国家制度の改革こそが急務であって、天皇の地方巡幸など末節に過ぎぬ。このようなことを立花壱岐は論じた。岡茂政氏によると、横井小楠は、

「もとよりそうである」

と答えるのが精一杯であったらしい。会見が終わったあと、立花壱岐はこのときの横井小楠について、「昔日の勇なきなり」と批判し、「げに争われぬは、歳なり」と嘆息し、人にも語り、念の入ったことに、柳川藩主立花鑑寛《あきとも》へも手紙で書き送っている。しかも、宿舎に帰るや、横井小楠に書状をしたため、柳川から携えてきた『山吹』と『井蛙天話《せいあてんわ》』という政治論文を送りつけている。

立花壱岐は、十月七日に御所に参内して、弁事の滋野井実在《しげのいさねあり》に対して刑法局判事辞任の口上書を提出し、十月十四日に承認された。すると、横井小楠から次のような手紙が届けられた。

お手紙、かたじけなく拝見いたしました。先日はご病気中にもかかわらずおいでいただき、ご厚情かたじけなく存じております。さて、免役のお願いも相済み、ご安心なされたでしょう。ついては早々にご帰国のご存念でしょうが、近日中にお会いいたし、縷々申し述べたいと思っております。お書きになられた二冊については、ゆっくりと読ませていただき、それぞれ敬服の至りでございます。すぐにでも上に上げたいと思っております。小生もいまだに全快に至りません。一両日は寝たままで引っ込んでおります。まずはご返事まで、とりあえず差し上げます。以上

十月十四日　　小楠拝

壱州君

立花壱岐が送りつけた『山吹』と『井蛙天話』をゆっくりと読み、敬服したと書いている。近日中に会って縷々申し述べたいというのは、横井小楠のリターンマッチの申し出であったろう。

ちなみに、立花壱岐は横井小楠の申し出を受けていない。横井小楠に失望した立花壱岐は、福井藩と接触をはじめていた。藩主松平慶永は新政府の議定に就任しており、福井藩を動かせば、新政府を動かすことができる。そうもくろんで接触を図った壱岐であったが、福井藩のなまぬるい対応にすっかり失望してしまった。

十一月十三日、立花壱岐は、東京の柳川藩公あてに、次のような手紙を書き送っている。

「横井小楠に二度ほど会いましたが、先年とは違い、病気の体で、もうろくしているように見え、言っていることも判然とせず、有益なことはあまりありませんので、その後は疎遠となりました。越前公も以前とは違い、有志に人望がありません。ご誠意も薄く、お志も怠け気味のように見受けられました。しかしながら、表向きは本多大蔵と松平貫之助の二人を使って接触してこられましたので、拙著の『山吹』をざっとご覧に入れました。近ごろ『井蛙天話』を差し上げてみましたところ、奮発なされたようで、去る十一月十日に本多大蔵を差し向けられ、『井蛙天話』に大層感心されて、その意に沿って尽力なさっておられ、今後とも忠告するようにとのことでございます」

## 『第一等論』

その後も立花壱岐は京都に滞在をつづけ、明治二年を迎えた。一月五日、横井小楠が暗殺されたときも、京都にいた。

柳川藩中老十時兵馬の知らせで小楠の死を知った立花壱岐は、「何と馬鹿なことを！」と叫び、無念の涙を流したという。

立花壱岐が小楠とはじめて会ったのは、十七年前の嘉永四（一

八五一）年八月十九日、柳川藩領野町の壱岐の別邸においてであった。小楠は四十三歳、壱岐は二十一歳であった。

立花壱岐は柳川藩家老十時三弥助の三男として生まれ、六歳のときにおなじ家老家の立花親理の養子となった。十五歳のときに藩祖を祀る三柱神社に誓文を奉納して志を立て、十七歳で藩校伝習館の上聞（学校奉行）に就任し、横井小楠の門弟であった池辺藤左衛門らと学校改革を進めたが、無理がたたって病気になり、上聞辞任によって学校改革は頓挫してしまった。その後池辺藤左衛門を通じて小楠の説を学んでいたが、藩内で疎まれ、役職にも就けず、無為に過ごしているころ横井小楠と会ったのである。小楠は諸国遊歴を終えて熊本へ帰る途中であった。

立花壱岐と小楠は、徹夜で語り合った。この小楠との出会いによって、壱岐ははじめて西洋列強の脅威を知り、藩という枠を超えて天下国家に目をむけることができるようになった。

嘉永六（一八五三）年六月にペリーの黒船が来航した際、二十三歳の壱岐は柳川藩の総大将として川崎や富津に駐屯したが、蒸気船の圧倒的な威容を目にして、開国論に傾斜したのも、小楠の影響であった。

安政三（一八五六）年三月二十六日に二十六歳で家老職を命じられたとき、小楠は家老としての心得を懇切丁寧に書き送っている。

安政四年、藩公とともに江戸に上ったときも、「将軍継嗣問題」に深入りすべきではないとする小楠の忠告に従い、越前の橋本佐内と一線を画した結果、「安政の大獄」を免れることができた。

安政六年九月十五日に藩政の全権一任を受け、行財政改革を断行したが、その根幹となる「鼎足運転の法」――すなわち、「藩札」「産物」「正貨」の回転によって利益を拡大させていく手法は、小楠の『国是三論』に基づく経済政策であった。小楠自身、福井藩で大成功をおさめている。

壱岐は小楠の福井藩招聘にも深く関与している。

横井小楠は、壱岐の大きな目標であり、拠るべき基準であり、同志であり、心の恩師であった。

――なにゆえ、最後の会見の申し出に応じなかったのか。

壱岐は、みずからの傲慢さを悔いた。

壱岐は、生前の小楠が岩倉具視に会うことを勧めたことを思い出した。

一月十一日の夜、岩倉具視に差し出すべき建白書を整理し、翌日の午前、一人で岩倉具視邸に向かい、岩倉具視が不在であったため、執事の山本角次郎（鴻堂）に建白書を託して柳川に帰った。

立花壱岐の建白書を読んだ岩倉具視は、「三顧の礼」でもって壱岐を招き、大坂の「鮒卯《ふう》」という料亭で意見を聞いた。このとき、壱岐は「天下大廃の説」を唱え、藩制を含めた従来の制度の撤廃、身分制度の撤廃、能力主義や中央集権的国家体制の確立を迫ったが、岩倉具視は逡巡するばかりであった。岩倉具視の要請で東京に上った壱岐は、六月十三日の版籍奉還を見届け、六月二十八日に東京を出発して柳川に帰った。

立花壱岐が岩倉具視に建白した『第一等論』を紹介しよう。「第一等」というのは、横井小楠の口癖でもあった。

横井小楠の遺志を受け継いだ立花壱岐の思想の到達点が、この『第一等論』である。読者よ、よく吟味いただきたい。


実に、神武（天皇）の創業の昔に返し、真実の王位をもってわが国を治めようとなさりたいならば、かならず、まず、天下の従来のすべての制度を分け隔てなくこれを消滅させ、およそわが国土の上に存する貴族や公家、藩主などの大小の身分から、門閥、侍、神官、僧侶、および家老、中老、諸子百官に至るまで、ことごとくこれを廃して、その土地と人民、各藩の版籍もすべて王室に引き上げられ、この日本国内には、藩有の土地も士有の土地もなく、神社有の土地もなく、寺有の土地もなく、天下渾然として境界がなくなり、上下の身分もなく、卑賤の差別もなく、位階もなく、等級もなく、天下滔々として生まれながらに俸給をもらう者もなく、平等に帰し、長年のこびりついた藩という垢を洗い、清らかで塵一つなく、天下のすべてのものが洗い去られ、そして後にようやくわが国のすべての人民ははじめて知るであろう。この国に、どんな少しばかりの土地であっても王の土地でないものはなく、すべての兵士、すべての人民が王に帰属しないことはないということを理解して、君臣の名分も万国の大義も燦然と明らかになる。このことこそ、天皇の広大な叡智、天皇の大いなる英断であり、このようにして後、国内の境界を改め、無禄平等の無数の大衆のなかからその賢才を選んで、それを各藩の代表に任命し、わが国の人民をお預けなされ、そのほかの重職や庶民にはそれぞれ能力に応じた分野に配置なされることは、王政復古の立場から当然のことであり、東国が平定された今日、わが国の基礎をまさに確立すべき絶好の機会であり、今までもこれからも二度とふたたび得ることのできない時であります。

第二等論で論じた、一挙万成の本、神武創業の実事というのは、すなわちこのことであります。

**立花壱岐**（1831-1881）
（柳川市・小野家蔵）


**主要参考文献**
立花政一郎『立花髑髏先生（上）』（明治二十四年）
岡茂政『立花壱岐』（福岡日日新聞・明治四十四年）
河村哲夫『志は、天下（全五巻）』（海鳥社・平成七年）
河村哲夫『柳川城炎上』（角川書店・平成十一年）

小楠が遺した君主論と国際観

# 小楠の「遺表」

【海老名弾正所蔵の新史料】

徳永　洋

Tokunaga Hiroshi

とくなが・ひろし　一九五〇年熊本生。熊本商科大学卒業。NHK熊本文化センター講師。横井小楠研究家。主著『横井小楠』（新潮社・新潮新書）共著『横井小楠のすべて』（新人物往来社）等。

松浦玲氏は『歴史読本・明治天皇と維新の群像』（新人物往来社一九七七年十二月発行）の「幕末・明治期の天皇像」の中で、横井小楠の「遺表」について、次のように述べられている。

（前文略）この稿の読者にお願いがある。小楠は、明治二年の正月に京都で暗殺されるのだが、その半年ほど前、病気が重くなって一時は危ないという状態になったとき、京都の宿の枕頭に弟子たちを集めて「遺表」を口述したらしい。つまり明治天皇に宛てて遺言をのべたのである。筆記した弟子たちそれぞれの家や、また転写した弟子たちの家に伝わったらしい。一九三八年に前記『横井小楠』を出した山崎正董は、執筆時に数点の筆記を見たようだ。ところが山崎はそれを、伝記篇中に引用せず、遺稿篇中にも収録しなかった。収録しなかった理由として山崎は、結局は提出されなかったし、また残存のものは小楠の校閲を経ていないから、と書いているが、その程度の問題性がある資料は伝記篇にいくらでも引用されているのだから、わざわざこれだけを除外したというのは、どうも納得がいかない。山崎や、その後にいる蘇峰（徳富）にとって具合の悪い内容、つまり小楠は日本の皇室だけは別格だと思っていたという弁護論に反する内容のものだからではなかったかと、私は疑っている。たとえば、天皇位は政治内容と無関係に安泰なものだとは思うな、とか、世襲を当然と思ってはならない、とか。

お願いというのは、山崎がこれを見た昭和十年代の初めには数点もあったらしい口述筆記が、いま一点も見当らないので、もし心当りの方があれば、御報知下さるとありがたいのである。一応、遺族や弟子筋の子孫の方々にはお尋ねしてみたのだが、いまのところ、全く出てこない。どこか意外なところに流れついているのが発見できれば、日本の儒教的共和主義者小楠の思想が、いちだんと手応えのあるものとして確定できるのだが。

これを読んだ私は、「遺表」をなんとか探し出したいと思って、早速、小楠研究家や門下生のご子孫など数十名に「遺表」について問い合わせてみたが、出てこなかった。その後もあきらめずに探し続けて、十年後の一九八七年に、やっと「遺表」を発見したのである。それは意外にも私が古書店から購入した山崎正董氏の『横井小楠』（伝記篇・遺稿篇）の自筆原稿三十冊の中にあったのである。しかも、山崎氏は「遺表」を遺稿篇の第二建白類の一二番目に掲載する原稿を書いていたことも判明した。しかし、何らかの理由で遺稿篇に収録されていない。

遺稿篇の目次原稿を見ると、「一二、遺表」と書いた後に三本の棒線（朱記）で消してある。これは収録できなかったことに対する山崎氏の無念さを物語っているように思える。その後、私は山崎氏の「遺表」原稿をそのまま『霊山歴史館紀要』第一号（一九八八年発行）に発表すると共に松浦氏に報告したのである。

松浦氏のこれに対する感想と見解については、同氏の著書『横井小楠——儒学的正義とは何か〈増補版〉』（朝日選書二〇〇〇年二月発行）の補論に次のように書かれている。

弟子たちが枕頭で書取ったという遺表がいまも伝えられていることを最初に教えて下さったのは、多年独力で小楠関係の資料を探索してこられた徳永洋氏である。徳永氏は『霊山歴史館紀要』第一号（一九八八年）に『横井小楠の遺表』を書かれた。次いで堤克彦氏が熊本県立鹿本商工高等学校「奎堂文庫」中の『小楠先生遺稿』と名付けられた写本綴の全文を雑誌『近代熊本』二十三号（一九九二年）に紹介されたとき、そのうちの無題の四ヵ条が「遺表」であることに徳永氏が気付いた。

評伝選を書いたとき私は四十代だった。そのときの私は遺表を見ることができないまま、遺言だから天皇制や政治社会機構について相当に思いきったことを述べたのではないかと想像した。内容が過激過ぎるので先生の病状が好転したとき弟子たちが隠したのではないかとまで思っていた。徳永氏や堤氏の御努力で遺表の存在が確認されたとき五十代になっていた私は、その出現を喜びながらも内容が意外に穏和なので実のところ少しがっかりした。

さらに「遺表」の引用紹介にあたっては、「これは口述筆記を更に転写という経過のためか細部に不審な箇所があり全文引用に堪えない。意味が通るところを拾って要約すると」と断って、実に明快に「遺表」四ヵ条を次のように要約されている。

第一条「良心」である。政治は良心に発して行わねばならず良心を離れると利害詐術に陥り民は従わない。キリスト教や仏教が普及している外国ではみな利害に出て本然の良心に基づかない。日本は幸い士大夫以上が仏教の害を免れているので天皇が不忍（人の不幸を見過ごしにしない）の心を持って不忍の政治を行えば「大道分明、条理燦然」「人心知らず知らず正路に帰し、王化遂に四夷に達せん」というのである。第二条は第一条の「良心」を遺憾なく発揮させるための条件整備。天皇の聡明を維持し天下の情を尽くすことができるようにするため、身辺から虚礼を廃し女官を退けよという。安佚の風を尽く変革し、公平正明の心を養い、簡易着実、神武の古に復するという実績を挙げよというのである。第三条は予定されている関東行幸を断行せよという。また行幸はこの一回だけでなく古の明天子が東西に跋渉し南北に馳駆したように現天皇も皇国七道、陸路・海路、四方に巡遊し地方官に親しく接せよというのである。（略）ともかく遺表の第三条までは、この天皇を奉じて進むと決めた小楠が、理想的な君主に育ってくれるようにとの願いを込めたものだった。

第四条の外国交際は少し違う雰囲気を持っている。国是が定まらず人情が動揺しているのを見て外国が威力あるいは虚喝をもって我意を通そうとしているが、宇宙の間に犯すべからざる条理があり、それを疑わずに進めば外国はどうすることも出来ない。外国が暴力で来ても当方が条理を立てて撓まなければ侵犯は出来ない。こちらが利害成敗に動くので外国

海老名弾正（1856-1937）

が策を成す。事の利害を顧みず国の存亡に動ぜず自然の条理に従う、これが交際の第一義だと、ここだけはひどく過激だった。「国ノ存亡ニ不動」というのが凄い

と、目からうろこが落ちるような見事な要約と解説をされている。

さて、山崎正董氏の『横井小楠』伝記篇九三八頁には、「小楠の女婿で基督教界の耆宿たりし故海老名弾正は此の遺表を見て、其の第一条冒頭にある『良心は道の本なり』なる一語を以て『小楠学』の極意なり」と、山崎氏に語ったと書かれている。

実は最近、山崎氏が昭和十年二月九日に海老名弾正所蔵の「遺表」を書き写したものを新たに発見したので、紹介することとしたい。

なお、読者が理解しやすいように句読点をつけたことをご了承いただきたい。

第一條

人ノ良心ハ道ノ本也。此良心ハ時トナク所トナク、無不発。人能察識之、而従テ行ヒ、其本然ニ無違者、是則誠也。善々愛衆モ悪々征逆モ、推其心而已。今施仁政於民、慈愛ノ誠ニ出サレハ、是則覇者之末術也。冨強ノ法ヲ行モ、利害ノ私事也。王者受天意治天下者無他。只此良心ニ発シテ行是而已。是ヲ離ルレハ、利害詐術衆心決而不受也。惟夫耶蘇教、仏教等所及ノ外国ノ風習ヲ見ニ、尽ク利害一途ニ出テ、惻怛慈愛、善悪憤怒ノ情、渾テ不基本然ノ良心、終ニ倫理綱常ヲ廃棄シ、刻剥ヲ極テ、我欲ヲ成スニ至ル可。哀哉、各国皆然矣。独我、本朝未受此害。偶仏教廣ク行ルゝト雖、皆愚夫愚婦上ノ事ニテ、士大夫以上信之者鮮矣。當此時而、皇上能以不忍ノ心行、不忍之政玉ハゝ、大道分明、條理粲然而、不知々々帰正路。王化遂ニ四夷ニ達セン。実ニ本朝ノ幸而已ナラス、宇内ノ大幸奉存候。

第二條

天下之治乱万民之苦楽ハ、人主ノ一身ニ基ク。凡其好悪聊偏ナレハ、良心ノ発顕、其聡明忽チ塞。況ヤ九重之内自尊大ヲ事トシ、其接スル所ハ二三ノ臣ト宮嬪トノミ。如何、聡明ヲ発テ、天下ノ情ヲ盡ス事ヲ得ンヤ。加之聡明暗ケレハ、人慾日々ニ蔓ル。奸臣迎其慾、而求進ヲ君子全道、而思退トキハ天下不乱シテ、何ヲカ得ンヤ。甚畏甚可慎ノ事ニ御ザ候。方今維新之御時節、断然トシテ是ラノ虚礼、虚文ヲ廃シ、汎ク衆庶ニ御親臨可被為在、殊ニ推古帝以来ノ因循ニテ女官左右ニ近侍シ事ニ預ル事、最失禮ノ甚キ事ニ候。其他驕泰安佚ノ風、尽ク御変革御被為在、公平正明ノ御心ヲ御被養、簡易着実神武ノ古ニ被為復候。御実迹相立度奉存候。

第三條

今度関東御巡幸之御盛挙候ハヽ、反側之衆庶方向相定リ。遐陬之侯伯、王化ニ復シ候ハ、必然ニ御座候。然ニ治道ハ、一時ニ大成スルモノニ無之、歳月ヲ積テ不倦不怠、其精神貫徹シテ、遂ニ蒼生至治ノ澤ヲ蒙ル之域ニ至ルヘク、此御巡幸ニテ事定リ候事ニ無之。古之明天子暫モ不安居シテ、東西ニ跋踄シ、南北ニ馳驅シ玉フ故有哉。仰願クハ皇上従是以往簡易神速ノ御挙動ヲ以、屢御巡幸アラセラレ度、尤関東ニ不限、皇国七道、或ハ陸路或ハ海路、其時宜ニ応シ、四方ニ御巡狩被遊、知府縣令、藩主并其重臣ニ至マテ、御前ニ被為召、実ニ御親ミ被遊、自ラ風土ノ得失、政令、布置等、御訪問被為在度奉存候。

第四條

外国交際ノ事、是迄国是不定シテ、利害之論紛々ト起リ、人情モ随テ動揺ス。彼亦其情ヲ洞見シ、様々ノ術策ヲ施タリ。其術不行見レハ、威力或ハ虚喝ヲ以、我ヲ強テ其志ヲ成セリ。夫宇宙之間不可誣ノ條理アリ。此条理ノアル所ヲ以テ、断シテ不疑ハ彼必可不能放スル事其意、譬ハ彼暴ヲ以来ルトモ、我條理ヲ立テ不撓ハ、何ソ侵ス事ヲ得ンヤ。只我利害成敗ニ動ヲ以テノ故ニ、彼策ヲ成事ヲ得也。事ノ利害ヲ不顧、国ノ存亡ニ不動、自然ノ条理ニ従フ。是交際ノ第一義ト奉存候。

右、戊辰ノ季秋、病気差重リ殆ト危キ砌、門人ヲ集テ遺言トテ語ラレシヲ、其傍ニテ昼記セシ由ナリ、其後、日ヲ経テ病気漸快ニ赴候故、草稿ノ侭アリシヲ写ヲカレシトナリ。

横井平四郎

以上が海老名弾正所蔵の新発見の「遺表」であるが、私が以前、発表した『霊山歴史館紀要』第一号中の「横井小楠の遺表」に比べると、小楠が枕頭で発した言葉を、より忠実に書き留めてある。また、現在、「遺表」として確認できる「奎堂文庫」中の『小楠先生遺稿』（無題の四ヵ条）と横井家所蔵の『小楠先生遺表』との比較では一部字句の違いはあるものの、ほとんど同内容である。

なお、後書きにより戊辰の年（明治元年）の秋に小楠が遺言として語ったことを傍らで書記したが、病気漸快により、草稿のままとなったことが分かる。

# Ⅵ 小楠をめぐる人々

熊本・横井小楠記念館周辺

『遺稿』出版に関わった小楠のキーパーソン

# 春嶽・海舟・永孚

【『小楠遺稿』をめぐって】

松浦 玲
Matsuura Rei

## 三人と『小楠遺稿』

横井小楠没後二十年に近い一八八八年（明治二十一）の七月十日、勝海舟の日記に「越前家より預り置金子弐百円廻し横井著書出版之事申談 徳富江出版之事ニ付金子出来の事申遣。竹田正規、横井氏出板江百円差出取扱之頼、預り置」と出る。竹田正規（武田正規）は越前福井松平家の旧臣で、この時期は松平春嶽と勝海舟の連絡掛を勤めているので、あとの百円が春嶽から届いたものであることは間違いない。先に出る二百円がどういう性格のものか日記の前後や他の文献を調べても判然としないのだが、春嶽の意向と無関係ではあるまい。

海舟日記のこの記載に符合する七月十日付の徳富蘇峰宛海舟書簡があって「過日横井氏被レ参、故先生著書出板之事云々話御座候。夫々申談試候処、越前家より既に百円持参、右へ差出候旨、可レ然取計呉候様被レ話候。従二小拙一百円救力可レ致相約置、両様にて弐百円出来居候間、早々着手之方と存候」。すでに小楠遺児の横井時雄と海舟と蘇峰との打合せができており『小楠遺稿』は蘇峰の民友社が出版するのである。その資金が用意されたわけだ。

蘇峰宛の手紙は郵送ではなくて使者が届ける。受取った蘇峰は、その日のうちに勝家に現われた。海舟日記の七月十日は他の記事を挟み最後に「徳富猪一郎、出板之事ニ付、段々事実、且入費之事申談」と書かれた。蘇峰は出版を引受けた側としての見通しを語ったので、それについて相談したというわけだろう。こうして『小楠遺稿』の仕事は滑りだした。（海舟日記は江戸東京博物館所蔵の原本による。徳富蘇峰宛勝海舟書簡は徳富蘇峰記念館所蔵本を底本として講談社版勝海舟全集2『書簡と建言』に収録したものを使用）

同じ一八八八年の十二月三日付で、海舟の元田永孚宛書簡がある。「過日来御心添被レ遺時雄願相叶候旨申通置候所、同人当節上坂にて、今に帰府不レ致、尤以二書中一申遣候処、厚悦候返書差越……」。横井時雄の希望を海舟が元田永孚に取次ぎ、永孚は承知の旨を返事した。それに対する時雄の反応が来ないので永孚が海舟に問合せ、海舟が時雄はいま大阪だと返事したのである。海舟は「不日帰府候はゞ可レ参旨に候間、直に御邸へ罷出候様可二申談一心得候間、今暫時金円御手許江御預置希候」と続ける（同前全集22『秘録と随想』に元田家本を底本に補遺収録）。永孚は『小楠遺稿』刊行資金につき彼自身のだけでなく知友に醵出させたものを合せて手許に置き、時雄が来るのを待っていたのだろう。

元田永孚は、この年八月五日、明治天皇の内使として勝海舟を訪れた。七月に山岡鉄舟と大久保一翁が相継いで没したので、別して多事であったろうと見舞ったのである（海舟日記）。永孚と海舟は二十年ぶりで、午前八時から午後四時まで話しこんだけれども、まだ思うことを述べ尽していないので近日中にまた会いたいという（八月八日付海舟宛永孚書簡・同全集別巻『来簡と資料』に北洋社所蔵本を底本に収録）。これを機に永孚と海舟の仲は緊密となり、書簡往復も頻繁、その一通に『小楠遺稿』のことが書かれたという次第だった。時雄はいま大阪だと返事した二日後の十二月五日の海舟日記に「伊勢時雄」と出るから、大阪から戻って挨拶に来たのだ。海舟は時雄に「元田江参り金子可二受取一旨談」、永孚方へ行き遺稿のための金を受取れと指示したのである。

『小楠遺稿』は、この翌年、予定通り民友社から刊行された。奥付は「明治二十二年十一月十七日印刷」「同年十一月廿五日出版」「編輯兼発行者 横井時雄」である。

巻頭に松平春嶽の書「英華遺芳」が模刻掲載された。署名落款は「明治廿二年春二月／小楠先生門人／従一位源慶永書」とある。「門人」が意味深い。

春嶽の書の次に海舟の序文が模刻された。これは「廿二年初春／弟子／海舟勝安芳」である。巻末には永孚の漢文「小楠先生遺文後序」が模刻された。文末は「明治二十二年己丑三月三日枢密顧問正三位勲二等元田永孚撰幷書」で「門人」とも「弟子」とも自称はしていないが、題でも文中でも小楠に対しては「先生」で通した。

## 松平春嶽

春嶽は文政十一年（一八二八）江戸城内の田安邸で生れた。小楠より十九歳下である。天保九年（一八三八）数えどし十一歳で越前福井の松平家三十二万石を継いだ。小楠が諸国遊歴で福井に来た嘉永四年（一八五一）は、春嶽の参勤年で江戸に出たため接触は無かった。しかし小楠が福井に滞在して講義し多くの知己を得たことは、あとで藩の賓師として招聘される伏線として大きな意味を持った。

**扁額「四時軒」（松平春嶽筆）**

（横井和子氏蔵　横井小楠記念館寄託）

　小楠を招く話が具体化したのは安政四年（一八五七）である。前年の十二月二十一日付で小楠が越前藩士村田氏寿に宛てた長文の返書があり、それを見せられた春嶽が感心して、この人を招きたいと希望、村田に交渉を命じた。村田は安政四年の五月に熊本郊外沼山津の小楠を訪れて承諾させ、鹿児島、長崎・佐賀を経て帰国する。このとき長崎に寄ったことは、あとで勝海舟に関わってくる。

　春嶽は熊本に向う村田を送りだした後で江戸に出た。参勤年である。小楠快諾の報を江戸で得ると、自身で肥後藩主との交渉を開始した。このとき在国だった細川斉護は、いったんは書面で断ったのだが、娘婿（春嶽夫人は斉護の三女）の再度の直書までを退けることはできなかった。安政五年の二月に到り肥後藩は、小楠に対し越前藩に行くようにと指示した。小楠の福井着任は四月七日である。

　ところがその三ヶ月後の七月五日、春嶽は幕府から隠居・急度慎の処分を受けた（安政大獄の一環）。江戸で謹慎させられたため、福井の小楠とは会うこともできなかった。幕府から押しつけられた養子の茂昭が万延元年（一八六〇）三月に初入部して先に小楠に会う。そのときには小楠が指導する藩政改革が軌道に乗りかけていた。改革の成果が挙がり、その指針が『国是三論』として纏められたのは万延元年末から翌二年＝文久元年初頭に掛けてである。万延元年初入部の茂昭は文久元年が参勤年、茂昭が出府するのに続いて小楠も江戸に行き、ここで春嶽と初対面である。春嶽は小楠に対し師礼をとり下座に位置して講義を聞いた。すなわち「門人」である。

　文久二年、春嶽が幕府の大老に擬せられたときには、帰任途中の小楠を江戸に呼び相談した上で「政事総裁職」に就任した。文久二年の幕政改革は全面的に小楠の献策による。ただし翌文久三年の上京には小楠を伴うことができなかった。

春嶽が職務放棄で帰福した後のことは第Ⅴ部で詳細に論じたのでここでは繰返さない。同志を春嶽に処分されて失意の小楠は肥後に引上げた。春嶽は当主茂昭と連名で肥後藩主に宛てて小楠を返却する旨の挨拶を贈り、文久二年末の江戸でのいわゆる「士道忘却事件」について処分が苛酷にならないよう求めた。その後も士籍を剥奪されて沼山津に閑居する小楠に対し経済的援助を怠らなかった。

元治元年二月、茂昭に小楠を非難する文書を示したことも第Ⅴ部で述べた。これまで茂昭宛書簡で春嶽は「小楠堂先生」あるいは「小楠先生」と書いた。この元治元年二月の文書が「小楠堂」や「小楠」で「先生」を略しているのが面白く思われる。しかし二十余年後『小楠遺稿』のために贈った書では紛れもなく「小楠先生門人」と自署した。

## 勝海舟

流布している吉本襄の『氷川清話』では海舟が小楠について「尾張の或る人から聞いて居たが長崎で初て会つた時から途方もない聡明な人だと……」という怪しげな話をするので困るのだが、国民新聞の一八九八年（明治三十一）六月八日の「氷川伯の横井小楠談」は「おれが初めて横井の名を聞いたのは、長崎に居た時分で、越前の村田が諸国を巡つて長崎にやつて来たから、ドーダ誰か大きな人物に出遇つたかと聞いたら（中略）肥後の横井平四郎といふ人は当今の天下第一流であらうと、痛く感心して話をした。これが横井の名を聞いた初めだ」とあり、談話として遥かに優れる（私が編集した講談社学術文庫版『氷川清話』等ではこれを採用した）。村田氏寿が春嶽の命令で招聘の交渉に赴き、その後で長崎に廻った時のことを指すのだろう。安政四年、長崎海軍伝習三年目の海舟は三十五歳だった。小楠の十四歳下である。

海舟は村田から初めて小楠の名を聞いた。長崎で小楠に会うということはありえない。会ったのは四年後の文久元年、小楠が越前藩政改革の成果を春嶽に報告するため江戸に出て来たときである。海舟は咸臨丸で太平洋を往復した翌年、海軍を追われて蕃書調所から講武所へと転々とさせられていた。「亜（アメリカ）より御持越之御小刀拝領、御厚情不浅忝候」という小楠の海舟宛礼状がある。一昨々日に大久保一翁訪問を果したことを報じ、「十七日、八日之内五ツ比迄」に勝家を訪れると予告した。八月十四日付書簡である。ただし小楠は十七日付書簡で、種々予想外のことが起り「何分御暇乞参殿出来兼」と謝った。福井に戻り、更に帰郷し越年するのである。

翌文久二年に海舟は、政事総裁職松平春嶽のブレインとなった小楠と緊密な関係を結ぶ。海舟は海軍に戻り軍艦奉行並に昇進していた。海舟日記十一月九日には「或る人云、当時新政之施行は春嶽公其最たり、次之大久保越州、肥後藩春嶽之師横井小楠之議なり、愚拙も又加わると。或は云、皆不良之事而已《のみ》と」と書かれた。文久二年の幕政改革に不満の者が、元兇は春嶽・大久保一翁・小楠・海舟の四人だと糾弾したのを聞込んだのである。四人が一括りにされることは不本意ではなく本望だった。しかし改革批判には日記上でも反論する。

翌文久三年がどうなるかは第V部で論じた。海舟は半ば不本意に将軍家茂を順動丸で大坂から江戸へ運ぶことになり、福井で何が起ったのか、なかなか掴めなかった。十一月四日付の勝麟太郎宛小楠書簡のことも第V部で述べた。小楠の同志はみな排斥され、春嶽が京都に伴った家臣は一、二の例外をのぞくと、みな凡庸だと教えたのである。

海舟はその春嶽を含む参豫会議と在京老中との両方の命令で長崎に派遣された。関門海峡が通れないため豊後鶴崎から阿蘇のカルデラを抜けて熊本へ出るコースで、沼山津の小楠のところへ坂本龍馬を派遣する。小楠は「海軍問答書」を執筆して長崎の海舟へ贈った。文久三年から翌元治元年に掛けての小楠の思想を示す重要な文書だけれども、軍事専門書としては海舟の意表に出るところがあったことを第V部で述べた。

一八七七年（明治十）の西南戦争で西郷隆盛が死ぬと、海舟は『亡友帖』を作って亡友の自分宛の書画を模刻し、それへのコメントが海舟小史となるよう工夫した。西郷を偲ぶためのものであることが言外に示されている冊子中で、西郷に次ぐ位置を占めるのが横井小楠である。複数の遺墨が模刻されたのは西郷と横井だけだった。

もとへ戻って、『小楠遺稿』の発行に最も熱心だったのは海舟である。横井時雄は「緒言」で「特に勝伯よりは特別の厚意を蒙れり」と感謝した。

## 元田永孚

春嶽と海舟は、小楠が五十三歳の文久元年に江戸で会った。二人ともこれが小楠と初対面である。それに対し元田永孚は小楠が肥後藩校時習館の居寮長だったときに居寮生になったのがつきあいの始りで「小楠先生遺文後序」では「余年二十、初見先生」「先生時年二十九」と書く。このときから「余以レ師兄ニ事《けいじす》之一、而先生待レ余以ニ心友一」という関係になった。

この「後序」を書いたとき永孚は七十三歳、既に還暦を過ぎ古稀を過ぎていた。彼には「還暦之記」と「古稀之記」があり若いときのことは前者が詳しい。「実学」の始り、それが朱子学的な研究会であったことを永孚は丁寧に記述する。ところが弘化四（一八四七）年江戸から戻って来た父が三十歳の永孚に対し「汝姑《しばら》ク実学ヲ止メテ大夫ノ会読ヲ辞セヨ」と訓戒した。「大夫」というのは小楠の同志で家老だった長岡監物である。世襲家老なのに、この少し前に辞表を出し、藩主細川斉護はそれを受入れた。その上で斉護は永孚の父に対し「汝カ子伝之丞（永孚の称）監物派ノ一人ナリ、汝心ヲ労スルナラン」と嫌味を言ったようだ。父としては永孚が実学をやめてくれなければ安心して藩主に仕えることができないわけである。永孚は困った。ところが、たまたま酷い眼病に罹り会読に参加できず父に背くことを免れた。心中に「実学」を堅持することは父も容認した。

安政四年（一八五七）十二月父が病没し、翌年二月永孚は家禄五百五十石を相続した。ちょうど越前藩の小楠招聘が煮詰まってきたときである。永孚は祝して送りだした。福井での成功を伝える最も重要な書簡は、文久元年（一八六一）の一月四日付で永孚と荻昌国に宛てられた。

永孚は、その文久元年十月、新藩主細川慶順の供で江戸に出た。翌文久二年、小楠が政事総裁職松平春嶽のブレインとして幕政改革を推進したときも在江戸で、重要な情報を直接小楠から入手することができた。しかし国許で妻が急死し後が大変だとの報を受けて病気を理由に職を辞して熊本へ帰った。それなのに京都留守居を命じられて十二月に京都に出る。それで第V部で触れた文久三年の福井の挙藩上洛計画や熊本・鹿児島へ使節派遣の問題のとき京都に居り、急ぎ熊本に戻るという順になるのだ。このとき永孚は、福井の方針が小楠に発していることを承知しながらそれに反対する行動を採った。小楠門下には怒るものもいたようだが、帰国した小楠とは以前通り親炙し慶応元年（一八六五）秋の対談を永孚が筆録した「沼山閑話」は『小楠遺稿』に収録された。

京都に成立した王政復古政権から小楠が呼ばれたとき、永孚は悪い予感がして賛成しなかった。これは小楠の不興を買ったようだ。しかし永孚は子息亀之丞の遊学希望を許し添書して小楠に依頼した。亀之丞は小楠の参朝にしばしば随行警護したのに、遭難の明治二年正月五日には別用で藩邸に出向いため側におらず、腕のたつ亀之丞の不在を惜しむ声があったという。悪い予感の的中を悲しみ、息子の無事に安心する永孚の気持は複雑だった。

明治初年、小楠の弟子たちが大きな役割を果した熊本藩の改革で永孚は藩主の侍読を勤め更に版籍奉還後の藩の少参事として東京に駐在し、明治四年の廃藩置県に先立って藩主の辞表を起草した。それも機縁となり明治五年、天皇の侍読に抜擢される。天皇の信頼が厚く、山岡鉄舟・大久保一翁が続けて死んだときの見舞として派遣され海舟との交渉が復活したことを冒頭近くで述べた。『小楠遺稿』では海舟が序文を、永孚が「後序」を書いたことを重ねて強調して置く。

蘇峰の言う「国家主義者」ではない

# 徳富蘇峰

【小楠研究におけるその功罪】

源　了圓
Minamoto Ryoen

## 小楠理解における蘇峰

敗戦までの小楠を論ずる人々の横井小楠についての知識の大方は徳富蘇峰（一八六三―一九五七）によるものであった。もちろん昭和十七年五月に山崎正董著の『横井小楠　遺稿篇・伝記篇』の二冊が出て、小楠についての研究者たちの理解は飛躍的に深まったが、当時の金で十五円だったので、個人でこれを買うのは決して楽ではなかった。一般の日本人の小楠理解はやはり蘇峰の単行本によることが多かった。そのことは日本人の大部分は、蘇峰というきわめて個性的なジャーナリスト・歴史家の眼を通して小楠を理解したことを意味する。蘇峰は、小楠の弟子で、水俣の豪農・徳富一敬の長男であり、また彼の母は小楠の妻つせの姉でもある。また小楠関係の資料をたくさんもっていたし、近世日本の歴史研究家で、戦前恩賜賞を貰うだけの仕事をしている人であるし、また小楠関係の資料をたくさん蒐集していたので、人を説得する力を多分にもっていた。しかしまた彼は独自の思想のもち主であり、彼の著作を読む人はよほど注意しないと蘇峰の眼を通した小楠の思想を、真の小楠の思想と誤解することもある。私が「横井小楠研究における徳富蘇峰の功罪」と題する所以である。

量的にいうと、「功」の方が圧倒的に多い。しかし質的には間違った小楠像を伝えることがあって、その意味においては読者を誤らせる面がある。

## 小楠研究に与えたプラス面

以上のことを前置きにして本論に取りかかる。蘇峰は小楠の最初の弟子、熊本県水俣出身の豪農徳富一敬の長子であり、しかも小楠が最初の妻小川ひさを喪った後に再婚した矢島つせは、徳富一敬の妻の久子の妹であるという深い縁によって結ばれていた。もちろん彼は文久三年の生まれであるから小楠が暗殺された時は満五歳に達しておらず、直接小楠を知らない。とは言え彼は幼少の頃から父から小楠のことを折に触れて聞いて小楠への讃仰の気持を深めて、小楠という人物を世の中に知らせたいという気持を深めていった。

徳富蘇峰（1863-1957）

その気持を実現した最初の出来事は、明治二十二年に自分が経営している民友社からの『小楠遺稿』刊行であった。事に慣れない小楠の嗣子横井時雄に代って編集作業をやり、本の冒頭は因縁浅からざる松平春獄の書を以て飾っているが、そこで春獄は「小楠先生の門人」と自から書いている。次には旧熊本藩主の弟で中央政府では暫らく小楠と席を同じうしたこともある長岡護美は「友人」という資格で題字を書いて貰っている。題字の文章こそ書いていないが勝海舟は出版費用として多くを寄贈した。この三人には特に世話になったようである。

そして福井での弟子の由利公正、ならびに藩校時習館の居寮生の時から小楠の弟子であり、友人でもあった元田永孚の文で巻末を飾っている。このような心のこもった配慮は蘇峰によってなされたものであろう。この本の編者は横井時雄となっているが、事実上の編者は蘇峰である。

二つ目の出来事は、蘇峰は上京後、勝海舟の邸の中の別棟の邸宅に住み、その関係で海舟と親しくなった。そうしたことで、父一敬を始め、小楠の弟子たちの知らない小楠を知ることが出来た。たとえば海舟は時々二人の共通の関心事の中で自分がどうしても

**勝海舟**（1823-1899）

判断がつきかね、すぐ決断が出来ない時に小楠の意見を問うた。小楠はその時すぐ適切な意見を出してくれた。ただその時、「勝さん、私のこの時の意見なのだから、その状況が変われば、私の見解は当然変わってくる。そのことを心得ておいて下さい」と小楠は言った。海舟はその時、なんと聡明な人だろうと思った、ということを蘇峰は書きとめている。小楠も海舟も共に普通の学者ではなく、実践知に生きる実行の人である。小楠の知のそのような性格を、この逸話によって筆者は初めて知ることが出来た。多分多くの人がそうであろう。海舟は自分の師でもあり、姉婿でもあった佐久間象山から小楠のような反応を得ることは一度も出来なかった。象山と小楠とはその知の性格が異なる学者であったようだ。

海舟はまた次のようなことも言っている。小楠は西洋のことはあまり知らなかった。俺の方が教えてやる位だった。しかしその時、小楠は事柄の本質を理解する能力を発揮して自分の及びもつかない答を出す。まことに驚くべき聡明な人だと。この海舟の言で、われわれは小楠の弟子たちの知らない能力を知ることが出来る。こうしてわれわれは徳富蘇峰を介して弟子たちの知らない小楠の美質を知ることが出来た。

次に小楠には慶応元年につくったとみなすことのできる「帝生万物靈。使之亮天功。所以志趣大。神飛六合中。（帝万物の霊を生じ、之をして天功を亮《たす》けしむ。志趣大にして六合の中《うち》に飛ぶ所以《ゆえん》なり。）」という詩と「道既無形躰。心何有拘泥。達人能明了。渾順天地勢。（道既に形躰無し。心は何ぞ拘泥するところ有らんや。達人能《よ》く明了。渾《す》べて天地の勢に順《したが》う。）」（偶作二首）という二首の五言絶句がある。勝海舟はこの二首の詩が好きで、前者を小楠に書いてもらって自分部屋に扁額として掛けていたようである。以下述べることは私個人だけの問題かもしれないが、私はそれまで、彼の哲学的詩を自分の論文に引くことがあったが、詩という形をとった小楠の人間性の側面のあたりには関心がなかった。しかし、それ以来小楠の人間性を初めて理解でき、そしてそこにも魅かれるようになった。

以上は蘇峰の小楠観が小楠研究の上でプラスの役割を果した側面である。以下述べるマイナス面は、当面次の二つにすぎないが、私としては、それぞれ非常に重要な側面である。

## 蘇峰の小楠理解の誤り

その第一は、蘇峰が小楠の節度を超えた仕方で礼讃していることである。蘇峰の言うように小楠は確かに愛国者である。しかし国家至上主義者ではない。小楠は日本の国を愛し、日本の国の独立を大事にする。しかし小楠は蘇峰の考えるような意味での国家主義者ではない。彼の「普遍主義者」という性格は終始変わることはない。このことは思想家としての小楠を理解する上において非常に重要な問題だと私は考える。

よく知られているように、蘇峰は日清戦争中に『大日本膨脹論』を書いた。その中で彼は自分と同じタイプの膨脹主義者として、佐藤信淵、佐久間象山、吉田松陰などの名前を掲げているが、横井小楠の名前を掲げていない。それは大変正直な態度である。

その後二一年たって蘇峰は『大正の青年と帝国の前途』（大正五年）という著作を書く。ここで彼は自分の立場を従来の「膨脹主義」から「帝国主義」という立場に改める。それは「強国主義」ということばとも共存する。

蘇峰によれば、日本における帝国主義の第一歩は林子平の『三国通覧』に始まり、本多利明の『西域物語』に受け継がれ、佐藤信淵によって更に深められる。彼は実務家として能力に富むが、五十一歳の時に著した『混同秘策』は「実務家の頭脳」に描き出された「一大ユートピア」としてこれを高く評価する（本多利明については省略）。

そしてこれらの人々に対して、横井小楠の抱負は非常に高大であるが、あまりにも高遠に過ぎて、実現困難であり、「精神的帝国主義」と規定すべきものとする。彼はこうして横井小楠と訣別し、自分の道を歩いて行くのである。

蘇峰の小楠理解については間違ったところがたくさんあるし、またその結果、G・B・サンソムの小楠理解を誤まらせたところがたくさんある（G. B. Sansom, "The Western World and Japan" (1950), 邦訳『西欧世界と日本』（上・下）、筑摩書房、昭和四十一年）。その一々に対応することは今回は避ける。ただ一つどうしても言っておかねばならないことだけは釈明しておきたい。

それは「送左、大二姪洋行」の次のことばである。それは「堯舜孔子の道を明らかにし、西洋器械の術を尽くす。何ぞ富国に止まらん、何ぞ強兵に止まらん、」につづく「大義を四海に布かんのみ」という句である。この句についてG・B・サンソム卿は「一種の世界原理を提起した」（前掲の『西欧世界と日本』・上巻三二八左、下段）と言い、「小楠の理念が、後年ドイツが、自分の文化《クルトウール》を世界におし弘めようとしたことと類似しているのは不快である」（上巻三二九頁、上段）としていることである。

ところでこの箇所を敷衍したのが次に引用する米国にいる二人の甥への手紙の一節である。

我輩此迄と信じ候は日本、唐土之儒者之学とは雲泥の相違なれば今日日本にて我丈を尽し事業の行われざるは天命也、唯此道を明にするは我が大任なれば終生之力を此に尽すの外念願無之言候」（慶応三年六月二十六日）。

これを見ても小楠が自分の胸中に構想している学問についての自信と共に、彼の謙虚さが窺われて、G・B・サンソムの思い込みとは異なることが判る。小楠が慶応二年の十二月七日に在米中の二人の甥に出した次の手紙の一節を見ると、サンソムのわだかまりは氷解するのであろう。

万里の山海隔り候へば山川草木何もかも異類のみ多かるべし。乍ㇾ去人は同氣之性情を備へぬれば必ず兄弟之志を感じ知己相共にする人出来《しゅったい》するは自然之道理にて、却て外国人親切なる事に被ㇾ存候。申迄も無ㇾ之候へ共、木石をも動かし候は誠心のみなれば、窮する時も誠心を養ひうれしき時も誠心を養ひ何もかも誠心の一途に自省被ㇾ致度候。是唯今日遊学中之心得と申すにて無ㇾ之、如ㇾ此修励被致ㇾ遊候へば終身之学中今日に有ㇾ之。航海之芸業世界第一の名人と成り候よりも芽出度かるべし。

この文章を読むならば、恐らくG・B・サンソム卿は小楠を以てナチのゲルマン文化礼讃と同一視することの誤りを認め、自己の小楠認識を修正するであろう。

明治・大正期における思想の開花

# 安場保和と後藤新平

【小楠思想の実践者】

源 了圓 Minamoto Ryoen

## 「智」の人・安場保和

小楠の経世家としての抱負は、その孫弟子ともいうべき後藤新平によって明治・大正・昭和初期の三代にまたがって開花した。その後藤が尊敬したのは熊沢蕃山の『集義和書』であったが、それはまた、小楠が最も愛読し、かつ裨益された本であった。そして後藤新平を小楠から蕃山へと結びつけたのは、ほかならぬ安場保和（一八三五―一八九九）である。

安場は維新後胆沢県（水沢市）の大参事となり、この県は官軍に刃向ったというので新政府の統治の下で武士も民も苦しんでいた。彼は後藤新平、斉藤實《まこと》（朝鮮総督、総理大臣、二・二六事件の折暗殺される）、山崎為徳（熊本洋学校の第一期のトップ。卒業後東京帝国大学にはいるが、自分の学ぶべき大学ではないと自覚して同志社にはいり、哲学を学ぶ。大西祝に影響を与えたが、不幸にして夭折）の三人を見出し、これらの三人にそれぞれの道を歩かせることになる。

とくに後藤新平とは将来「参議」ともなるべき器として眼をかけ、熊本県の後輩阿川光裕に個人的指導を依頼する。その後後藤とは不思議な縁があり、自分の次女和子と結婚させることになる。そしてその縁を通じて新平は横井小楠という人を知ることになる。

安場保和は小楠の武士の門弟の四羽烏の一人と呼ばれ、「智」の人と言われていた。では彼は小楠から何をどのように学んだのか。安場は九歳から藩校時習館に学んだが、一時父の勤務の都合で県北の玉名郡に移り、十五歳で復学、十九歳で居寮生となった。父は自分の周囲を見ると、小楠の門に学んだ若者にすぐれた人物がいることを知り、小楠の許で学ばせることにした。ところが彼の友人は、それは考え直した方がいい、小楠は藩の中枢部にいる人々に警戒されているから止めたがいいと強く言うので、父も心を動かされた。しかし母の久子は、保和から小楠の講義の内容を聞くと、そこには非常に説得性があり、息子の長い将来のためにはむしろ小楠先生の許に通わすべきだと思って、夫が明日の早い勤務のために休んだ後に小楠の塾に通わせ、講義の内容を聞くのを楽しんだという。

安場保和（1835-1899）　後藤新平（1857-1929）

## 小楠の「為己の学」

山崎正董の書いた小楠の伝記によれば、小楠は常に歴史的な話をすれば現実の問題に引戻して話し、弟子たちにみずから考える機会を与えたというが、彼の学問を一般化すれば「為己の学」、これをパラフレイズすれば「修己治人の学」であったから、右のような形をとるのはきわめて自然のことであろう。保和は常にどういう状況であったら自分はどうするかということを反趨したに違いない。そしてそのような自己訓練の結果として、いかなる状況の下でもそれに適合した判断をし、その判断の下にそれにふさわしい行動がすぐにできるようになったのであろう。そのことが、安場保和を小楠の弟子の中でも特に「智」の人と称されるようになった理由であろう。

ところで私見によれば、安場の受けた教育で足りないものがある。それを一つの古典を徹底的に反趨しながら読み、できるならば友人と討論して反趨するということである。もしそのような訓練を受けていたのであれば、いかなる異文明の思想に出会っても、それにふさわしい判断と行動が出来たに違いない。それが古典というもののよさだと私は思う。

残念ながら安場には、元田永孚の場合と違って識者の教育が足りなかった。私の考えでは、安場には非常にすぐれた資質をもちながら、その面の教育が足りなかったために、横井小楠や熊沢蕃山のような第一級の経世家となり得なかったのであろう。

とは言え、安場家には他にないすぐれた精神的伝統があった。それは赤穂浪士が細川藩にあずけられた時、安場の先祖は大石内内蔵助の切腹の介錯をすることになり、大石の遺品が安場家に伝えられた。そのことはその後の安場家の人々の誇りであり、保和もその誇りをもって自己を持したのであろう。それは彼を支えた誇りであったに違いない。彼が「高潔の士」と言われたのはそのためではあるまいか。

## 台湾での後藤新平の功績

日清戦争の三年後、四代目の台湾総督として児玉源太郎（一八五二―一九〇六）が選ばれ、それを補佐する民政局長として後藤新平が選ばれた。それまでの総督は初代樺山資紀、二代目桂太郎、三代目乃木希典であり、彼らを補佐する民政局長は水野遵、曽根静夫であったが、二人とも失敗している。それは台湾総督ならびに民政局長の仕事が難しい仕事であったことを物語る。

児玉が総督として選ばれたことについては皆最高の人事としてよろこんだ。後藤新平については、日清戦争中、宇品の陸軍検疫所の所長として大変適切な処置をして当時の上司児玉源太郎はこれを高く評価し、自分が総督に任ぜられると、後藤に民政局長として自分を補佐して欲しいと頼んだ。後藤は自分を推薦してくれた児玉に感謝したが、自分としてはこのポストに就くことは全く考えたこともなく、自分は医学を修めただけで行政的な仕事をしたことがなく、果して立派にやりとげる自信もない、暫らく考えさせて欲しいと言って、軍医出身の軍政家で新平に眼をかけてくれていた石黒忠篤に相談したら石黒は大賛成、親友の大蔵省の坂谷芳郎、旧知の医者として異色の北里柴三郎も賛成してくれた。坂谷からは金ばかりでなく、必要なら人も貸す、という力強い声援があった。こういういきさつがあって後藤新平は民政局長として児玉源太郎を助ける決断をした。

ところで「児玉・後藤」の人事を中央政府で推薦したのは誰か――山県や伊藤だという説もあるが、桂太郎の推薦が大きな支えであったことは否めない。桂は台湾総督の重要性をよく知り、自分が在任期間が短かった為に果せなかったことを児玉にやって貰うことを期待し、後藤がその補佐役として適任であると思っていた。さて当時は台湾統治の受難期であった。その統治の困難さに失望して台湾放棄論も出るし、一億円でフランスに売却すべしということを口に出す者さえあったという。この台湾統治には清朝の李鴻章も土匪問題と阿片問題に手を焼いて、日清戦争に敗北後、よろこんで日本に割譲したとも言われている。

後藤は台湾に赴任すると、免職になった場合のために帰国費として三百円を机の抽出に入れて置いたという。

さて台湾に着いて程なく、児玉は後藤に施政方針の草稿の起草を求めた。しかし後藤は「それは止めた方がいい。いい施政演説をしたからと言って実際の仕事は樺山も桂も乃木も皆失敗している」と言った。児玉は、「君は民政局長としてどんな抱負をもっているか」と聞かれ、新平は「私は医者出身なので、民政には生物学の原則に従ってやるつもりです」と答えたという。「それはどういうことか」と児玉に聞かれ、新平は「台湾の人々の慣習を重んじて統治することです」と答える。

**後藤新平と児玉源太郎**（1852-1906）

児玉は後藤の言おうとしていることを理解し、施政方針演説を止め、一方では「旧慣調査会」をつくって、科学的研究をやっている人々をスカウトし、他方前任者たちが採用した法律家一〇八〇人を罷免した。これらの人々は日本とは全く異なる社会的情況を無視し、法律論議を押しつけて、台湾の民政を妨害すると新平が判断したからである。これが実行されたのは、児玉総督が新平のやろうとしている意味をよく理解し、それを徹底的に支持したからこそ実施可能となったのである。そしてこれが実現した後、後藤は、民政局長官となり、次のようなタイプの研究を専門とする人々が採用された。

（イ）土匪問題を解決するための慣行調査
（ロ）鉄道敷設することを専門とする人々の採用（当時期待される最高の技術者長谷川謹介の採用。）
（ハ）港湾問題
（ニ）土地調査事業……全島の土地測量　地積の測量の結果約二倍
　価格　約三倍半
　その精密さ……参謀本部の地図　二〇万分の一
　ここでの地図　六〇〇万分の一（その精密さは驚くべきもの）
　台湾政府の収入は恒常的に豊かになる

（中村是公）

（ホ）　阿片問題……………この問題の解決に必要な医学的素養をもつ人によるが、これは余人ではなく後藤が自ら漸進的解決の方法を発案し、そしてそれに成功した。児玉総督は新平の阿片問題解決の方途を考案した功績を大なるものとして申請し、新平は勲二等の功績に該当するものとしてそれが認められた。

（ヘ）　樟脳栽培…………化学的素養必要

（へ）　砂糖栽培…………新渡戸稲造が之に当る

（ト）　洪水対策

右のようなことに長じた人々が必要に応じてスカウトされた。「土匪問題」解決のために歴代の総督は苦しみ、そして失敗した。この問題解決のために慣行調査をする人々が多く集められた。また軍隊とは異なる民政長官の直属の警察も強化された。そしてこれに成功した時、「児玉・後藤体制」は歴代の総督ならびにその部下が解決できなかった問題を解決し、その統治の第一期を終える。

鉄道・港湾・道路問題の解決に当る人々は技術者たちであり、これらの問題は次の産業発展の基礎作業である。この問題を解決するために児玉・後藤は国債発行をして、そのために日本の中央政府と交渉しなければならなかった。

「土匪」にはいろいろのタイプがあり、それらを識別するには、冷静で体系的な調査が必要であり、その基礎作業がほぼ済んだ段階で、最後のとどめとして、情の人としての後藤新平の人間性、任侠性が必要であり、後藤新平という人間の存在なくしてはこの問題の解決は困難であったろう。更にこの問題の解決にとって幸運なことは、新平の少年の頃、岳父の安場保和が、新平のことを将来参議になれる素質をもった少年と見定め、その教育を託されたかつての新平の恩師阿川光裕が、総督府の縣治課に勤めていて、彼は阿片漸進制度に通暁していただけでなく、土匪問題の解決にも秘策をもっていた。彼は少年新平と別れた後、熊本県阿蘇郡の郡長などやっていたが、桂が台湾総督だった折に台湾総督府に勤めるために公募に応じて渡台していたのであった。新平は、はからずも岳父安場保和の恩恵に浴したのである。

台湾統治の最も困難な問題を解決するには、さきに上げた諸綱目を解決する人材を公募すればよかったし、そのために内地の政府の大臣以下の人々と交渉せねばならなかったが、それは岳父の保和が地方の知事として、中央政府の大臣たちと交渉することに類比される仕事であった。新平は人知れずこの事を思って苦笑していたかも知れない。

後藤新平は総督児玉源太郎と絶妙の関係をつくり、相互に補い合って台湾統治に成功し、土匪問題・鉄道問題・港湾問題・道路問題・衛生問題等等の解決に成功し、残る問題は台湾を豊かにする政策で、彼は児玉と共に日本に帰って、国債発行の交渉をすることに全力を傾け、それが成功した。

この間の活躍で、後藤新平は単に民政局長官として傑出しているだけでなく一角の政治家として中央政府の人々にも深い感銘を与えるに至った。この間伊藤博文と児玉総督との確執などあったが、その危険性を予感した後藤新平の努力によって問題の解決が出来、基隆港の工事も続けることが出来ると共に、日露戦争の勃発によって基隆─高雄間の鉄道の敷設も予定以上に早く出来上り、それが台湾の産業の発展に予想以上に寄与するということがあった。その上日本の鉄道で定年退職になった最高の技術者の技術も生かされるという幸運もあったらしい。

その上台湾銀行の設置も可能になり、明治三十七、八年以降はこれまでの後藤の苦労が稔りの秋を迎えたと言ってよいと思う。

台湾全土の土地から恒常的に得られる膨大な税収入、アヘン栽培とアヘン中毒治療のための薬の製造とそれから得られる収入、樟脳栽培から得られる収入、砂糖栽培から得られる収入の増大、これらの収入によって台湾銀行で発行される社債は内地でも恒常的な収入となり、洪水など不定期的に起っても困ることはなく、児玉・後藤の体制は大成功の中に終わった。

後を引継いだ佐久間総督は児玉・後藤へ感謝のことばを捧げている。

児玉、後藤の働く場所は満州に移る。これは本稿の課題を超えている。

## 後藤新平夫人和子の内助の功

後藤新平の妻和子は政治家新平の仕事の意味を充分に理解し、献身的に夫を扶けた最高の妻であった。伝記『後藤新平』の著者鶴見祐輔は、新平の天才性を強調するために「小心であった夫人」と書いているが、「小心」は「細心」と書くべきところを「小心」と書き、また「律義な平凡人」とも書いているが、祐輔が自己の価値判断をまじえず、客観的に書いている和子像を見ると「聰明」で、教養あり、人情味があり、夫の「烈しい怒号」や「癇癪」の破裂で傷つき怨み、場合によっては怒りをもって以て彼の許を去ろうとしている人々を、玄関で詫びて一生懸命にとりなし彼女の誠意のおかげで、新平の良さを理解し、やがて良き協力者となった部下が多かったこと、夫に向って、あなたは秀吉型でなく、信長型ですよと遠慮無く直言し忠告する妻であり、とかく派手好みの交際をする夫のやり方を抑えつけないようにして、家庭生活をつつましくして生活が破綻しないように努め、夫が眠りについてから自分の睡眠時間を削って読書に励み、早起きの夫が起きたらすぐ活動できるようにそれより早く起きる、など。

また部下の新婚の妻に、よきアドバイスをしている彼女を見ると、「小心」で「律義な平凡人」という鶴見祐輔の判断もしくは巷説は間違っていると言わざるを得ない。この夫人の協力によって、新平は自分の能力を充分に発揮し、その台湾における使命を十二分に果すことが出来たと私は判断する。新平もそれを充分に知っていて、満鉄総裁時代に、米国人の妻と共に帰米する新渡戸稲造に頼んで、米国に伴って貰ったが、和子の人柄と深く洗練された教養と気品は新渡戸夫人だけでなく、彼女を知った米国の人々を感銘させたということである。そして彼女の聡明さは保和の母久子譲りのものであり、そのもつ気品・床しさは古武士の風格をもつ安場保和の築いた家風の中で培われたものではないだろうか。なお後日の余話であるが、鶴見和子さんは自分を後藤和子の生まれ変わりと信じておられた。

*Photo by Ichige Minoru*

〈附〉

# 系図・年譜・関連人物

# 系図

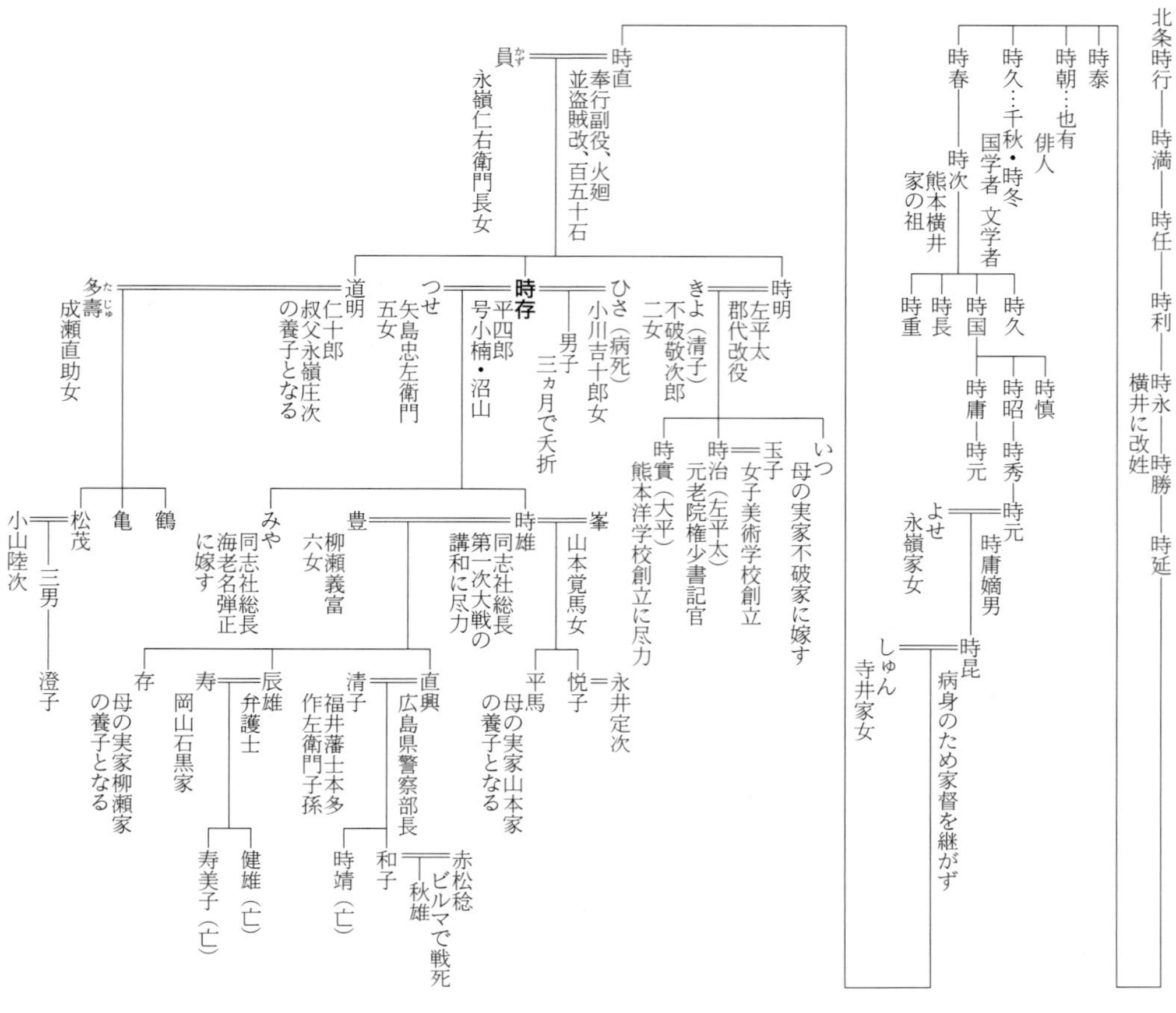


＊山崎正董『横井小楠　伝記篇』、源了圓・花立三郎・三上一夫・水野公寿編『横井小楠のすべて』（新人物往来社、一九九八年）を基に作成。

| 年号 | 西暦 | 年齢 | 横井小楠関係事項 |
|---|---|---|---|
| 文久3 | 1863 | 55 | 4月、福井藩のため「処時変議」「朋党の病を建言す」を執筆。4月福井藩の挙藩上洛計画を主導。5月挙藩上洛の藩議成立。8・11上洛計画の中止により福井を辞し、帰熊。8・25熊本着。8・18八月十八日の政変。12・16士道忘却事件の判決があり、知行召上げ・士席剥奪される。これ以後、明治元年まで沼山津に蟄居。 |
| 元治元 | 1864 | 56 | 勝海舟の長崎出張に同伴した坂本龍馬はその往路2月と帰路の4月に沼山津四時軒を訪問。「海軍問答書」を執筆し、長崎の海舟に献策。横井左平太・大平の二甥と岩男俊貞神戸海軍操練所入門のため龍馬に同行。秋、井上毅は小楠と対話、「沼山対話」を執筆。6・5池田屋事件。7・19禁門の変。 |
| 慶応元 | 1865 | 57 | 5・19坂本龍馬は薩摩からの帰途、沼山津四時軒を訪問。晩秋、元田永孚は小楠と談話、「沼山閑話」を執筆。肥後滞在中の松江藩士桃節山、10・28、11・16四時軒を訪問。 |
| 慶応2 | 1866 | 58 | 4・27二甥横井左平太・大平、長崎から出帆、米国へ向う。送別の漢詩をおくる。9・20福井藩士下山尚来訪。福井藩に時事についての意見を提出。 |
| 慶応3 | 1867 | 59 | 1月福井藩に「国是十二条」を贈る。8月柳川藩士曽我祐準、四時軒来訪。11月新政について松平春嶽に建言。12・18朝廷より召命。一説によると3月「天道覚明論」執筆（偽書説あり）。 |
| 明治元 | 1868 | 60 | 3・8再度の召命。肥後藩は士席を回復し、上京を命ず。4・8百貫石港から肥後藩船凌雲丸で上京。4・11大坂着。同23参与を拝命。閏4・4入洛。同5制度事務局判事を拝命。同21上局参与拝命。同22従四位下に叙せられる。5月下旬病状募り欠勤、「遺表」を門弟らに口授、8月ごろから数回、英国留学から6月帰国した森有礼、鮫島尚信と談話。9月初旬、快復。9・15より出勤。11月時々欠勤。12月病状再び悪化。 |
| 明治2 | 1869 | 61 | 1・5太政官に出仕した帰途暗殺される。1・6朝廷より300両下される。1・7京都南禅寺天授庵に葬られる。 |
| 昭和3 | 1870 | | 11月特旨を以て正三位追陞。 |

山崎正董『横井小楠　伝記篇』の「横井小楠年譜」をもとに作成。

| 年号 | 西暦 | 年齢 | 横井小楠関係事項 |
|---|---|---|---|
| 嘉永3 | 1850 | 42 | 12月吉田松陰九州遊歴。12・9～13熊本滞在、池辺啓太、宮部鼎蔵と会う。 |
| 嘉永4 | 1851 | 43 | 上国遊歴。2・18熊本出発、北九州・山陽道・南海道・畿内・東海道・北陸道の20余藩を遊歴し、8・21帰国。門生徳富一義、笠左一右衛門随行。6・12～6・20及び7・6～7・20福井に滞在。10月『常陸帯』入手。 |
| 嘉永5 | 1852 | 44 | 福井藩の学校の制についての諮問に、3月『学校問答書』を執筆し送る。 |
| 嘉永6 | 1853 | 45 | 1月『文武一途の説』を執筆し福井藩に送る。2月小川ひさと結婚。6月ペリー浦賀来航。7月プチャーチン長崎来航。10月吉田松陰熊本に来て、小楠らと会合。10月ごろ『夷虜応接大意』を執筆。 |
| 安政元 | 1854 | 46 | 7・17兄時明病死（文化4・1・27生、享年48歳）。9月家督総続。 |
| 安政2 | 1855 | 47 | 3月ごろ長岡監物と絶交。5月熊本郊外沼山津村に転居（四時軒）。10・29生後3カ月の長男死去、その10余日後11月妻ひさ病死。この年より開国論を主張。『開国図志』を読む。 |
| 安政3 | 1856 | 48 | この年、矢島つせと再婚。「沼山閑居雑詩十首」を作成。 |
| 安政4 | 1857 | 49 | 5・13福井藩士村田氏寿、松平春嶽の命で来熊し小楠招聘の意を伝える。10・17又雄誕生（のち時雄）。 |
| 安政5 | 1858 | 50 | 3・12ごろ熊本を出発、安場保和、河瀬典次、池辺亀三郎随行。4・7福井着。福井藩は賓師の礼をもって迎え、50人扶持を与える。8・17弟永嶺仁十郎死去（文化12・7・7生、享年44歳）。12・15福井出発、竹崎律次郎、河瀬典次のほか福井藩士由利公正、榊原幸八、平瀬儀作をともない、翌年1・3熊本着。 |
| 安政6 | 1859 | 51 | 4月下旬従者二、三人と熊本を出発、5・20福井着。福井藩の富国策を推進する。矢島源助来福し、母かず重病の知らせにより直ちに12・5福井出発、同18日沼山津着（母はすでに11・29死去していた、享年72歳）。 |
| 万延元 | 1860 | 52 | 3月3度の福井藩招聘に応じて福井に赴く。『国是三論』を執筆。7月おこり病にかかる。 |
| 文久元 | 1861 | 53 | 松平春嶽の招きにより3・24福井を出発し、4月中旬江戸に着く。春嶽・茂昭の諮問に応える。8・20江戸を出発、9月初旬福井着。10・5福井を出発し帰国。福井藩の書生7人（松平正直、青山貞、堤正誼ら）随行、10・19沼山津着。11・26榜示犯禁事件（禁猟場での発砲）をおこす。 |
| 文久2 | 1862 | 54 | 3月榜示犯禁に対し「先平常通り心得る様」との処分がある。4月、福井藩の書生帰国。5月由利公正来熊。6・10ごろ熊本を出発、福井に向う。由利公正のほか内藤泰吉、横井大平、若党広田彦熊ら6人が随行。途中松平春嶽の急使に迎えられ、小楠のみ江戸に向い7・6着府。7・7春嶽は小楠の進言により政事総裁職就任を決意。小楠は春嶽のブレーンとして活躍。「国是七条」（7月）「攘夷三策」（12月）を幕府に建白。9・15みや誕生。12・19肥後藩江戸留守役吉田平之助、同藩士都築四郎と酒宴、刺客に襲われ、脱出（士道忘却事件）。12・22江戸をたち福井へ赴く。 |

# 年　譜

作成・水野公寿

| 年号 | 西暦 | 年齢 | 横井小楠関係事項 |
|---|---|---|---|
| 文化6 | 1809 | 1 | 8・13熊本城下内坪井町に生れる。肥後藩士横井時直（世禄150石）の次男。 |
| 文化13 | 1816 | 8 | このころ藩校時習館に入学。 |
| 文政4 | 1821 | 13 | 経国の志をおこし下津久馬と他日国事の振興に当ることを約束する。 |
| 文政5 | 1822 | 14 | このころ熊本城下水道町に転居。 |
| 文政6 | 1823 | 15 | 11月句読・習書・詩作出精につき金子200疋を受ける。12月藩主にお目見え。 |
| 文政12 | 1829 | 21 | 犬追物・芸術・学問・居合・槍術・游の出精により、藩主より賞詞を受ける。 |
| 天保2 | 1831 | 23 | 7・4父時直死去（享年53歳）。11月兄左平太（時明）家督相続。 |
| 天保4 | 1833 | 25 | 6・23時習館居寮生となる。 |
| 天保6 | 1835 | 27 | 9月肥後藩士伊藤石之助ら時習館訓導宅へ放火。翌年士分19人、百姓64人処罰。 |
| 天保7 | 1836 | 28 | 4月講堂世話役。11月居寮世話役。 |
| 天保8 | 1837 | 29 | 2・7居寮長に昇進。毎年米10俵の心付。2月大塩平八郎の乱。 |
| 天保9 | 1838 | 30 | 時習館内の菁莪斉に寝食する間、『寓館雑志』を執筆。 |
| 天保10 | 1839 | 31 | 3月江戸遊学の命をうけ出発、4・16江戸着。林大学頭に入門、佐藤一斎・松崎慊堂・藤田東湖らと交る。12・25藤田東湖の酒宴に出席。 |
| 天保11 | 1840 | 32 | 2・9酒失の故をもって帰国命令を受ける。3・3江戸を出発、4月熊本着。12月逼塞70日の処分をうける。アヘン戦争（～42年）。 |
| 天保12 | 1841 | 33 | 『時務策』を執筆（天保14年説あり）。幕府、天保の改革（～43年）。 |
| 天保13 | 1842 | 34 | 10月長岡監物家督相続、肥後藩家老に就任（弘化4年辞任）。 |
| 天保14 | 1843 | 35 | 長岡監物・下津久也・荻昌国・元田永孚と講学（実学党のおこり、天保12年説あり）。このころ私塾を開く。入門第1号は徳富一敬、ついで矢島直方入門、塾生漸次増加（徳富一敬自伝では弘化2年入門とあり）。 |
| 弘化2 | 1845 | 37 | 「感懐十首」をつくり、親友に実学への決意を披瀝。 |
| 弘化3 | 1846 | 38 | 兄に従い熊本城下相撲町に転居。一室を居室兼講義室とする。 |
| 弘化4 | 1847 | 39 | 3月塾舎を新築し、小楠堂と名付ける。塾生二十余人寄宿。 |
| 嘉永2 | 1849 | 41 | 福井藩士三寺三作、西国巡歴の際、10・15小楠をたずね、二旬に及び小楠堂に滞在、11・10熊本を離れる。11・9肥後藩主細川斉護三女・勇姫、福井藩主松平春嶽に嫁す。 |

通称源太郎。福井藩士。寄合席 500 石の家に生まれ、戊辰戦争では政府軍の越後口監軍に属して功があった。福井における小楠の門弟の 1 人。

### 三寺　三作
みつでら・さんさく◎越前藩関係（1821—1895）
福井藩士。崎門学者。藩主松平春嶽に政教刷新に関する五ヵ条の建白を呈した。春嶽の命で全国遊学。小楠を発掘し、福井藩への招聘に至った。

### 村田　氏寿
むらた・うじひさ◎越前藩関係（1821—1899）
幼名巳三郎、号は甕堂。福井藩士。安政 4 年、小楠招聘の交渉のため熊本まで赴く。その状況は『関西巡回記』に詳しい。

### 明治天皇
めいじてんのう（1852—1912）
父孝明天皇の死により 16 歳で践祚（せんそ）。その 10 ヵ月後幕府は大政奉還。五箇条の誓文を公布し、新政府の基本方針をしめす。明治と改元（一世一元）し、東京遷都。欧米の制度や文化をみならい、政治、経済、社会、教育、軍事を改革。大日本帝国憲法や教育勅語などを発布。立憲国家・近代国家を確立。在位中、日清・日露両戦争、大逆事件、韓国併合など起こる。

### 毛受　洪
めんじゅ・ひろし◎越前藩関係（1825—1900）
名は初め寛洪、明治 2 年に洪、通称は鹿之助、のち将監。安政 2 年藩校明道館の講究師となり、訓導師をへて大番頭。小楠の門弟。

### 元田　永孚
もとだ・ながざね◎肥後藩関係（1818—1891）
熊本生。幼名大吉・伝之丞・八右衛門、号は東野・子中。時習館に学び、居寮長の小楠に「為学」を問う。実学連の形成に参加。明治 4 年宮内省に出仕、侍読・侍講・宮中顧問官などを歴任。井上毅と「教育勅語」を起草。

### 矢島　源助
やじま・げんすけ◎肥後藩関係（1823—1885）
熊本生。直方ともいう。初め近藤英助の門に学び、後に小楠門弟となる。妹たちには戦後大宅壮一が「肥後の猛婦」と称した順子（竹崎律次郎夫人）・久子（徳富一敬夫人）・つせ（小楠夫人）・楫子（「女子学院」の創設者）がいる。

### 安場　保和
やすば・やすかず◎肥後藩関係（1835—1899）
熊本生。幼名一平、号は咬菜軒。時習館の居寮生を経て、小楠の門弟となり「勤王開国」を主唱。「智」の保和と称さる。維新後胆沢県（岩手県）・酒田県（山形県）の大参事、熊本藩少参事として藩政改革・廃藩置県に関与。福島・愛知・福岡県令などを歴任。日本鉄道会社の設立にも尽力。

### 弥富　千左衛門
やとみ・せんざえもん◎肥後藩関係（1822—1894）
熊本生。朋承、後に道雄という。特に小楠が「士道忘却事件」で四時軒に蟄居以来、経済的面倒をみる。小楠の徴士・参与召命後は、小楠の留守家族の面倒を引受ける。

### 由利　公正
ゆり・こうせい◎越前藩関係（1829—1909）
名ははじめ義由、通称石五郎のち八郎、号は雲軒。福井藩士三岡義和の長男。小楠の実学論に感激し、福井藩政の改革に尽力。挙藩上洛計画で藩論が一変し、師小楠が解任されると、幽閉蟄居を命じられた。五箇条の誓文を起草し、公正と改名、姓も後に由利とした。東京府知事・元老院議官・貴族院議員を歴任。

### 横井　左平太
よこい・さへいた◎肥後藩関係（1845—1875）
熊本生。時治という。密航時の変名は伊勢佐太郎。小楠の兄左平太（時明）の長男。小楠の養嗣子。慶応 2 年 4 月航海術修得のため密航渡米。小楠が漢語を贈る。

### 横井　大平
よこい・だいへい◎肥後藩関係（1850—1871）
熊本生。時実ともいう。密航時の変名は沼川三郎。小楠の兄左平太（時明）の次男。小楠の養嗣子。慶応 2 年 4 月兄佐平太と密航渡米。小楠が漢語を贈る。

### 吉田　松陰
よしだ・しょういん（1830—1859）
山口生。山鹿流兵学師範吉田家の養子となる。藩校明倫館を経て、諸国を遊学。佐久間象山のもとで砲術と蘭学を学ぶ。松下村塾を開き、高杉晋作、久坂玄瑞、伊藤博文、山県有朋ら約 80 人の門人が集い、幕末・明治期に活躍した人材育成の場となった。安政 6 年 (1859)、安政の大獄により江戸で刑死。

### 吉田　東篁
よしだ・とうこう◎越前藩関係（1808—1875）
名は篤、通称は悌蔵、東篁と号す。福井藩儒学者。崎門学を京都の鈴木撫泉に師事。門弟から、鈴木主税・浅井政昭・橋本左内・由利公正ら輩出。嘉永 4 年 6 月 12 日、来福した小楠を弟岡田準介と訪問、以後連日学問の講習に往来。東篁は自らの門弟を率いて小楠に教授を依頼。

**長岡　是容**
ながおか・これかた◎肥後藩関係（1813—1859）
熊本生。源三郎・虎之助、通称監物。肥後藩次席家老米田家の嫡子。実学連の形成に主導的役割。安政2年に小楠と思想対立、坪井派（監物）と沼山津派（小楠）に分裂。

**中根　雪江**
なかね・せっこう◎越前藩関係（1807—1877）
名は師質、通称靭負、のちに雪江。福井藩の重臣。将軍継嗣問題や条約締結問題では、一橋派の春嶽を橋本左内らと懸命に補佐。挙藩上洛計画には慎重論を持し、小楠らの積極推進論派と対立し失脚。後に復帰。

**長野　濬平**
ながの・しゅんぺい◎肥後藩関係（1823—1897）
熊本生。幼名壮、号は立大・桑陰。天保14年に小楠門弟となる。弘化4年南関手永の惣庄屋木下初太郎（竹崎津次郎の実兄）の要請で南関に「澹泊斎」を開塾、小楠に教授法を問う。小楠暗殺事件を郷里に知らせる。

**橋本　左内**
はしもと・さない◎越前藩関係（1834—1859）
名は綱紀、号は景岳など。福井藩士。嘉永2年大坂の緒方洪庵の門に入り、蘭方医学を学ぶ。このとき小楠に面会して論談を聞き、熊本遊学を勧められる。「安政の大獄」に連座、江戸伝馬町の獄で斬刑。左内没後の藩政改革は小楠が指導。

**長谷部　恕連**
はせべ・よしつら◎越前藩関係（1818—1873）
通称甚平、号は菊陰。福井藩士。小楠の富国論に共鳴し、由利公正らと藩政改革を推進。尊王開国論者で、洋船の購入・航海術の研究・外国との交易・学制兵制の改革を提唱。松平春嶽の政事総裁職辞職を勧めた。

**藤田　東湖**
ふじた・とうこ（1806—1855）
諱は彪（たけき）。武次郎、虎之助、誠之進と称す。号は斌卿、東湖。水戸藩儒学者。父は後期水戸学の重鎮藤田幽谷。徳川斉昭の絶大な信頼を得た。後期水戸学の大家。全国の尊王志士に大きな影響を与えた。

**細川　護久**
ほそかわ・もりひさ◎肥後藩関係（1839—1893）
熊本生。幼名喜廷、善之助、後に澄之助。第12代藩主細川斉護の子で細川家当主。「士道忘却事件」で蟄居中の小楠に、越前藩ルートでの京都動向を問う。

**細川　護美**
ほそかわ・もりよし◎肥後藩関係（1842—1906）
熊本生。良之助ともいう。第12代藩主細川斉護の三男。細川護久の弟。小楠「実学」の理解者の1人。明治3年実学派を抜擢した兄護久の「肥後の維新」に協力。

**本多　修理**
ほんだ・しゅり◎越前藩関係（1815—1906）
名は敬義、修理は通称。福井藩家老。松平春嶽の藩政刷新を中根雪江・鈴木主税らと共に推進。挙藩上洛計画では、中根雪江らに同調して自重論を唱え、家老職を一時免ぜられた。

**牧野　幹**
まきの・こわし◎越前藩関係（1825—1894）
通称主殿介、元治元年以降は田内源介、明治元年には小笠原丹後と称した。福井藩大参事。福井において小楠の影響を受け、小楠の近くにあって、軍制の改革に尽力。小楠もまた彼の才能を愛したという。

**松井　耕雪**
まつい・こうせつ◎越前藩関係（1819—1885）
府中（武生）の代々打刃物を家業とする豪商。村田氏寿・毛受洪・中根雪江・松平正直ら福井藩の重要人物や小楠と交遊。私財を投じ藩黌立教館を創立して、人材を育成。また小楠・公正らと越前産物の輸出奨励に貢献。士魂商才の傑物として知られた。

**松平　容保**
まつだいら・かたもり（1835～1893）
東京生。高須藩主松平家に生まれ、会津藩主松平容敬の養子となる。文久3（1863）年八月十八日の政変で、長州藩勢力を京都から駆逐。京都の治安と公武合体に尽力し、孝明天皇の信頼を得た。禁門の変で長州勢を攻撃、征長強硬論を主張。王政復古で京都守護職を免ぜられる。鳥羽・伏見の戦で敗れ、会津で謹慎、新政府軍に降伏。明治13年（1880）日光東照宮宮司。

**松平　主馬**
まつだいら・しゅめ◎越前藩関係（生没年不詳）
名は正一、主馬は代々用いた通称。福井藩高知席。小楠の門弟の1人で、挙藩上洛計画では、岡部豊後・長谷部恕連・由利公正・村田氏寿らと共にその実行を主張。

**松平　春嶽**
まつだいら・しゅんがく◎越前藩関係（1828—1890）
名は慶永、幼名錦之丞。春嶽は早くから最も愛用した号。福井16代藩主。藩財政の立直しに着手し、本多修理・中根雪江・鈴木主税・橋本左内ら有能な人材を登用。熊本の横井小楠を招いて政治顧問とし、小楠の民富論的視角からの殖産興業政策を、次々に実施させた。

**松平　正直**
まつだいら・まさなお◎越前藩関係（1844—1915）

東京市第７代市長、ボーイスカウト日本連盟初代総長、東京放送局初代総裁、拓殖大学第３代学長。小楠四天王の一人安場保和は岳父で、妻和子は安場の次女。

## 酒井　十之丞
さかい・じゅうのじょう◎越前藩関係（1819―1895）
名は忠温、十之丞は通称、号は帰耕。福井藩士。横井小楠福井門弟の１人。小楠の挙藩上洛計画の際、岡部豊後らと熊本・薩摩両藩に赴き協議した。

## 坂本　龍馬
さかもと・りょうま（1835―1867）
高知生。直陰のち直柔（龍馬は通称）。才谷梅太郎の変名も。江戸の北辰一刀流千葉定吉に師事。武市瑞山が結成した土佐勤王党に参加。脱藩して江戸で勝海舟の門下生となり、神戸海軍操練所建設に尽力。長崎の亀山に社中（のちの海援隊）を開く。薩長連合締結に尽力。勝海舟の遣いで小楠を訪ね、話したことが『海軍問答集』執筆の動機となった。龍馬の国家構想「船中八策」は、小楠の「国是七条」等の影響大。

## 佐久間　象山
さくま・しょうざん（1811―1864）
長野生。兵学者・思想家。松代三山の一人。通称は修理、諱は国忠（くにただ）、のちに啓（ひらき）、字は子迪（してき）、のちに子明（しめい）。若年期に経学と数学を学ぶ。江戸に出て、儒学の第一人者・佐藤一斎に朱子学を学び、山田方谷と共に「二傑」と称される。江戸で私塾・「象山書院」を開き儒学を教えた。兵学、西洋の学問に精通。慶喜に公武合体論と開国論を説くが、京都・三条木屋町で尊王攘夷派の前田伊右衛門、河上彦斎等に暗殺。

## 島津　久光
しまづ・ひさみつ（1817 ～ 1887）
鹿児島生。父は藩主島津斉興。公武合体運動の中心的な存在となり、文久２年 (1862) 藩兵千余を率いて上京。尊攘激派を抑える一方、江戸へ下り幕政改革を推進。帰途、生麦事件を起こし、薩英戦争の引金となる。後、西郷隆盛や大久保利通に政局をゆだねた。維新後、左大臣となるが、政府の欧化政策に反対して辞官、郷里に隠棲。

## 下津　休也
しもつ・きゅうや◎肥後藩関係（1808―1883）
通大、通称久馬、隠居後休也といい、号は蕉雨。文政４年 14 歳の時、小楠と国事の振興を約束。実学連の形成に参加。小楠の理解者・協力者で生涯の友人。

## 竹崎　律次郎
たけさき・りつじろう◎肥後藩関係（1812―1877）
熊本生。政恒といい、号は茶堂。初め林桜園の「原道館」に入り、後に継嗣新次郎（政長）とともに小楠門弟となる。明治３年の藩政改革で徳富一敬と実学連政権の改革案を作成。

## 立花　壱岐
たちばな・いき◎柳川藩関係（1831―1881）
福岡生。親雄・了英といい、号は狂生・胖亭・髑髏。藩家老十時三弥助惟治の三男。弘化４年小楠「実学」（肥後学）を学んだ池辺藤左衛門に師事。嘉永４年８月「上国遊歴」の復路、小楠に別邸（山門郡野町）で初対面。多大な思想的影響を受ける。

## 徳富　一敬
とくとみ・かずたか／いっけい◎肥後藩関係（1822―1914）
水俣生。万熊・多太助、号は淇水。小楠と起居寝食を共にし、経済的な援助をした門弟第１号。明治３年細川護久の藩政改革に協力し、竹崎律次郎と実学派政権の改革案を作成。小楠門弟の徳富一義は弟。長男猪一郎（蘇峰）・次男健次郎（蘆花）がいる。

## 徳富　蘇峰
とくとみ・そほう（1863―1957）
熊本生。本名は徳富猪一郎。字は正敬（しょうけい）。筆名は菅原正敬、大江逸、大江逸郎。号は山王草主人、頑蘇老人、蘇峰学人など。ジャーナリスト、歴史家、評論家、政治家。熊本洋学校に学び、京都の同志社英学校に転校後退学。帰郷して大江義塾を創設、地方新聞に執筆寄稿。相愛社員として民権運動に参加。『将来之日本』（1886）で好評を得て上京、民友社を創設。『国民之友』『国民新聞』を発刊。平民主義を主唱。その後国権主義へと転換し、松方内閣の内務省勅任参事官に就任、桂内閣にも深く関与。貴族院勅選議員。『近世日本国民史』100 巻を完成。

## 十時　兵馬
ととき・へいま◎柳川藩関係（1828―1884）
惟芳ともいう。小楠に師事。安政６年藩政改革の断行にあたり、漁商の高椋新太郎（1817―1881）と大坂に行き、鴻池などの豪商から資金の捻出に成功。壱岐と協力して殖産興業を成功。

## 内藤　泰吉
ないとう・たいきち◎肥後藩関係（1828―1911）
熊本生。長野濬平に学び、嘉永元年に小楠門弟となる。小楠に同３年蘭医学修得の心得書をもらう。安政２年『海国図志』を読んだ小楠と議論。同５年「小楠堂」に寄宿しながら蘭方医の寺倉秋堤塾にも入門。小楠暗殺時には京都に滞留、郷里に事件を知らせる。

## 中江　藤樹
なかえ・とうじゅ（1608―1648）
滋賀出身。近江聖人と称えられた。字は原（はじめ）、諱は惟命（これなが）、通称与衛門。儒学者、日本の陽明学の祖。門人に熊沢蕃山らがおり、その流れは大塩平八郎、佐久間象山、吉田松陰へと続く。幕末に思想的影響を与えた。

# 関連人物

作成・堤克彦

### 青山　貞
あおやま・てい／ただす◎越前藩関係（1826—1898）
通称治天・小三郎。福井藩士。横井小楠の福井における門弟の1人。文久元年9月小楠の帰国に際し、命により随従。九州巡遊。

### 池辺　藤左衛門
いけべ・とうざえもん◎柳川藩関係（1819—1894）
福岡生。熊蔵といい、号は節松・城山。天保14年小楠「実学」胎動期の門弟。柳川藩に「実学」（肥後学）を導入。慶応2年11月に十時摂津と小楠を訪問。「新政に付きて春嶽に建言」を見る。小楠を徴士に推挙。

### 勇姫
いさひめ◎越前藩関係（1834—1887）
名を勇、常子とも称した。福井16代目藩主松平春嶽の正室。横井小楠を福井へ招聘するために、実家の熊本藩で尽力。

### 岩男　俊貞
いわお・としさだ◎肥後藩関係（未詳—1883）
元治元年4月小楠の二甥左平太・大平とともに坂本龍馬に託され、神戸の勝海舟塾ついで「神戸海軍操練所」に入所。小楠暗殺時に京都に滞留、小楠の遺髪を熊本の家族に届ける。

### 大塚　退野
おおつか・たいや◎肥後藩関係（1677—1750）
熊本生。幼名久成、通称丹左衛門、号は孚斎・退野。「肥後実学」派の祖。長岡監物・小楠・元田永孚・下津休也・荻昌国らは、『退野語録』を含む『孚斎存稿』を編み、「実学連」の会読用テキストとして、小楠「実学」の形成に多大な影響。

### 鴻　雪爪
おおとり・きよのぶ◎越前藩関係（1814—1904）
広島生。安政5年2月、松平春嶽の招きによって越前松平家の菩提寺、孝顕寺の住職となった。横井小楠に協力して藩士の薫陶に努力。

### 岡部　豊後
おかべ・ぶんご◎越前藩関係（1814—1886）
名は興起、豊後は通称。福井藩家老。「挙藩上洛計画」で藩論が二分した際、岡部は松平主馬・長谷部恕連・由利公正・村田氏寿らとともに上洛の実行を主張。

### 荻　昌国
おぎ・まさくに◎肥後藩関係（1813—1862）
熊本生。角兵衛といい、号は麗門。実学連の形成に参加。小楠の理解者で協力者。

### 嘉悦　氏房
かえつ・うじふさ◎肥後藩関係（1833—1908）
熊本生。市之進、後に平馬。時習館を経て小楠門弟となる。実学連の中心人物の1人、「誠」の氏房と称さる。

### 笠原　白翁
かさはら・はくおう◎越前藩関係（1809—1880）
通称は良策。福井藩医。嘉永4年小楠来福の折、過労と炎暑で病床、治療にあった。作詩を通しても小楠と親交。

### 勝　海舟
かつ・かいしゅう（1823—1899）
東京生。幕臣、政治家。長崎海軍伝習所に学ぶ。蘭学、西洋兵学を修得し、咸臨丸艦長として渡米。帰国後軍艦奉行並、軍艦奉行に就任、神戸に海軍操練所を開き、幕臣のほか坂本龍馬ら諸藩の学生、志士を教育。戊辰戦争では西郷隆盛を説得し、江戸城の無血開城に成功。新政府では、海軍大輔、参議兼海軍卿、元老院議官等、のち枢密顧問官となる。

### 木下　韡村
きのした・いそん◎肥後藩関係（1805—1867）
熊本生。業広、通称宇太郎•真太郎。犀潭の号も。小楠と交友関係にあったが、天保10年江戸遊学中の「酒失事件」発覚問題で断絶。帰藩後時習館訓導。

### 熊沢　蕃山
くまざわ・ばんざん（1619—1691）
陽明学者。諱は伯継（しげつぐ）、字は了介、通称は次郎八・助右衛門。中江藤樹門人。池田光政に登用され、教育、軍事、農業、土木に至る総合的な治国策を提案。林羅山の中傷、岡山藩家中の反感により、蕃山村（しげやまむら）に引退。離藩後は岡山藩政を痛烈に批判、貞享4年幕命により政治批判の罪で、下総に禁固、同地で没。幕末にその思想は再び、脚光を浴び藤田東湖、吉田松陰などが傾倒、倒幕の原動力となった。

### 後藤　新平
ごとう・しんぺい（1857—1929）
岩手生。内務官僚、政治家。父は水沢藩士。須賀川医学校卒。愛知県病院長兼愛知医学校長、内務省衛生局、ドイツ留学をへて衛生局長。児玉源太郎台湾総督により民政局長に抜擢、のち民政長官。第2次、第3次桂内閣で逓相、鉄道院総裁、寺内内閣では内相、外相等を歴任し、シベリア出兵を推進。東京市長。第2次山本内閣内相兼帝都復興院総裁として、大震災後の東京復興計画を立案。ソ連との国交樹立にも関与。

〔編集後記〕

▲小楠との邂逅について書きたい。
十余年前、刊行していた「鶴見和子曼荼羅」(全九巻)の完結が見えた頃、鶴見さんの自伝を聴き取る作業をしていた。父、祖父、曽祖父のこと……、と。「自分の名は、おばあ様の名前をいただいたの。おばあ様は、とーっても偉い方だったようです。」とお聞きしたことがあった。安場家から嫁いできたこと、横井小楠門下の四天王の一人と謳われた、安場保和なる男とは……、と幾多の疑問が次々と湧いてきた。

▲1999年元旦の熊本日日新聞が「横井小楠と安場保和」の特集をしていることを、鶴見俊輔氏から教わった。早速熊日の担当者井上智重氏に連絡をとり、氏から掲載紙をいただいた。ここではじめて、鶴見和子—後藤新平—安場保和—横井小楠の系が繋がった。「公共」「自治」という太い一本の思想だ。

▲それからまもなく、熊本近代文学館館長である永畑道子さんの仲介で、熊本で最も信頼できる小楠研究者、花立三郎氏におめにかかり、数時間に亘って小楠を取材した。それからこの十年、後藤、安場、小楠を追っかけた。蘇峰の肝煎りで1938年に刊行された山崎正董編『横井小楠』〈遺稿篇〉〈伝記篇〉も、戦後何の改訂も加えられることなく今日を迎えた。戦後も殆んど忘れ去られていた思想家といえるだろう。早速、〈花立—源〉を軸に、「全遺稿集成」編纂のための編集会議を数回に亘って開き、全体の構成を作り、原稿化の作業も進んでいた。その矢先に昨年、花立三郎氏が逝去された。本当に残念至極である。

▲今回は、小楠生誕二百年の年にも当るので、花立氏とは熊本時代からの親友であり、日本思想史の権威、源了圓氏にたってのお願いをさせていただいた。深謝する次第である。（亮）

別冊『環』⑰
横井小楠 1809-1869 —「公共」の先駆者

2009年11月30日発行

編集兼発行人　藤原良雄
発行所　株式会社 藤原書店

〒162-0041　東京都新宿区早稲田鶴巻町523
電話　03-5272-0301(代表)
FAX　03-5272-0450
URL　http://www.fujiwara-shoten.co.jp/
振替　00160-4-17013

印刷・製本　図書印刷株式会社


ISBN 978-4-89434-713-7

本文写真 (173,222 頁)
協力・横井小楠記念館長　堀内徹也
本文写真
(80,126,127,171,183,184,191,201,203,227,228 頁)
国立国会図書館ウェブサイト
「近代日本人の肖像」より
本文写真 (238,239 頁)
撮影・市毛實